Gramática italiana

Espasa

La mejor guía para estudiantes de italiano de todos los niveles

Gramática italiana

Giulia Savini
Emiliano Bruno

ESPASA IDIOMAS

Espasa es un sello de Editorial Planeta, S. A.
Avda. Diagonal, 662-664
08034 Barcelona
www.planetadelibros.com

Cuarta edición en esta presentación: febrero, 2022

Diseño e ilustraciones de la colección: © Carme Pons y Miguel Bustos
Diseño de interior: Ángel Sanz

ISBN: 978-84-670-5451-4
Depósito legal: B. 3.843-2019

Impreso en España / *Printed in Spain*
Impresión: Huertas, S. A.

El papel utilizado para la impresión de este libro está calificado como papel ecológico y procede de bosques gestionados de manera sostenible.

Introducción

Con ocasión de la primera edición de este libro, decíamos los dos autores que si de algo estábamos seguros era de que un idioma no se puede aprender sólo estudiando gramática. Ahora, tras unos años y más experiencia en el extranjero (nos hemos ido moviendo por ahí y ya no vivimos en España, así que hemos tenido que aprender más idiomas), estamos, si cabe, aún mas convencidos de lo que afirmamos.

El estudiante que se decida a consultar este texto debe tener en cuenta, pues, que un idioma es un ser vivo (porque vivos somos los que lo hablamos); es un bohemio que nace en la calle y evoluciona entre calle y texto, un vividor que habla sucio y lee poemas, alguien que se busca a sí mismo entre la gente, en los bares y en los periódicos, entre los compañeros de la universidad o de la oficina, en las películas, entre los políticos y las canciones.

Así pues, es en la calle, en los periódicos, en los textos que nos interesan o en las películas y las canciones que nos gustan en donde hay que buscar la gramática. Ahora bien, creemos que para no perderse en esta exploración es imprescindible tener un mapa, un vademécum que nos sirva de referencia. Y es con esta intención con la que hemos preparado esta nueva gramática.

Porque lo que tienes entre tus manos es un libro de gramática italiana. Ni más ni menos. Sin embargo, por sus características, creemos que es de sumo interés, tanto si te estás acercando por primera vez al italiano, como si ya tienes un nivel avanzado, porque este libro es, al mismo tiempo, un libro de estudio progresivo y un libro de consulta que cubre todos los temas gramaticales que, como futuro hablante del idioma, encontrarás a lo largo de tus estudios.

La experiencia adquirida por los autores como profesores de italiano para hispanohablantes nos ha empujado a hacer especial hincapié en aquellos aspectos de la gramática italiana que resultan más complicados e insidiosos para el estudiante de habla hispana. Hemos optado siempre por explicaciones claras y concisas, acompañadas de numerosos ejemplos que facilitan su comprensión. Al mismo tiempo, hemos querido dar al libro —en los casos en los que lo considerábamos necesario— una marcada orientación contrastiva para resolver los problemas derivados de la traicionera semejanza entre los dos idiomas.

Esta gramática contiene los dos elementos clave de cualquier gramática: las formas y el uso. Hemos intentado tratar lo más exhaustivamente posible —aunque limitados al espacio disponible— todos los temas, complementándolos numerosos ejemplos y tablas de uso que te ayudarán a aprender las estructuras más complicadas. Observarás que hemos recurrido a una serie de iconos para destacar aquellos puntos más «resbaladizos» o conflictivos  y .

En las explicaciones hemos procurado utilizar un lenguaje llano y sencillo, recurriendo sólo cuando era necesario al uso de términos estrictamente gramaticales. Pero, por si ello pudiera causar algún problema, hemos añadido un pequeño glosario de términos gramaticales que esperamos resulte útil. También se ha incluido una tabla con las conjugaciones de los verbos, tanto regulares como irregulares. Por último, en la formulación de los ejemplos nos hemos basado en nuestra experiencia personal. Si, estudiando, alguna frase logra sacaros una sonrisa ☺, nos daremos por satisfechos.

Finalmente, es preciso llevar a la práctica y dar vida propia a la gramática: extrae del libro y memoriza las frases o estructuras que te sean útiles, que te gusten o que simplemente te hayan llamado la atención. Pero luego lánzalas a la calle, lánzate tú a la calle, a cometer errores: hablar mal un idioma es divertido, y es la única manera de aprender. Así que hazlo, pero al mismo tiempo déjate guiar por este libro: te darás cuenta de que la gramática no es una mera lista de reglas de formación y de sus múltiples excepciones, sino que se trata de un instrumento muy útil a la hora de aprender y asimilar un idioma.

Suerte y disfruta de tus progresos.

Los autores

Contenido

Glosario

activa, forma **attiva, forma**	Se refiere a un verbo: el verbo tiene forma activa cuando el sujeto gramatical es la persona o cosa que ejecuta la acción: **io parlo** *(yo hablo).* Se contrapone a la forma pasiva (véase *pasiva, forma).*
adjetivo **aggettivo**	Acompaña a un nombre describiéndolo según una cualidad: • **qualificativo** *(calificativo):* un cane **nero** (un perro negro) posicionándolo en el espacio, según la pertenencia, etc. • **dimostrativo** *(demostrativo):* **questo** cane (este perro), • **indefinito** *(indefinido):* **qualche** cane (algún perro), • **possessivo** *(posesivo):* il **mio** cane (mi perro), etc.
adverbio **avverbio**	Nos procura información sobre cómo, cuándo, dónde o en qué circunstancias ocurre algo: Mangia **velocemente.** Come rápido.
agente, complemento de **agente, complemento d'**	El que ejecuta la acción en una frase pasiva: Il topo è mangiato **dal gatto.** El ratón es comido por el gato.
antecedente **antecedente**	El nombre al que se refiere un pronombre relativo: **La pizza** che ho mangiato. La *pizza* que he comido.
artículo **articolo**	Es la parte variable del discurso que se antepone al nombre para definirlo e insertarlo en el discurso. Puede ser: • **Determinativo** *(determinado):* **il** gatto (**el** gato), • **Indeterminativo** *(indeterminado):* **un** gatto (un gato), • **Partitivo** *(partitivo):* **del** pane (algo de pan).
auxiliares, verbos **ausiliari, verbi**	En italiano son **essere** y **avere.** Acompañados por un participio pasado, se utilizan para formar los tiempos compuestos de los verbos: **ho** mangiato (he comido), **sono** andata (he ido). El verbo **essere** también se usa en la forma pasiva: **è** ucciso (es matado).

comparativo
comparativo

Grado del adjetivo al que recurrimos para comparar cualidades, situaciones, cosas, personas, etc. Existen comparativos de:

- **Superioridad:** È **più** stanco **di** te. Está más cansado que tú.
- **Inferioridad:** È **meno** divertente **di** Matteo. Es menos divertido que Matteo.
- **Igualdad:** È scemo **come** suo fratello. Es tan tonto como su hermano.

También se puede aplicar a algunos adverbios.

complemento
complemento

Aporta información adicional sobre las demás partes de la oración. En italiano cada complemento tiene un nombre específico, pero la distinción más útil es entre **complemento oggetto** *(objeto directo),* **complemento di termine** *(objeto indirecto)* y los demás complementos introducidos por preposiciones *(complementos circunstanciales).*

concordancia
concordanza

Coincidencia en género y / o número y / o persona entre las distintas partes de una proposición: Quel bambin**o** è simpatic**o**. Ese niño es simpático.

conjugación
coniugazione

Es la forma que adquiere el verbo según el modo, el tiempo, la persona y la voz. El italiano, como el español, tiene tres conjugaciones que terminan, respectivamente, en **-are, -ere, -ire.**

Sirve para unir dos o más palabras o proposiciones: i cani **o** i gatti (los perros o los gatos), vado **e** torno (voy y vuelvo).

desinencia
desinenza

Es la parte variable al final de una palabra: cas**a** / cas**e**, and**are**.

discurso directo
discorso diretto

Discurso en el que se citan las palabras textualmente: «Disse: —**Me ne vado subito.**» Dijo: «Me voy ahora mismo».

discurso indirecto
discorso indiretto

Discurso en el que se refieren las palabras pronunciadas, adaptando algunas palabras, tiempos y modos verbales: «Disse che **se ne sarebbe andato in quel momento.**» Dijo que se iría en ese momento.

género
genere

Masculino o femenino. (Del griego *génos,* indica el sexo de los seres vivos y, por analogía, también el género gramatical.)

grado del adjetivo
grado dell'aggettivo

Un adjetivo (o un adverbio) puede ser de grado positivo —**bello** *(bello)*—, comparativo —**più bello** *(más bello)*—, y superlativo —**bellissimo** *(bellísimo)*.

intransitivo
intransitivo

Verbo que no rige un complemento directo y —si lleva complemento— rige un complemento indirecto o circunstancial: Silvia **dorme.** Silvia duerme. Io **vado** a Milano. Voy a Milán.
Hay verbos que pueden ser usados tanto en forma transitiva como intransitiva: **salgo** al piano di sopra (subo al piso de arriba) (intransitivo), **salgo** le scale (subo las escaleras) (transitivo).

irregular
irregolare

Palabra (un nombre, un adjetivo o un verbo) que no sigue las normales reglas gramaticales.

locución
locuzione

Combinación fija de varios vocablos que funciona como una determinada clase de palabras. Hay **locuzioni avverbiali** *(locuciones adverbiales)* —**di nascosto** *(a escondidas)*— y **locuzioni prepositive** *(locuciones prepositivas)* —**vicino a** *(cerca de)*.

modos verbales
modi verbali

Formas que cobran los verbos que se caracterizan por un significado y una función determinados. Hay modos personales: **indicativo** *(indicativo)*, **congiuntivo** *(subjuntivo)*, **condizionale** *(condicional)*, **imperativo** *(imperativo)*, y modos impersonales: **infinito** *(infinitivo)*, **gerundio** *(gerundio)* y **participio** *(participio)*.

negativa
negativa

Frase que presenta por lo menos una negación: **Non** voglio! ¡No quiero!

nombre o sustantivo
nome o **sostantivo**

Es una parte variable del discurso que indica personas, animales, cosas, fenómenos o conceptos. Puede ser **comune** *(común)* —gatto (gato)— o **proprio** *(propio)* —Tommaso; **concreto** —letto (cama)— o **astratto** *(abstracto)* —amicizia (amistad)—; **primitivo** *(primitivo)* —mare (mar)— o **derivato** *(derivado)* —marea (marea)—; **collettivo** *(colectivo)* —gente (gente)—, **composto** *(compuesto)* —compravendita (compraventa)—, **alterato** *(con sufijación)* —baretto (bareto).

número
numero

Hablando de un nombre, de un adjetivo o de un verbo, expresa la cantidad de los elementos implicados y puede ser: singular (uno) o plural (más de uno).

objeto directo
complemento oggetto

Es el elemento de la frase que completa el verbo precisando el objeto de la acción expresada por éste y que, en italiano, se une siempre directamente con el verbo, sin preposiciones: Ettore mangia **la mela.** Ettore come la manzana.

objeto indirecto
complemento di termine

Indica la persona o la cosa a la cual se dirige o donde «termina» la acción (el hecho o la circunstancia) expresada por el verbo. Lo introduce siempre la preposición **a:** L'hai detto **a Ivan?** ¿Se lo has dicho a Ivan?

oración independiente
orazione indipendente

Una oración independiente no es nada más que una oración simple: una frase que posee un sentido completo y que es totalmente independiente desde el punto de vista sintáctico: Vado a casa di Marco. Voy a casa de Marco. Tu mi piaci. Tú me gustas.

oración subordinada
orazione subordinata

Una oración subordinada es una frase que expande y enriquece el significado de una oración independiente, pero que de por sí no posee autonomía: Vado a casa di Marco **per salutarlo.** Voy a casa de Marco para saludarle.

pasiva, forma
passiva, forma

Se refiere a un verbo. El verbo tiene forma pasiva cuando el sujeto gramatical es la persona o cosa que sufre la acción: Il topo **è stato mangiato** dal gatto. El ratón ha sido comido por el gato.

periodo hipotético/ condicional
periodo ipotetico

Es una frase compuesta por dos proposiciones que formulan una hipótesis y su consecuencia, normalmente introducido por **se** *(si):* Se piove ti bagnerai. Si llueve, te mojarás.

persona del verbo
persona verbale

Con respecto al sujeto, el verbo tiene tres personas:

1. El que habla: 1.ª persona singular io cammino (yo ando) y 1.ª persona plural noi camminiamo (nosotros andamos).
2. La/s persona/s a la/s que nos dirigimos: 2.ª persona singular tu cammini (tú andas) y 2.ª persona plural voi camminate (vosotros andáis).
3. La/s persona/s de la/s que se habla: 3.ª persona singular lei / lui cammina (ella/ é l anda) y 3.ª persona plural loro camminano (ellas / ellos andan).

predicado
predicato

Cualquier frase está compuesta al menos por dos partes: el sujeto y el predicado (que es la acción que el sujeto cumple, o el estado en que el sujeto se encuentra: lo que se dice del sujeto). Puede ser **verbale** (mangio / como) o **nominale** (sei una ragazza / eres una chica).

prefijo
prefisso

Partícula que se antepone a una palabra para modificarla y precisarla: **dis**fare (deshacer).

preposición
preposizione

Son esas partes invariables del discurso que se anteponen a una palabra (un nombre, un pronombre...) para relacionarlo con otros elementos de la frase. Pueden ser:

- **Proprie** *(propias)*: **di, a, da, in, con, su, per, tra, fra.**
- **Improprie** *(impropias)*: Ci vedremo **durante** le vacanze. Nos veremos durante las vacaciones. Paolo è **dietro** la casa. Paolo está detrás de la casa.

pronombre
pronome

Es una parte variable del discurso que sirve para sustituir a un nombre manteniendo el género y número de éste. Pueden ser personales, posesivos, demostrativos, relativos, indefinidos, reflexivos, interrogativos y exclamativos.

raíz
radice

El elemento presente en toda una familia de palabras, que no varía y que «lleva» la idea común fundamental: **mang-** en **mang**iare (comer), **mang**ione (comilón), **mang**ime (pienso).
Refiriéndose a un verbo, es la parte que no varía, lo que queda quitando la desinencia: **cammin**are (andar).

regular
regolare

Palabra (un nombre, un adjetivo o un verbo) que sigue las normales reglas gramaticales.

sufijo
suffisso

Partícula que se pospone a una palabra para modificarla y precisarla: ragazz**ino** (chiquillo).

superlativo
superlativo

Grado del adjetivo al que recurrimos para indicar que una cualidad determinada se manifiesta al máximo o, de todas formas, de manera muy elevada. El superlativo puede ser **relativo** *(relativo)* —il più bello (el más bello)— o **assoluto** *(absoluto)* —bellissimo (bellísimo).

tiempos verbales **tempi verbali**	Formas del verbo que tienen la función de situar en el tiempo (presente, pasado o futuro) un hecho o una situación con respecto al momento en el que se habla.
transitivo **transitivo**	Verbo que puede regir un complemento directo: Marco mangia la melanzana. Marco come la berenjena. Se opone a intransitivo (véase *INTRANSITIVO).*
verbo **verbo**	Es la parte variable del discurso que indica la acción desarrollada por el sujeto —mangio (como)—, la que el sujeto sufre —sono mangiato (soy comido)— o el estado en el cual se encuentra el sujeto —esisto (existo).

Fonética y pronunciación

1

En italiano, como en español, se pronuncia todo lo que se escribe, pero entre los dos idiomas hay algunas diferencias en la ortografía y en la pronunciación. El alfabeto italiano está formado por 16 consonantes y 5 vocales, más **j, k, w, x, y,** que aparecen en algunos nombres italianos o que se utilizan para escribir palabras extranjeras que han entrado en el uso. Con respecto al alfabeto español faltan la *ñ* y los grupos *ch* y *ll,* aunque en italiano existen los sonidos respectivos, que se escriben de manera distinta.

Las vocales

El alfabeto italiano tiene cinco vocales: **a, e, i, o, u.** A pesar de esto, los sonidos vocálicos son 7, ya que la **e** y la **o** se pronuncian cada una de dos maneras distintas: abiertas o cerradas. La diferencia entre abiertas y cerradas no se marca con acento gráfico (como, por ejemplo, en francés) y obedece a razones etimológicas, pero son tantas las excepciones y las variantes regionales que no merece la pena intentar aquí una sistematización. Para poder saber la correcta pronunciación de una palabra aconsejamos consultar un buen diccionario, donde sí se marca la distinción con un acento:

la **pèsca** melocotón (pronunciando la **e** abierta, como en la palabra catalana *València)*
la **pésca** pesca (de pescar) (pronunciando la **e** cerrada, como en español)

De todas maneras, no hay que preocuparse: a pesar de que en italiano existe un número bastante relevante de palabras que, en teoría, cambian totalmente de significado según se pronuncie la vocal abierta o cerrada —**bòtte** *(golpes)* no significa lo mismo que **bótte** *(tonel)*—, en cada zona de Italia se puede escuchar una curiosa mezcla de opciones distintas sobre este tema. Además, es el mismo contexto de la frase el que suele impedir confusiones.

Probablemente existe tan sólo un caso en el que todos los italianos nos ponemos más o menos de acuerdo: **e** (se pronuncia **é**) es el equivalente de la conjunción *y*, y **è** es la tercera persona singular del verbo **essere,** *ser:*

Daniela **e** la sorella di Nicola sono molto amiche.
Daniela **y** la hermana de Nicola son muy amigas.

Daniela è la sorella di Nicola.
Daniela **es** la hermana de Nicola.

Las consonantes

B

En italiano la **b** se diferencia siempre claramente de la **v.** Se pronuncia pegando los labios el uno contra el otro, como en español en la palabra *boca.*

C

- **Ca / co / cu** → Se pronuncian como en español: **cu**culo [**ku**kulo] *(cuco),* **ca**ne [**ka**ne] *(perro).*

> **!** Hay que tener cierto cuidado, ya que en italiano los sonidos [kua], [kue], [kui], [kuo] no se escriben con **c–** sino con **q–** (véase más abajo), como, por ejemplo, **quadro** *(cuadro).* Nos encontramos, sin embargo, con unas contadas excepciones en el caso del sonido [kuo], ya que existen algunas palabras que sí se escriben con **c–,** como **cuore** *(corazón)* o **cuoco** *(cocinero).*

- **Ci / ce** → Se pronuncian como los sonidos españoles *chi / che* en las palabras *chico* o *coche:* **ci**ao [**chi**ao], **ce**na [**che**na], ami**ci** [ami**chi**] *(amigos).*

- **Chi / che** → Se pronuncian como los grupos españoles *qui / que:* **chi**mica [**quí**mica], ami**che** [ami**que**] *(amigas).*

D

Se pronuncia siempre como la *d* inicial en español, como, por ejemplo, en *dormir.*

G

- **Ga / go / gu** → Se pronuncian como en español: **ga**mba [**ga**mba] *(pierna* ☺), **go**mito [**go**mito] *(codo),* **gu**sto [**gu**sto]. **Gu** se pronuncia también así cuando es seguido por otra vocal: **gue**rra [**güe**rra], **gua**nto [**gua**nto] *(guante),* **Gui**do [**Güi**do].
- **Gi / ge** → La **g** seguida por **i** o por **e** se pronuncia en italiano con un sonido que no existe en castellano. Es el mismo sonido de *John* en inglés o *Jordi* en catalán: **Ge**nova [**dz**enova], **gi**ta [**dz**ita] *(excursión).*
- **Ghi / ghe** → Se pronuncian como los grupos españoles *gui / gue:* **gh**iro [**gui**ro] *(lirón),* ma**ghe** [ma**gue**] *(magas).*

Q

La **q** va siempre acompañada, como en español, por **u: qua, que, qui, quo.** Sin embargo, se pronuncia de manera diferente, ya que da lugar a los siguientes sonidos: **qu**esto [kuesto] *(esto),* **qui**ndici [kuindici] *(quince),* **qua**ndo [kuando], **quo**tidiano [kuotidiano] *(cotidiano / periódico).*

☺ En italiano el sonido representado por la **q** + **u** [kwu] siempre se escribe **qu,** salvo unas pocas excepciones: a**cqu**a, **cuo**re, **cuo**io, **cuo**cere, **cuo**co y sus derivados, y so**qqu**adro..., una curiosa palabra que quiere decir más o menos *desorden* y que a todos los niños italianos nos la han enseñado tan sólo para que aprendamos que se escribe con dos **q.**

R

Se pronuncia como en español en *cara, pera,* incluso al principio de palabra. Por ejemplo, **Roma** debe pronunciarse sin reforzar la **r–** inicial (como sonaría si se pronunciara a la española), sino utilizando la **r** de *pera* (al principio puede resultar un poco difícil).

S

Entre dos vocales y cuando precede a una consonante sonora se pronuncia como en inglés *is,* en alemán *sonne,* en francés *poison* (el símbolo fonético es [z]). En los demás casos se pronuncia como en español:

ro**s**a [roza]	rosa
ca**s**a [caza]	casa
sbaglio [zballio]	error / equivocación
spo**s**a [spoza]	esposa (en este caso tenemos ambas eses en una sola palabra)

Sin embargo, en el sur de Italia esta distinción tiene menos relevancia, ya que casi siempre el sonido de la **s** es sordo (similar al español).

Cuando es doble, la **s** siempre se pronuncia como en español, pero con más fuerza: ro**ss**a [ros·sa] *(roja).*

V

Se distingue claramente de la **b,** y se pronuncia como en inglés, como en francés o como la *w* en alemán *(Wien, wasser...),* o como en valenciano en la palabra... *València:* apoyando los dientes superiores en el labio inferior.

Z

Se pronuncia como **ts** o **ds.** Cuando está a principio de palabra se pronuncia casi siempre **ds: z**aino [dsaino] *(mochila),* **z**io [dsio] *(tío).*

Cuando es doble, por lo general se pronuncia **ts:** raga**zz**a [ragatsa] *(chica).*

GL

Su pronunciación depende de la vocal que lo sigue:

- **Gla / gle / glo / glu** → como en español: **glu**tine [glutine] *(gluten).*
- **Gl** + **i** → **gli** es uno de los grupos más difíciles de pronunciar correctamente. Para acercarnos lo más posible, podemos decir que **gli** se pronuncia, más o menos, como una *ll* española tradicional muy marcada (como en *Valladolid):* a**gl**io [allio] *(ajo),* e**gl**i [elli] *(él).*

GN

Corresponde a la *ñ* española: so**gn**are [soñare] *(soñar).*

SC

- **Sci / sce** → como *sh* en el inglés *show,* o como el sonido que producimos poniendo el dedo índice en los labios para decirle a alguien que se calle, *sssshhh!:* **sce**mo [shemo] *(bobo),* **sci** [shi] *(esquís).*

Las consonantes dobles

En italiano encontrarás bastante a menudo consonantes dobles: pa**cc**o *(paquete),* ra**tt**o *(rata),* le**ss**o *(hervido)...* Las dobles se pronuncian alargando el sonido de la consonante. Para pronunciarlas sin mucho esfuerzo haz como si hubiera una pequeña pausa entre las dos: fos·sa, fred·do.

La pronunciación de las consonantes dobles es uno de los mayores problemas que encuentran los hispanohablantes que se acercan al italiano. Sin embargo, es importante aprender a distinguir estos sonidos, ya que en muchos casos la presencia o no de una consonante doble cambia completamente el significado de la palabra:

pena	pena	no es lo mismo que	penna	bolígrafo
ano	ano	no es lo mismo que	anno	año
cane	perro	no es lo mismo que	canne	cañas

Hay que tener cuidado con las dobles **c** y **g**. Acabamos de ver que estas consonantes cambian de sonido según la vocal que las sigue. Cuando son dobles se pronuncian ambas igual (y no como se haría en español con palabras como *accidente,* donde las dos c tienen una pronunciación distinta la una de la otra), siempre utilizando el recurso de dejar una breve pausa entre las dos: ghia**cc**io [guiach·chio] *(hielo),* pa**cc**o [pac·co] *(paquete),* o**cchi** [ok·ki] *(ojos),* o**ggi** [odz·dzi] *(hoy),* sottra**ggo** [sot·trag·go] *(resto).*

> **!** A diferencia del español, la doble **l** en italiano es eso..., una doble **l.** Se pronuncia como todas las dobles, reforzando y alargando su sonido. Recuerda que el sonido parecido a la *ll* española en italiano se escribe **gli:** pa**ll**a [pal·la] *bola,* pa**gli**a [pallia] *paja.*

Los pronombres personales sujeto

2

Un pronombre es una palabra que sustituye a un nombre. En italiano, como en español, no es necesario especificar siempre el pronombre sujeto delante de los verbos. Sin embargo, en los ejemplos que siguen lo pondremos siempre, ya que de lo contrario sería un tanto difícil explicar su uso...

io	yo
tu	tú
lui, lei (egli, ella), Lei	él, ella, usted
noi	nosotros
voi	vosotros
loro, (essi, esse), Loro	ellos / as, ustedes

Tu sei Pasquale?
¿Tú eres Pasquale?

Noi andiamo verso la piazza del Duomo, e **voi**?
Nosotros/as vamos hacia la plaza del Duomo, ¿y vosotros/as?

Como habrás notado, en italiano los pronombres personales de primera y segunda personas del plural —**noi** y **voi**— tan sólo tienen una forma y no, como en español, una para el masculino y otra para el femenino.

Lui y **lei** no son en realidad las formas propias del pronombre personal sujeto, sino pronombres complemento, pero se suelen usar en italiano en lugar de **egli** y **ella** (estos últimos se utilizan sólo en la lengua escrita):

Lui è mio fratello e **lei** mia sorella.
Él es mi hermano y ella mi hermana.
(**Egli** è mio fratello ed **ella** mia sorella.)

Lo mismo sucede con **loro,** que, en la lengua hablada, sustituye a **essi** y **esse.** Se utiliza tanto para el masculino como para el femenino:

Loro sono i miei fratelli. (**Essi** sono i miei fratelli.)
Ellos son mis hermanos.

Loro sono le mie sorelle. (**Esse** sono le mie sorelle.)
Ellas son mis hermanas.

La forma de cortesía singular *(usted)* es **Lei** (igual que la tercera persona singular femenina, pero se suele escribir con mayúscula), tanto para masculino como para femenino:

Lei è la signora Rossi?
¿Usted es la señora Rossi?

Lei è il padre di Federico?
¿Usted es el padre de Federico?

La forma de cortesía plural *(ustedes)* es **Loro.** Sin embargo, esta forma se suele utilizar sólo en la lengua escrita o en contextos muy formales, y en su lugar se usa la segunda persona plural **Voi:**

Voi mi avete aiutato molto. (**Loro** mi hanno aiutato molto.)
Ustedes me han ayudado mucho.

Como ya hemos dicho, en italiano, como en español, no es necesario especificar siempre el pronombre sujeto delante de los verbos. Sin embargo, se considera necesario el pronombre personal en los siguientes casos:

Cuando el verbo presenta la misma forma para personas distintas, para evitar ambigüedades:

Penso che **tu** sia una persona simpaticissima.
Pienso que eres una persona majísima.

Penso che **lei (ella)** sia una persona simpaticissima.
Pienso que es una persona majísima.

Esto sucede con las primeras tres personas del singular del presente de subjuntivo (véase *EL SUBJUNTIVO).*

Cuando se quiere enfatizar el sujeto:

Io ho lavorato tutto il mese di agosto mentre **tu** eri in vacanza.
Yo he trabajado todo el mes de agosto mientras tú estabas de vacaciones.

Apri **tu?**
¿Abres tú?

En italiano se utiliza el pronombre personal en frases como:

> Noi italiani non siamo tutti uguali, **voi** spagnoli nemmeno.
> Los italianos no somos todos iguales, los españoles tampoco.

Esto ocurre cuando el hablante quiere que quede claro que él mismo está incluyéndose (o excluyéndose) en el grupo del que está hablando. En el caso contrario, si no se utiliza el pronombre personal, la frase puede tener significados distintos, dependiendo del contexto. Por ejemplo, la frase: «I giovani **hanno** sempre voglia di divertirsi» puede significar, dependiendo de quien la pronuncie:

> I giovani hanno sempre voglia di divertirsi.
> Los jóvenes siempre tienen ganas de divertirse.
>
> Voi giovani avete sempre voglia di divertirvi.
> Los jóvenes siempre tenéis ganas de divertiros.
>
> Noi giovani abbiamo sempre voglia di divertirci.
> Los jóvenes siempre tenemos ganas de divertirnos.

! No siempre hay correspondencia en el uso del pronombre sujeto entre italiano y español. En italiano en muchos casos se utiliza el pronombre complemento tónico cuando en español se usa el pronombre sujeto (véase *CAPÍTULO 19*):

> Nicola è più bello di **te.**
> Nicola es más guapo que tú.
>
> **Io e te** siamo molto diversi.
> Tú y yo somos muy distintos.

[☺ Una cosa más: como has podido ver, en italiano —aunque la regla en principio es la misma— no nos tomamos muy en serio aquello de «El burro delante...»]

Presente de indicativo 3

El presente de indicativo tiene las mismas funciones en italiano que en español, por lo que no supone dificultades a la hora de ser utilizado. Sin embargo, es un tiempo verbal especialmente irregular.

Conjugación regular

En italiano existen, como en español, tres conjugaciones. Los verbos en el infinitivo terminan en: **–are, –ere, –ire:**

	Lavor**are** *trabajar*	Prend**ere** *coger / tomar*	Serv**ire** *servir*	Cap**ire** *entender*
io	lavor**o**	prend**o**	serv**o**	cap**isco**
tu	lavor**i**	prend**i**	serv**i**	cap**isci**
lei / lui / lei	lavor**a**	prend**e**	serv**e**	cap**isce**
noi	lavor**iamo**	prend**iamo**	serv**iamo**	cap**iamo**
voi	lavor**ate**	prend**ete**	serv**ite**	cap**ite**
loro	lavor**ano**	prend**ono**	serv**ono**	cap**iscono**

¿No acabamos de decir que las conjugaciones son tres? Entonces, ¿por qué hay cuatro modelos de conjugación regular? Vamos a verlo enseguida. (Un recordatorio para entender lo siguiente: recuerda que un verbo está formado por una raíz y una desinencia: **lavorare** = **lavor–** + **–are. Io lavoro** = **lavor–** + **–o.**)

La mayoría de los verbos en **–ire (agire, capire, finire, preferire...)** introducen el grupo **–isc–** entre la raíz y la desinencia en las tres personas del singular y en la tercera del plural..., y esto es tan común que no se considera una excepción.

> **!** Hay que tener cuidado con la pronunciación de estos verbos, ya que, como recordarás, **–sc–** se pronuncia de manera distinta si es seguido por las vocales **–i** y **–e** o por las vocales **–a, –o** y **–u:**
>
> Non **capisco**! [kapisko]
> ¡No entiendo!
>
> Come al solito non **capisci** niente! [kapishi]
> ¡Como de costumbre no entiendes nada!

Otra particularidad fonética, esta vez de todos los verbos en el presente de indicativo: la tercera persona plural de los verbos de más de dos sílabas es siempre esdrújula (lav**o**rano, pr**e**ndono, s**e**rvono, cap**i**scono) o sobreesdrújula (**a**bitano, f**a**bbricano, **e**vitano).

Particularidades de algunos verbos

Los verbos que terminan en **–care** y **–gare,** para conservar el mismo sonido, introducen una **–h–** entre la **–g–** o la **–c–** y la desinencia cuando la primera vocal de la desinencia es **i** o **e:**

Dedi**care**	Pa**gare**
dedicar	*pagar*
dedico	pago
dedi**chi**	pa**ghi**
dedica	paga
dedi**chiamo**	pa**ghiamo**
dedicate	pagate
dedicano	pagano

Dedichiamo la prossima canzone a Silvia.
Le dedicamos la próxima canción a Silvia.

Pago io o **paghi** tu?
¿Pago yo o pagas tú?

Los verbos que terminan en **–cere, –scere** y **–gere,** en cambio, mantienen la misma grafía delante de **–o** en la desinencia, por lo que, en la primera persona singular y en la tercera plural cambia la pronunciación de la **–c–** y de la **–g–** (sonido velar):

Vin**cere** *ganar / vencer*	Cre**scere** *crecer*	Aggiun**gere** *añadir*
vinc**o**	cre**sco**	aggiun**go**
vinci	cresci	aggiungi
vince	cresce	aggiunge
vinciamo	cresciamo	aggiungiamo
vincete	crescete	aggiungete
vin**cono**	cre**scono**	aggiun**gono**

Vincono sempre loro.
Siempre ganan ellos.

Cosa facciamo se **vinciamo** la lotteria?
¿Qué hacemos si nos toca la lotería?

Non **conosco** nessuno in questa città.
No conozco a nadie en esta ciudad.

Se esci ti **raggiungo** subito.
Si sales, te alcanzo ahora mismo.

! Constituyen una excepción verbos como **piacere** y **tacere,** que tienen la forma siguiente:

Piacere *gustar*	**Tacere** *callar*
pia**ccio**	ta**ccio**
piaci	taci
piace	tace
pia**cciamo**	ta**cciamo**
piacete	tacete
pia**cciono**	ta**cciono**

Ci **piacciono** le stesse cose.
Nos gustan las mismas cosas.

In sua presenza **taccio** e imparo.
En su presencia me callo y aprendo.

Como norma general, en el 95 % de los casos los verbos acabados en **–iare** (incluyendo los que acaban en **–ciare, –sciare, –giare, –gliare**) pierden la **i** del tema delante de las desinencias que empiezan con **i:**

Studiare *estudiar*	**Cominciare** *empezar*	**Lasciare** *dejar*	**Mangiare** *comer*
studio	comincio	lascio	mangio
stud**i** (no *studii)	cominc**i**	lasc**i**	mang**i**
studia	comincia	lascia	mangia
stud**iamo** (no *studiiamo)	cominc**iamo**	lasc**iamo**	mang**iamo**
studiate	cominciate	lasciate	mangiate
studiano	cominciano	lasciano	mangiano

Hay, obviamente, algunas excepciones a esta «norma». Por ejemplo, los verbos **avviare** *(poner en marcha, encender, empezar)*, **razziare** *(saquear)* se comportan de manera diferente, pues no pierden la **–i–** del tema en la 2.ª persona singular: **tu avvii, tu razzii.** Para estos pocos casos es bueno tener a mano el manual de uso verbal y conjugaciones.

Existe un grupo de verbos que tiene el infinitivo en **–rre.** Estos verbos pertenecen a la segunda conjugación, pero son irregulares y también presentan irregularidades en el presente de indicativo:

Po**rre** *poner*	Tradu**rre** *traducir*	Sottra**rre** *restar / sustraer*
pon**go**	traduco	sottra**ggo**
poni	traduci	sottrai
pone	traduce	sottrae
poniamo	traduciamo	sottraiamo
ponete	traducete	sottraete
pon**gono**	traducono	sottra**ggono**

Como **porre** se comportan sus compuestos (**comporre, disporre, apporre,** etc.). Como **tradurre,** todos los verbos que acaban en **–durre (condurre, addurre, indurre,** en la mayoría de los casos son verbos que en español acaban en *–ducir):*

Induce sonnolenza.
Produce somnolencia.

Ogni giorno **traduco** circa trenta pagine.
Cada día traduzco alrededor de treinta páginas.

Los verbos que acaban en **–lere** y **–nere** y el verbo **salire** añaden una **–g–** entre el tema y la desinencia en la primera persona singular y en la tercera plural:

V**alere**	Perma**nere**	**Salire**
valer	*permanecer*	*subir*
val**g**o	perman**g**o	sal**g**o
vali	permani	sali
vale	permane	sale
valiamo	permaniamo	saliamo
valete	permanete	salite
val**g**ono	perman**g**ono	sal**g**ono

Ormai le lire non **valgono** più.
Las liras ya no valen.

Salgo sul tetto e pulisco il comignolo.
Me subo al tejado y limpio la chimenea.

> **!** Ten cuidado con el verbo **salire** en italiano: es un falso amigo del verbo *salir,* ya que **salire** se traduce por *subir.*

Los verbos acabados en **–gliere** y **–gnere** invierten la **–g–** y la consonante siguiente en la primera persona del singular y en la tercera del plural:

Co**gl**iere	Spe**gn**ere
coger / recoger	*apagar*
co**lg**o	spe**ng**o
cogli	spegni
coglie	spegne
cogliamo	spegniamo
cogliete	spegnete
co**lg**ono	spe**ng**ono

Se ti da fastidio la luce, la **spengo** subito.
Si te molesta la luz, la apago ahora mismo.

¡Cuidado con la acentuación! Ya hemos visto que la tercera persona plural de los verbos en presente de indicativo es en italiano siempre esdrújula o sobreesdrújula. Existen, además, grupos de verbos a los que hay que prestar cierta atención, ya que, aun siendo casi idénticos a su homólogo español, presentan diferencias relevantes con respecto a la acentuación. Las vocales en negrita indican dónde se acentúa la palabra:

Abitare *habitar*	**Fabbricare** *fabricar*
abito	f**a**bbrico
abiti	f**a**bbrichi
abita	f**a**bbrica
abiti**a**mo	fabbrichi**a**mo
abit**a**te	fabbric**a**te
abitano	f**a**bbricano

Como se puede ver, estos verbos son esdrújulos en las tres personas singulares y sobreesdrújulos en la tercera del plural. De este grupo forman parte verbos como: **dedicare** [io d**e**dico... loro d**e**dicano], **evitare** [io **e**vito... loro **e**vitano], **fabbricare** [io f**a**bbrico... loro f**a**bbricano].

Los verbos que terminan en **–uare** y **–riare** también presentan diferencias de acentuación con respecto al español:

Continuare *continuar*	**Variare** *variar*
cont**i**nuo	v**a**rio
cont**i**nui	v**a**rii
cont**i**nua	v**a**ria
continui**a**mo	vari**a**mo
continu**a**te	vari**a**te
cont**i**nuano	v**a**riano

Todos los verbos que hemos visto hasta ahora pertenecen a modelos definidos, aunque, a veces, un tanto curiosos. Los verbos que siguen, sin embargo, forman el presente de indicativo según un modelo propio.

Conjugación de los verbos *essere* y *avere*

Essere *ser / estar*	**Avere** *haber / tener*
sono	ho
sei	hai
è	ha
siamo	abbiamo
siete	avete
sono	hanno

Conjugación de los verbos modales

Dovere *deber*	**Potere** *poder*	**Sapere** *saber*	**Volere** *querer*
devo	posso	so	voglio
devi	puoi	sai	vuoi
deve	può	sa	vuole
dobbiamo	possiamo	sappiamo	vogliamo
dovete	potete	sapete	volete
devono	possono	sanno	vogliono

Algunos verbos irregulares muy comunes

Andare *ir*	**Dare** *dar*	**Stare** *estar*	**Fare** *hacer*
vado	do	sto	faccio
vai	dai	stai	fai
va	da	sta	fa
andiamo	diamo	stiamo	facciamo
andate	date	state	fate
vanno	danno	stanno	fanno

Bere *beber*	**Sedere** *sentar*	**Uscire** *salir*	**Morire** *morir*
bevo	**sie**do	**esco**	m**uoio**
bevi	**sie**di	**esci**	m**uori**
beve	**sie**de	**esce**	m**uore**
beviamo	sediamo	usciamo	moriamo
bevete	sedete	uscite	morite
bevono	**sie**dono	**escono**	m**uoiono**

Muchos otros verbos presentan una conjugación irregular en el presente de indicativo. Una buena muestra de ellos, con su conjugación, se proporciona al final del libro en el apéndice relativo a la conjugación regular e irregular de los verbos.

Usos del presente de indicativo

Los usos del presente de indicativo coinciden, por lo general, en italiano y en español:

I cani **sono** animali domestici.
Los perros son animales domésticos.

Adesso **guardo** un po' la televisione.
Ahora miro un poco la televisión.

Oggi **faccio** il pane.
Hoy hago pan.

Domani **andiamo** a Venezia?
¿Mañana vamos a Venecia?

Nel 1492 Cristoforo Colombo «**scopre**» l'America.
En 1492 Cristobal Colón «descubre» América.

Los usos verbales 4

En principio fue el verbo... y acto seguido vino la equivocación. De hecho, a pesar de la similitud entre italiano y español, hay que tener cuidado con los usos verbales, ya que en muchos casos las dos lenguas no coinciden.

Los verbos *avere* y *tenere*

Para el hispanohablante que estudia italiano es importante aprender a emplear estos dos verbos, ya que su uso en muchas ocasiones no coincide con el español.

El verbo *avere*

Es un verbo auxiliar, y se utiliza para formar los verbos compuestos:

Questa mattina **ho** parlato con Bruno.
Esta mañana **he** hablado con Bruno.

Como ya hemos visto en el capítulo anterior, **avere** no es el único auxiliar (véanse págs. 131-139 para los usos de **avere** y **essere** como auxiliares).

Al mismo tiempo, en italiano **avere** expresa posesión, pertenencia, y se corresponde con los verbos *tener, poseer:*

Giulio **ha** una casa in campagna.
Giulio **tiene** una casa en el campo.

Ho sonno!
¡**Tengo** sueño!

Quanti anni **hai?**
¿Cuántos años **tienes**?

Abbiamo delle cipolle in casa?
¿**Tenemos** cebollas en casa?

El verbo *tenere*

El verbo **tenere** en italiano equivale al verbo *tener* español cuando éste se acerca al concepto de *mantener, sujetar:*

Teneva il bambino in braccio.
Tenía al niño en brazos.

Riccardo vuole sempre **tenere** la finestra aperta.
Riccardo siempre quiere tener la ventana abierta.

Tienimi un momento la borsa.
Sujétame un momento el bolso.

Non riesco a **tenere** gli occhi aperti.
No consigo mantener los ojos abiertos.

Los verbos *essere* y *stare*

El verbo *essere*

El verbo **essere** también se utiliza como **auxiliar** (véanse págs. 131-139) y, como en español, sirve para formar la construcción pasiva:

Sei mai stato in Siberia? (auxiliar)
¿Has estado alguna vez en Siberia?

Il pesce piccolo **è** mangiato dal più grande. (pasiva)
El pez pequeño es comido por el más grande.

El verbo **essere** se corresponde con los dos verbos españoles *ser* y *estar.* Esto quiere decir que en italiano se utiliza **essere** también en casi todos los casos en los que el español emplea *estar:*

Sono italiana e **sono** mussulmana.
Soy italiana y soy musulmana.

Che ora **è? Sono** le sei meno venti.
¿Qué hora es? Son las seis menos veinte.

I fiori del giardino di Daria **sono** bellissimi.
Las flores del jardín de Daria son muy bonitas.

Bolzano **è** vicino alle Alpi.
Bolzano **está** cerca de los Alpes.

I musei **sono** chiusi la domenica.
Los museos **están** cerrados los domingos.

I dischi che cerchi **sono** a casa di Pietro.
Los discos que buscas **están** en casa de Pietro.

Sei matto!
¡**Estás** loco!

Sin embargo, como veremos un poco más adelante, también hay casos en los que coinciden el uso del verbo italiano **stare** y del *estar* español.

Las formas impersonales *c'è / ci sono*

El verbo **essere** también se usa en las formas impersonales **c'è / ci sono (c'è = ci + è)**, que equivalen a la forma impersonal del español *hay* con el significado de *existir, encontrarse.* La forma impersonal **c'è** está compuesta por la partícula **ci** más la tercera persona singular del verbo **essere (è):**

A Venezia **c'è** una piazza bellissima.
En Venecia hay (existe, se encuentra) una plaza muy bonita.

C'è una mosca enorme sul tuo panino.
Hay una mosca enorme encima de tu bocadillo.

A diferencia del español, donde *hay* sólo existe como tercera persona singular del verbo, la elección de **c'è** o **ci sono** depende de si el complemento es **singular** o **plural:**

A Venezia **c'è** una piazza bellissima.
En Venecia hay (existe, se encuentra) una plaza muy bonita.

A Venezia **ci sono** molte piazze bellissime.
En Venecia hay muchas plazas muy bonitas.

Estas formas se pueden utilizar en todos los tiempos verbales:

Nel paese in cui vivevo **c'era** una chiesa gotica.
En el pueblo en el que vivía había una iglesia gótica.

Alla festa **ci sarà** da bere e da mangiare.
En la fiesta habrá para beber y comer.

> **!** La construcción **ci + essere** se utiliza también con las formas personales del verbo (que no hay que confundir con lo que acabamos de explicar), teniendo la partícula **ci**, en este caso el valor de un adverbio de lugar que sustituye (o refuerza) el complemento de lugar. Véase el capítulo *LAS PARTÍCULAS* ***CI*** *Y* ***NE***

El verbo *stare*

Hemos dicho más arriba que el uso del verbo **stare** es más limitado en italiano que en español. **Stare** se emplea:

- Para indicar la **posición física,** cuando estar tiene un significado cercano a quedarse:

  Quando lavoro **sto** seduto tutto il giorno.
  Cuando trabajo, estoy (me quedo) sentado todo el día.

  Esci con me questa sera o **stai** in casa?
  ¿Sales conmigo esta noche o te quedas en casa?

  Stai qui!
  ¡Quédate aquí!

- Para hablar del **estado de salud o anímico** de alguien:

  Come **stai** oggi? **Sto** meglio, grazie.
  ¿Qué tal estás hoy? Estoy mejor, gracias.

- En algunas **perífrasis verbales:**

  — **Stare + gerundio,** con el mismo sentido que en español:

  Stiamo studiando moltissimo per gli esami.
  Estamos estudiando muchísimo para los exámenes.

  — **Stare + per + infinitivo,** con el sentido de *estar a punto de:*

  Il film **sta** per finire.
  La película está a punto de acabar.

  Sto per arrabbiarmi...
  Estoy a punto de enfadarme...

Los verbos *dovere, potere, sapere* y *volere*

Los verbos **dovere, potere, sapere** y **volere** se llaman verbos modales y se utilizan frecuentemente, como en español, seguidos por un infinitivo para completar el significado de éste:

Puoi guidare più piano?
¿Puedes conducir más despacio?

Voglio viaggiare più spesso.
Quiero viajar más a menudo.

Non **so** parlare Kiswahili.
No sé hablar Kiswahili.

Dobbiamo uscire subito.
Tenemos que salir ahora mismo.

Como veremos más adelante, estos verbos presentan una peculiaridad cuando se utilizan en los tiempos compuestos, ya que suelen concordar con el sujeto si acompañan a verbos que requieren el verbo **essere** como auxiliar.

Perífrasis verbales

Ya hemos visto las formas **stare** + gerundio y **stare per** + infinitivo. Veamos ahora otras perífrasis verbales:

- **Mettersi a** + infinitivo → *ponerse a* + infinitivo:

  Mi sono **messa a studiare** il cinese.
  Me he puesto a estudiar chino.

- **Iniziare / cominciare a** + infinitivo → *empezar a* + infinitivo:

  Inizierò / comincerò a studiare il giorno prima dell'esame.
  Empezaré a estudiar el día antes del examen.

- **Smettere di** + infinitivo → *dejar de* + infinitivo:

  Ana **ha smesso di fumare.**
  Ana ha dejado de fumar.

- **Finire per** + infinitivo → *acabar / terminar* + gerundio:

  Ha insistito tanto che **ho finito per cedere.**
  Ha insistido tanto que he acabado cediendo.

- **Riuscire a** + infinitivo → *lograr / conseguir* + infinitivo:

  Non **riuscirò** mai **a capire** perché l'ha fatto.
  Nunca lograré / conseguiré entender por qué lo hizo.

- **Continuare a** + infinitivo → *seguir* + gerundio:

  Non **continuare a ripetere** quello che dice Oscar!
  ¡No sigas repitiendo lo que dice Oscar!

- Auxiliar + **appena** + participio pasado → *acabar de* + infinitivo:

  È appena partita e già mi manca.
  Acaba de irse y ya la echo de menos.

  Aveva appena mangiato e ha voluto fare il bagno.
  Acababa de comer y quiso bañarse.

El verbo *fare*

El verbo **fare** en italiano se utiliza mucho más a menudo que en español (por ejemplo, para indicar la profesión):

Ermanno **fa** l'astronauta.
Ermanno es astronauta.

Che lavoro **fa** Paperino?
¿En qué trabaja el Pato Donald?

En italiano casi todo se *hace...:*

Bravo! **Hai fatto** una foto bellissima.
¡Bien! Has sacado una foto muy bonita.

Mi **faccio** una doccia e usciamo subito.
Me ducho y salimos enseguida.

Hai già **fatto** il biglietto per andare a Singapore?
¿Ya has sacado el billete para ir a Singapur?

Fare se utiliza en muchas más expresiones; delante del infinitivo de un verbo tiene la misma función que en español:

Questo prodotto **fa** crescere le piante.
Este producto hace crecer (hace que crezcan) las plantas.

Los verbos *andare* y *venire*

En un primer momento el uso de estos dos verbos plantea casi siempre algunos problemas. Antes que nada, no confundas el verbo **andare** *(ir)* con *andar* (que se dice **camminare**). **Andare** se utiliza en la mayoría de los casos como *ir:*

Sandra **va** tutti i giorni a trovare sua nonna.
Sandra va todos los días a ver a su abuela.

La Spagna **va** bene.
España va bien.

> **!** En italiano no existe la forma de futuro *ir a* + infinitivo; en su lugar se utiliza el presente de indicativo o el futuro:
>
> Mañana voy a dormir hasta las dos.
> Domani **dormo / dormirò** fino alle due.

Venire se emplea a veces en italiano cuando en español se utiliza *ir:*

- Para indicar un movimiento hacia la persona con la que estamos hablando, de modo que si alguien llama a tu puerta, tienes que decir: **vengo!** (y no **vado** *[voy]):*

Chi mi accompagna? **Vengo** io!
¿Quién me acompaña? ¡Voy yo!

Vengo a trovarti domani.
Voy a verte mañana.

Ocurre así porque el que habla (en su supuesto movimiento hacia su interlocutor) se pone en el lugar físico de éste, con lo cual emplea el verbo que utilizaría el propio interlocutor.

- Para contestar a una pregunta con el mismo verbo:

Vieni a cenare a casa mia? No, non posso **venire.**
¿Te vienes a cenar a mi casa? No, no puedo ir.

Venire también se utiliza para indicar el resultado de algo, cuando en español se emplea el verbo *salir:*

Come **sono venute** le foto delle vacanze?
¿Cómo han salido las fotos de las vacaciones?

Come ti **è venuto** il risotto con la mia ricetta?
¿Cómo te ha salido el risotto según mi receta?

El verbo *diventare*

Este verbo reúne significados que en español se expresan con verbos distintos, pero que hacen referencia al concepto de **transformación:**

È diventato ricco rubando agli altri.
Se ha hecho rico robando a los demás.

Sono diventata buddista a settantacinque anni.
Me he hecho budista a los setenta y cinco años.

Alice mangió un pezzetto di fungo e **diventò** piccolissima.
Alicia comió un trocito de seta y se volvió pequeñísima.

Quando la vide **diventò** pallido.
Cuando la vio, se puso pálido.

Cesare vuole **diventare** giornalista.
Cesare quiere ser periodista.

Diventò ministro dopo la crisi di governo.
Llegó a ministro después de la crisis de gobierno.

I topolini di *Cenerentola* **diventarono** paggi.
Los ratoncitos de la *Cenicienta* se convirtieron en pajes.

El verbo *riuscire*

Riuscire tiene principalmente el sentido de *lograr / conseguir,* pero también el de otros verbos cuando se hace referencia a la consecución de un objetivo o al resultado de una acción:

Non **riesco** a capire cosa mi vuoi dire.
No logro / consigo entender lo que me quieres decir.

Credo che non **riuscirò** a finire il libro in tempo.
Creo que no conseguiré / lograré / podré terminar el libro a tiempo.

La pizza gli **riesce** benissimo.
La *pizza* le sale muy bien.

Ivan **riesce** simpatico a tutti.
Iván le resulta simpático a todo el mundo.

El verbo *rimanere*

Se corresponde tanto con *quedar* como con *quedarse:*

Questa sera **rimango** a casa.
Esta noche me quedo en casa.

È rimasto sconvolto da quell'esperienza.
Se ha quedado aturdido por esa experiencia.

Sono rimaste delle uova?
¿Han quedado huevos?

Expresar la necesidad

Expresar la necesidad es una de las primeras —nunca mejor dicho— *necesidades* a las que se enfrenta un estudiante de un idioma extranjero. En italiano existen varias maneras de hacerlo, tanto en forma personal como impersonal.

- Las formas personales (las que presentan un verbo en forma personal) suelen estar acompañadas por un complemento que puede ser un sustantivo o infinitivo:

— **Avere bisogno** + **di** + sustantivo:

Giulia **ha bisogno** di vacanze.
Giulia necesita unas vacaciones.

— **Avere bisogno** + **di** + infinitivo:

Ho bisogno di andare in baño.
Necesito ir al servicio.

— **Avere necessità** + **di** + infinitivo:

Abbiamo necessità di riposare.
Necesitamos descansar.

— **Avere necessità** + **di** + sustantivo:

In Irak **hanno necessità di** medicine.
En Irak necesitan medicinas.

- Las formas impersonales corresponden a las españolas *hace falta, se necesita* y *hay que,* y están acompañadas por un complemento que puede ser un sustantivo o un infinitivo:

— **Ci vuole / ci vogliono** + complemento:

Per fare gli gnocchi **ci vogliono** le patate vecchie.
Para hacer los ñoquis se necesitan patatas viejas.

— **C'è bisogno + di** + complemento / infinitivo:

C'è bisogno di un medico.
Hace falta un médico.

Non **c'è bisogno di** gridare per farsi ascoltare.
No hace falta gritar para hacerse escuchar.

— **Occorre** + complemento / infinitivo:

Occorre un po' di tempo per fare le cose bene.
Hace falta un poco de tiempo para hacer las cosas bien.

Occorre fare presto.
Hay que / hace falta darse prisa.

— **Bisogna** + infinitivo / verbo en forma personal:

Bisogna fare l'amore più spesso.
Hay que hacer el amor más a menudo.

— **È necessario** + complemento / infinitivo:

È necessaria la tua esperienza.
Es necesaria tu experiencia.

È necessario lavorare di meno.
Es necesario trabajar menos.

- También hay formas impersonales que están acompañadas por un pronombre complemento indirecto y un sustantivo complemento:

— Complemento indirecto + **servire / occorrere** + complemento:

Vado a fare la spesa. **Ti serve / occorre** qualcosa?
Voy a hacer la compra. ¿Necesitas algo?

Como en español, la mayor parte de estas fórmulas, seguidas de la conjunción **che,** requieren subjuntivo:

Ho bisogno + **che** Marco mi **dia** una mano.
Necesito que Marco me eche una mano.

È necessario / bisogna + **che** + tu mi **dica** tutto.
Es necesario que me lo digas todo.

! El verbo **occorrere** no debe traducirse por *ocurrir.* Cuando *ocurrir* significa *acaecer / acontecer,* se utiliza el verbo **succedere.**

En italiano existe el verbo **necessitare** con un sentido muy similar al español. Sin embargo, no es muy utilizado en el habla cotidiana. Por eso, es mejor para un hispanohablante (y sobre todo al comienzo) **evitar su uso,** ya que se tiende a traducir el verbo *necesitar,* de uso muy extendido en español.

El artículo

5

Para la elección del artículo en español hay que considerar el género y el número de la palabra a la que precede. En italiano, en cambio, también hay que tener en cuenta la inicial de la palabra. Las iniciales se dividen en tres grupos:

- Las **vocales,**
- **s** + consonante, **z, ps, gn** e **i, j** e **y semivocales,**
- las demás **consonantes.**

Artículos determinados

Los artículos determinados en italiano son **il, lo, la, i, gli, le, l'**:

<table>
<tr><td>il</td><td>cane
signore
bagno</td><td>i</td><td>cani
signori
bagni</td></tr>
<tr><td>lo</td><td>studente
zucchero
psicologo
gnocco</td><td>gli</td><td>studenti
zucchero
psicologi
gnocchi
alberi
uccelli
errori</td></tr>
<tr><td>l'</td><td>albero
uccello
errore</td><td rowspan="3">le</td><td rowspan="3">carte
signore
spazzole
idee
aquile
ore</td></tr>
<tr><td>la</td><td>carta
signora
spazzola</td></tr>
<tr><td>l'</td><td>idea
aqui
ora</td></tr>
</table>

Normalmente, el artículo masculino singular es **il** cuando la palabra empieza por consonante:

il cane	el perro
il signore	el señor
il bagno	el baño

En el caso de palabras que empiezan por **s** + consonante, **z, ps, gn** e **i, j** e **y** semi-vocales (es decir, cuando van seguidas por otra vocal como en *yugoslavo, yogur)*, se utiliza el artículo **lo:**

lo psicologo	el psicólogo
lo sci	el esquí
lo yogurt	el yogur

Las palabras femeninas, por lo general, son precedidas por el artículo **la:**

la signora	la señora
la spazzola	el cepillo
la scatola	la caja

El artículo **l'** se emplea tanto con palabras masculinas como femeninas cuando empiezan por vocal:

l'albero	el árbol
l'uccello	el pájaro / el ave
l'idea	la idea
l'aquila	el águila

En el plural, las palabras masculinas suelen tener el artículo **i** cuando empiezan por consonante: **i cani, i signori, i bagni.**

Con las palabras masculinas que empiezan por **s** + consonante, **z, ps, gn,** semi-vocal o vocal se utiliza el artículo **gli: gli psicologi, gli sci, gli yogurt.**

Con todas las palabras femeninas se utiliza el artículo **le: le carte, le signore, le spazzole, le idee, le aquile, le ore.**

En italiano no existe el artículo neutro, como el español *lo*. En su lugar se utiliza la forma del artículo masculino **il (il bello** / *lo bello,* **il buono** / *lo bueno)* o expresiones como **ció, quello, la cosa... (ciò che è successo** / *lo que ha pasado,* **quello che dici** / *lo que dices,* **la cosa migliore** / *lo mejor).*

Uso de los artículos determinados

Por lo general, el uso del artículo determinado en italiano es muy parecido al del español, aunque hay casos en los que difiere.

Se usa el **artículo determinado en italiano** (pero no en español) en estos principales casos:

- Ante nombres de continentes, países, grandes islas, regiones:

  L'Africa è un continente grandissimo.
  África es un continente enorme.

  La Spagna e **l'Italia** sono paesi mediterranei.
  España e Italia son países mediterráneos.

- Ante los posesivos:

  La tua casa mi piace molto.
  Tu casa me gusta mucho.

- Con el verbo **avere** en frases como:

  Giovanni non ha **la** macchina.
  Giovanni no tiene coche.

  Barbara ha **il** computer.
  Barbara tiene ordenador.

- Con el verbo **portare** en frases como:

  Il mio fidanzato porta **gli** occhiali.
  Mi novio lleva gafas.

  D'inverno porto sempre **il** cappotto.
  En invierno siempre llevo abrigo.

- En expresiones como **per la prima (seconda...) volta, per l'ultima volta,** etc.:

  Te lo dico per **l'ultima volta.**
  Te lo digo por última vez.

  L'ho visto per **la** seconda volta a casa di Davide.
  Lo he visto por segunda vez en casa de Davide.

- Ante algunos apellidos de personajes famosos: **il** Petrarca, **il** Boccaccio (pero Garibaldi, Maradona, Eco). Si el apellido se refiere a una mujer, el uso del artículo se hace necesario: **La** Morante è una scrittrice famosa, **La** Pardo Bazán è una scrittrice del diciannovesimo secolo.

Se utiliza el artículo determinado en español y **se omite en italiano** en estos principales casos:

- Con los días de la semana:

  Domenica scorsa sono stato alla spiaggia.
  El domingo pasado me fui a la playa.

  Martedí vado a Milano.
  El martes me voy a Milán.

  Sin embargo, si se habla de una acción habitual, sí se usa el artículo:

  Il giovedì vado sempre in piscina.
  Los jueves siempre voy a la piscina.

- En muchas locuciones de lugar con términos como **città, scuola, ufficio, montagna, letto, bagno, giardino:**

  Mi piace vivere **in città.**
  Me gusta vivir en la ciudad.

  Mi piace fare colazione **in giardino.**
  Me gusta desayunar en el jardín.

  Ho una casa **in montagna.**
  Tengo una casa en la montaña.

  Francesco è andato **a letto** presto.
  Francesco se ha ido a la cama pronto.

Artículos indeterminados

Los artículos indeterminados en italiano son **un, uno** y **una.** Cuando precede a una vocal, **una** se transforma en **un'.**

En italiano no existe el plural del artículo indeterminado, y en su lugar se utiliza el plural del partitivo: **dei, degli** y **delle:**

un	ragazzo signore pesce	**dei**	ragazzi signori pesci
un	**a***lbero* **e***sempio* **o***rso*	**degli**	**a**lberi **e**sempi **o**rsi
uno	**st**udente **ps**icologo **gn**omo **z**aino	**degli**	**st**udenti **ps**icologi **gn**omi **z**aini
una	ragazza signora coperta **st**udentessa **ps**icologa **gn**oma **z**uppa	**dele**	ragazze signore coperte **st**udentesse **ps**icologe **gn**ome **z**uppe
un'	**a**mica **o**pera **e**rba **i**dea	**dele**	**a**miche **o**pere **e**rbe **i**dee

Uso de los artículos indeterminados

El artículo **un** se utiliza con términos masculinos singulares:

un ragazzo	un chico
un signore	un señor
un albero	un árbol

Con las palabras masculinas que empiezan por **s** + consonante, **z, ps, gn** o **semivocal** se utiliza **uno:**

uno spazio	un espacio
uno gnomo	un gnomo
uno zaino	una mochila
uno yogurt	un yogur

Para el plural de las palabras masculinas que empiezan por consonante (excepto **s** + consonante, **z, ps, gn, semivocal** o **vocal**) se usa el artículo partitivo **dei:**

dei ragazzi	unos chicos
dei signori	unos señores

En el plural se utiliza el artículo partitivo **degli** con las palabras masculinas que empiezan por **s** + consonante, **z**, **ps**, **gn**, **semivocal** o **vocal:**

degli alberi	unos árboles
degli esempi	unos ejemplos
degli orsi	unos osos

El artículo femenino es **una** delante de todas las consonantes y grupos de consonantes:

una gnoma	una gnoma
una psicologa	una psicóloga
una ragazza	una chica
una signora	una señora
una studentessa	una estudiante

pero se trasforma en **un'** delante de vocal:

un'amica	una amiga
un'opera	una obra
un'idea	una idea

El plural del femenino siempre es **delle:**

delle amiche	unas amigas
delle gnome	unos gnomos
delle idee	unas ideas
delle opere	unas obras
delle ragazze	unas chicas
delle signore	unas señoras
delle studentesse	unas estudiantes

! Hay que tener cuidado de no ponerle el apóstrofe al artículo **un** cuando se encuentra delante de un término masculino que empiece por vocal: **un aereo** *(un avión)* y NO **un'aereo;** sin embargo, **un'edera** *(una yedra)*, **un inglese** *(un inglés)*, pero **un'inglese** *(una inglesa)*. ¡Es un error que también cometen los italianos!

Los partitivos

El artículo partitivo se forma uniendo la preposición **di** y el artículo determinado. Siguiendo los mismos criterios que los artículos determinados, tiene las

siguientes formas: **del, dello, della, dell' dei, degli, delle.**
Como acabamos de ver, se utiliza el plural (**dei, degli, delle**) de los partitivos para el plural de los artículos indeterminados:

> Durante le vacanze ho conosciuto **delle** persone molto interessanti.
> Durante las vacaciones he conocido a unas personas muy interesantes.

El uso de los partitivos en singular (**del, dello, della, dell'**) no tiene correspondencia en español. Se utiliza para hacer referencia a una parte de un todo, y se podría traducir, más o menos, por *un poco de:*

> Quando il riso è cotto aggiungi **del** burro.
> Cuando el arroz esté hecho añade (un poco de) mantequilla.

> Hai **dello** spago?
> ¿Tienes (un trozo de) cordel?

La elisión

A lo largo de esta unidad hemos visto artículos como **l', un'** y **dell'.** En italiano hay varios casos en los que si se encuentran dos palabras ligadas gramaticalmente, de las que la primera termina y la segunda empieza por vocal, la vocal final desaparece y se pone en su lugar el apóstrofe.

La elisión es obligatoria:

- Con los artículos **la** (**l'e**rba), lo (**l'a**stro) y **una** (**un'a**ttrice).
- Con las preposiciones formadas por la contracción de preposición simple + artículo que terminan en **-llo** y **-lla,** es decir, las que se forman con los artículos **la** y **lo: dell'a**cqua, **sull'a**lbero.
- Con los adjetivos **quello / a** y **bello / a** seguidos por sustantivo: **quell'u**omo, **bell'a**mica.
- Con **Santo** seguido por nombre propio: **Sant'A**ntonio.

La elisión es opcional:

- Con la preposición **di:** le Colonne **d'E**rcole; pero se dice: Il gatto **di A**nna.
- Con los pronombres **lo** y **la** delante del auxiliar **avere** en los tiempos compuestos: **l'ho** vista; pero también se puede decir: **la ho** vista, *la he visto.*
- Con **questo / a** (**quest'a**nno), **come** (**com'è**?), **anche** (**anch'io**), **ne** (se **n'è** andata).

No hay que preocuparse, porque vamos a retomar todos estos casos en los capítulos correspondientes. De todas maneras, en los casos en los que la elisión es opcional, siempre se puede utilizar la forma completa, y así será difícil equivocarse.

El nombre 6

Aunque en el género de los nombres suele haber correspondencia entre el italiano y el español (**il gatto,** el gato), en muchos casos —y sin existir ninguna norma precisa— no hay tal correspondencia (**il latte,** la leche). Como regla práctica para no equivocarse, aconsejamos aprender siempre el nombre precedido del artículo que lo acompaña.

El género

Dado que gran mayoría de los sustantivos italianos (excepto algunos extranjerismos) terminan con una vocal, podemos aplicar una sencilla regla para saber si la palabra es masculina o femenina.

En la mayor parte de los casos son femeninos los nombres que terminan con la vocal **–a,** mientras que son masculinos los nombres que terminan con la vocal **–o:**

la bambin**a**	la niña
la bust**a**	el sobre
la cavall**a**	la yegua
il burr**o**	la mantequilla
il gatt**o**	el gato
lo stranier**o**	el extranjero

Los nombres que terminan en **–e,** siempre en singular, pueden ser masculinos o femeninos (en este caso no existe una regla que determine el género de la palabra: para saberlo hay que mirar el artículo):

il padr**e**	el padre
la madr**e**	la madre
il maial**e**	el cerdo
il fior**e**	la flor
la fin**e**	el fin / el final
il fin**e**	la finalidad / el propósito

Los nombres que en singular terminan en **–i** suelen ser femeninos:

la cris**i**	la crisis
la sintes**i**	la síntesis
l'oas**i**	el oasis
l'analis**i**	el análisis

Algunos nombres terminan en **–u** y son, casi en su totalidad, femeninos:

la trib**ù**	la tribu
la virt**ù**	la virtud

Por último, también hay nombres de origen extranjero que terminan en **consonante.** Éstos suelen ser masculinos:

il ba**r**	el bar
il compute**r**	el ordenador
il fil**m**	la película
il voyeu**r**	el mirón

Aunque esta regla vale para la mayor parte de las palabras, suele haber numerosas excepciones:

- Nombres de género femenino que terminan en **–o:**

la man**o**	la mano
la radi**o**	la radio
la fot**o**	la foto

En estos casos hay que mirar el artículo que precede al nombre (o también el adjetivo que lo acompaña):

Questa è **la** fot**o** più bell**a** di tutta la mostra.
Ésta es la foto más bonita de toda la exposición.

- Nombres de género masculino que terminan en **–a** (suelen terminar en **–ma** o en **–ta**), como:

il Pap**a**	el Papa
il poet**a**	el poeta
il problem**a**	el problema
il taxist**a**	el taxista
il traum**a**	el trauma
l'artist**a**	el (la) artista

Il nuov**o** cinem**a** è proprio brutt**o!**
El nuevo cine es verdaderamente feo.

- Nombres cuyo género contrasta con el género natural, como, por ejemplo, nombres femeninos que se suelen referir a profesiones que —hasta hace muy poco— eran prerrogativa de personas de sexo masculino, y que en español son masculinos:

la guardia	el guardia
la recluta	el recluta
la sentinella	el centinela

Esto puede dar lugar a que, hablando de un centinela hombre, se digan cosas como ésta:

La signora **guardia** è sempre molto scrupolosa.
El señor guardia es siempre muy escrupuloso.

También hay nombres masculinos que en la mayoría de los casos designan a mujeres, como:

il soprano	la soprano
il contralto	la contralto

Ermenegilda Badalamenti è **il** soprano più famos**o** d'Italia.
Ermenegilda Badalamenti es la soprano más famosa de Italia.

- Entre los nombres que terminan en **–i** también los hay masculinos, y los que terminan en **–í** (con acento) son todos masculinos:

il brindisi	el brindis
il colibrí	el colibrí
il lunedí	el lunes
il martedí	el martes
il safari	el safari
l'alibi	la coartada

Para que sea fácil de recordar, podemos agrupar algunos nombres también por su **significado:**

- Son **femeninos**, pues:

  — Los nombres de **continentes e islas** (con pocas excepciones en este último caso):

l'Africa	África
l'América	América
la Sicilia	Sicilia
le Canarie	Canarias

— Los nombres de **ciudades:**

Napoli è molto bell**a.**
Nápoles es muy bonita.

Dublino è pien**a** di spagnoli e di italiani.
Dublín está llena de españoles e italianos.

- Son **masculinos** en casi todos los casos:

— Los nombres de la mayoría de los **árboles frutales** (mientras que el fruto correspondiente suele ser femenino):

il melo / la mela	el manzano / la manzana
il pero / la pera	el peral / la pera
l'arancio / l'arancia	el naranjo / la naranja

— Los nombres de **ríos, lagos** y **mares:**

il Garda	el (lago de) Garda
il Mediterraneo	el Mediterráneo
il Po	el Po
l'Ebro	el Ebro

— Los nombres de los **días de la semana** (excepto **la domenica,** *el domingo)* y los nombres de los **meses.**

Transformación del género

Para formar el femenino de un sustantivo de género masculino:

Si el masculino termina en **–o,** basta con sustituir el morfema de género **–o** por el femenino **–a:**

il bambin**o** / **la** bambin**a**	el niño / la niña
il cuoc**o** / **la** cuoc**a**	el cocinero / la cocinera
il cavall**o** / **la** cavall**a**	el caballo / la yegua

Como se puede ver en este último ejemplo (**il cavallo / la cavalla**), forman parte de este grupo también los sustantivos que en español utilizan, para masculino y femenino, dos nombres completamente distintos.

Si el masculino termina en **–e,** el femenino suele terminar en **–a:**

il camerier**e**	el camarero
la camerier**a**	la camarera

Sin embargo, hay casos en los que para pasar de masculino a femenino se necesitan otros sufijos (en algunos de estos casos también ocurre lo mismo en español). Por ejemplo:

- Nombres masculinos que acaban en **–tore:**

il direttore el director	la direttrice la directora
l'attore el actor	l'attrice la actriz

- Nombres masculinos que acaban en **–pe, –ente, –ante, –one** y otros sustantivos acabados en **–ore:**

il principe el príncipe	la principessa la princesa
lo studente el estudiante	la studentessa la estudiante
l' elefante el elefante	l'elefantessa la elefanta
il leone el león	la leonessa la leona
il professore el profesor	la professoressa la profesora

Hay muchos sustantivos masculinos que terminan en **–a.** Éstos suelen formar el femenino con el sufijo **–essa:**

il poet**a** / la poet**essa**	el poeta / la poetisa
il duc**a** / la duch**essa**	el duque / la duquesa

Sin embargo, en otros muchos casos se trata de nombres que no varían cuando se forma el femenino:

il colleg**a** / la colleg**a**	el colega / la colega (el compañero / la compañera)
il pediatr**a** / la pediatr**a**	el pediatra / la pediatra

Como se puede ver en los dos últimos ejemplos anteriores, hay sustantivos que tienen un **género doble** —es decir, que pueden ser tanto masculinos como femeninos—, y cuyo sufijo de género no varía. En estos casos sólo se pueden identificar por medio del artículo. Muchos de estos nombres suelen terminar en **–ista** o **–nte:**

il cantante / **la** cantante	el cantante / la cantante
il cliente / **la** cliente	el cliente / la clienta
il nipote / **la** nipote	el nieto / la nieta (el sobrino / la sobrina) [1]
il tassista / **la** tassista	el taxista / la taxista
l'artista / **l'**artista	el artista / la artista
l'ipocrita / **l'**ipocrita	el hipócrita / la hipócrita

Como puedes comprobar, es algo que ocurre también en español con las mismas palabras *(el taxista / la taxista)*, sólo que no siempre hay coincidencia *(el cliente / la clienta)*.

Hay nombres que, dependiendo de si son masculinos o femeninos, tienen significados muy distintos:

il bar**o** / **la** bar**a**	el truhán / el ataúd
il fav**o** / **la** fav**a**	el panal / el haba
il fogli**o** / **la** fogli**a**	la hoja (de papel) / la hoja (de un árbol)

Hay sustantivos en los que para distinguir entre singular y plural se opera un cambio de género donde **–a** (femenino) es la marca de plural:

l'uov**o** / **le** uov**a**	el huevo / los huevos
il migliai**o** / **le** migliai**a**	el millar / los millares
il pai**o** / **le** pai**a**	el par / los pares
il lenzuol**o** / **le** lenzuol**a**	la sábana / las sábanas

Algunos nombres tienen formas diferentes para el masculino y femenino:

l'uomo / la donna	el hombre / la mujer
il padre / la madre	el padre / la madre
il genero / la nuora	el yerno / la nuera
il toro / la mucca	el toro / la vaca

El número

Los nombres pueden ser singulares o plurales. Una sencilla regla nos servirá para formar el plural de la mayor parte de las palabras:

	femenino		masculino		
singular	–a	–e	–o	–a	–e
plural	–e	–i	–i	–i	–i

[1] **Nipote** en italiano significa tanto *nieto / a* como *sobrino / a*. Normalmente no hay confusión porque el contexto indica claramente de qué se está hablando.

Es decir:

Los nombres femeninos que en singular terminan en **–a** forman el plural con la desinencia **–e:**

la casa → le case	la casa / las casas
la strada → le strade	la carretera / las carreteras, la calle / las calles

Todos los demás plurales (nombres masculinos terminados en **–a**, **–e** y nombres femeninos que terminan en **–e**) se forman con la desinencia **–i:**

il muro → i muri	el muro / los muros
il problema → i problemi	el problema / los problemas
il professore → i professori	el profesor / los profesores

Ahora bien, manteniendo siempre presente esta regla, existen numerosas particularidades que, en algunos casos, cubren zonas bastante extensas del vocabulario. Vamos a verlas brevemente:

- Nombres que terminan en **–io:**

— Si la **–i–** que precede a la **–o** es átona, se sustituye el grupo **–io** por **–i:**

l'occh**io** → gli occh**i**	el ojo / los ojos
il viz**io** → i viz**i**	el vicio / los vicios
lo stud**io** → gli stud**i**	el estudio / los estudios

— Si la **–i–** lleva acento (en la pronunciación), el plural es **–ìi:**

lo z**ìo** → gli z**ìi**	el tío / los tíos
il pend**ìo** → i pend**ìi**	la pendiente / las pendientes, la cuesta / las cuestas

- Nombres que terminan en **–co, –go:**

— Si la palabra es llana, se mantiene el sonido duro (velar) de **–c–** y **–g–**, y el plural es el siguiente:

il bàn**co** → i bàn**chi**	el pupitre / los pupitres
là**go** → là**ghi** [2]	el lago / los lagos

— Si la palabra es esdrújula, la **–c–** y la **–g–** no mantienen el sonido duro, sino que se palatalizan:

---

2 Recuerda que en italiano el acento sólo se marca gráficamente en las palabras agudas. En estos casos lo ponemos para facilitar la lectura y la comprensión.

il sìnda**co** → i sìnda**ci** [síndachi]	el alcalde / los alcaldes
l'aspàra**go** → gli aspàra**gi**	el espárrago / los espárragos

Las excepciones son numerosísimas (por ejemplo: ami**co** → ami**ci**), de modo que aconsejamos recurrir a un buen diccionario.

- Nombres que terminan en **–ca, –ga** conservan en plural el sonido duro, formando, pues, el plural en **–che** y **–ghe** si son femeninos, y **–chi** y **–ghi,** si son masculinos:

il colle**ga** → i colle**ghi**	el compañero (de trabajo) / los compañeros
il du**ca** → i du**chi**	el duque / los duques
l'al**ga** → le al**ghe**	el alga / las algas
l'ami**ca** → le ami**che**	la amiga / las amigas
la cac**ca** → le cac**che**	la caca / las cacas

- Nombres femeninos que terminan en **–cia** y **–gia:**

— Si la **–í–** es acentuada en la pronunciación (**farmacìa**), basta con transformar la **–a** final en **–e** y se conserva la **–i–:**

la farma**cia** → le farma**cie**	la farmacia / las farmacias
la bu**gía** → le bu**gíe**[3]	la mentira / las mentiras

— Si la **–i–** de **–cia** y **–gia** es átona (es decir, no acentuada), puede haber dos casos:

1. Cuando las consonantes **–c** y **–g** van precedidas por una vocal, se conserva la **–i:**

la camicia → le camicie	la camisa / las camisas
la ciliegia → le ciliegie	la cereza / las cerezas

2. Cuando van precedidas por una consonante, no se conserva la **–i:**

l'orgia → le orge	la orgía / las orgías
la doccia → le docce	la ducha / las duchas
la goccia → le gocce	la gota / las gotas

Particularidades

Como hemos visto ya más arriba, existen palabras con un género distinto en singular y en plural:

[3] Ídem.

l'uovo → le uova — el huevo / los huevos
il dito → le dita — el dedo / los dedos
il labbro → le labbra — el labio / los labios
l'orecchio → le orecchie — la oreja / las orejas

A veces, al lado de la forma de plural en **–a,** existe también para el mismo nombre masculino un plural en **–i.** En estos casos el significado de la palabra puede ser ligeramente o incluso completamente distinto:

il muro	la pared	i muri	las paredes
		le mura	las murallas
il cervello	el cerebro	i cervelli	los cerebros
		le cervella	los sesos (culinario)
il braccio	el brazo	le braccia	los brazos
		i bracci	los brazos (de un sillón)
il membro	el miembro	i membri	los miembros (de un grupo)
		le membra	los miembros (del cuerpo)

En algunos casos, el cambio del singular al plural comporta una transformación de la palabra:

l'**uomo** → gli **uomini** — el hombre / los hombres
il **dio** → gli **dei** — el dios / los dioses
il **tempio** → i **templi** — el templo / los templos

Otros nombres sólo se utilizan en plural (coincidiendo en este caso totalmente con el español):

i pantaloni — los pantalones
i jeans — los vaqueros
le mutande — los calzoncillos
gli occhiali — las gafas
le forbici — las tijeras

Palabras que no varían

También existe una serie de palabras que no varían al pasar de singular a plural (nombres invariables y defectivos). En estos casos es el artículo el que nos indica si la palabra es singular o plural. Son:

- Todos los nombres masculinos de animales que terminan en **–a:**

il gorilla → i gorilla	el gorila / los gorilas
il boa → i boa	la boa / las boas
il cobra → i cobra	la cobra / las cobras

> **!** ¡Atención!: **i gorilla** (y no **i *gorilli**), **i boa** (y no **i *boi**), **i cobra** (y no **i *cobri**).

- Los nombres que terminan en **–i:**

la bici → le bici	la bici / las bicis
la crisi → le crisi	la crisis / las crisis

- Los nombres que terminan en **–ie:**

la serie → le serie	la serie / las series

- Los nombres que terminan con una vocal acentuada:

la città → le città	la ciudad / las ciudades
il caffè → i caffè	el café / los cafés
il papà → i papà	el papá / los papás

- Los nombres terminados en consonante (extranjerismos):

l'autobus → gli autobús	el autobús / los autobuses
il film → i film	la película / las películas
lo sponsor → gli sponsor	el patrocinador / los patrocinadores

Plural de los nombres compuestos

Por lo general, aunque hay numerosas excepciones, para formar el plural de los nombres compuestos seguimos la siguiente regla:

Si están formados por adjetivo + adjetivo, adjetivo + sustantivo, sustantivo + sustantivo, verbo + sustantivo, sólo se cambiará la terminación del segundo elemento:

adjetivo + adjetivo	il chiaroscuro	→ i chiaroscur**i**
adjetivo + sustantivo	il bassorilievo	→ i bassorilievi
sustantivo + sustantivo	il pescecane	→ i pescecan**i**
verbo + sustantivo	il passaporto	→ i passaport**i**

Si están formados por un verbo + un sustantivo plural, no hay cambios:

il portalettere → i portalettere el cartero / los carteros

De todas maneras, no habiendo una norma uniforme, aconsejamos el uso de un buen diccionario.

Sufijos aplicados a los nombres

En italiano existen múltiples sufijos que se utilizan para modificar el significado de los nombres, confiriendo a la palabra un matiz distinto.

donna	mujer	donn**ina** donn**ona** donn**accia**	mujercita mujerona mala mujer

En la tabla que sigue recogemos los más comunes:

diminutivos	**–ino** **–etto** **–ello**	uomo → **omino** scarpa → scarp**ina** libro → libr**etto** albero → alber**ello**
aumentativos	**–one** **–accione**	ragazzo → ragazz**one** uomo → **omaccione**
peyorativos	**–accio** **–astro** **–uncolo**	tipo → tip**accio** poeta → poet**astro** uomo → **omuncolo**

Los nombres que terminan en **–one** forman el diminutivo añadiendo una **–c–** entre la raíz y el sufijo:

lim**one** → limon**c**ino limón / limoncito

En italiano también existen sufijos para indicar que algo no sólo es pequeño, sino que también inspira ternura:

–uccio → caval**luccio** caballito
–acchiotto → ors**acchiotto** osito

[☺ Ten en cuenta que aunque algunos nombres parecen haber sufrido una alteración por la adición de un sufijo, en realidad no son siempre así: una **rapina** *(robo)* no es una pequeña **rapa** *(nabo)*...]

Las conjunciones 7

Como en español, las conjunciones sirven para conectar entre sí dos o más palabras o bien dos o más oraciones. Se suele distinguir entre conjunciones coordinantes y conjunciones subordinantes.

Conjunciones de coordinación

Las conjunciones coordinantes son elementos que sirven para unir dos palabras o dos frases que se encuentran gramaticalmente en el mismo nivel.

- Las conjunciones **e** *(y)*, **anche** y **pure** *(también)*, **inoltre** *(además)*, **né** *(ni)*, **neanche, neppure, nemmeno** *(tampoco, ni siquiera)* se llaman **copulativas:**

Federico **e** Giovanna litigano spesso.
Federico y Giovanna discuten a menudo.

Anche io (anch'io) voglio le coccole...
Yo también quiero mimos...

Abbiamo **anche** dei sandwich al salame!
¡También tenemos sándwich de chorizo!

Giorgia sa l'inglese, il russo e **anche** il giapponese.
Giorgia sabe inglés, ruso e incluso japonés.

Io non ho fatto il militare, e tu? **Neanche** io.
Yo no hice la mili, ¿y tú? Yo tampoco.

È andato via senza **neanche (nemmeno)** salutare.
Se ha ido sin siquiera despedirse.

Non lo so **né** mi importa.
No lo sé ni me importa.

! Como se puede ver, a diferencia del español, las conjunciones **anche** y **neanche** suelen colocarse delante del pronombre o del nombre (en italiano se dice **anche io!**, y en español, *¡yo también!)*. Además, **anche** se emplea a veces con el significado de *incluso*, y **neanche** también significa *ni siquiera.*

- Las conjunciones **o** *(o)*, **oppure** *(o bien, si no, de otra manera)* se llaman **disyuntivas** y señalan una separación entre dos o más términos:

 Andiamo da te **o (oppure)** da me?
 ¿Vamos a tu casa o (o bien) a la mía?

 Corri, **oppure** perderai il treno.
 Corre, de otra manera perderás el tren.

- Las conjunciones **ma** *(pero)*, **però** *(pero)*, **tuttavia** y **eppure** *(sin embargo)*, **anzi** *(al contrario, más bien, es más, más aún)*, **nonostante** *(no obstante)* se llaman **adversativas** y señalan una contraposición entre dos elementos:

 Ho corso, **ma** il treno l'ho perso lo stesso.
 Corrí, pero el tren lo perdí igual.

 Marco è stanco, **tuttavia** lavora ancora.
 Marco está cansado, sin embargo todavía trabaja.

 Non sono stanco, **anzi** mi sento proprio bene.
 No estoy cansado, al contrario, me siento muy bien.

- Conjunciones como **quindi** *(por tanto)*, **dunque** *(pues, luego)*, **perció** *(por eso)*, **allora** *(entonces)* se llaman **conclusivas** porque unen dos frases donde la segunda es una conclusión de la primera:

 Quello lí è un violento, **quindi** è meglio evitarlo.
 Aquél es un violento, por tanto, es mejor evitarlo.

 Mangio (e a volte penso), **dunque** esisto.
 Como (y a veces pienso), luego existo.

 È alto e bello, **perciò** piace a tutte.
 Es alto y guapo, por eso les gusta a todas.

 Se è questo che pensi, **allora** è meglio finirla qui.
 Si es esto lo que piensas, entonces es mejor dejarlo.

Muchas veces, al igual que en español, **dunque** y **allora** adquieren una función comunicativa y se emplean como palabras que sirven para retomar el hilo de un discurso o, sencillamente, para hacer tiempo (es mejor no usarlas demasiado en este sentido: el discurso sonaría poco fluido):

Allora, dove eravamo rimasti?
Entonces, ¿dónde nos habíamos quedado?

Dunque..., io vorrei dire...
Pues... entonces..., yo quisiera decir...

- **Cioè** *(es decir)*, **ossia** *(es decir, o sea)*, **infatti** *(de hecho, en efecto)* son conjunciones **explicativas:**

  María arriva fra tre giorni, **cioè (ossia)** sabato.
  María llega dentro de tres días, es decir, el sábado.

  Hai ragione, **infatti** è proprio come dici tu!
  Tienes razón. De hecho, es exactamente como decías.

- Las parejas **e ... e** *(tanto ... como)*, **o ... o** *(o ... o)*, **sia ... sia** *(sea ... sea)*, **né ... né** *(ni ... ni)* se llaman conjunciones **correlativas** y unen dos elementos poniéndolos en correspondencia recíproca:

  Non mi piace **né** l'inverno **né** l'estate.
  No me gusta ni el invierno ni el verano.

  Sia come sindaco, **sia** come uomo, voto NO!
  Sea como alcalde, sea como hombre, voto ¡no!

Conjunciones y locuciones de subordinación

Las conjunciones y las locuciones subordinantes (estas últimas son conjunciones formadas por más palabras) unen oraciones que no están en un mismo nivel, sino que se encuentran en una relación de dependencia gramatical (subordinación) según el esquema:

oración principal	conjunción	oración subordinada
Mi sposerò con te Me casaré contigo	**se** si	tu me lo permetti. tú me lo permites.

Observa que, dependiendo de la conjunción y de la subordinada que aquélla introduce, se usará el verbo en **indicativo** o **subjuntivo** (para profundizar en este sentido véanse págs. 215-225 y 227-238).

Las conjunciones subordinantes pueden ser de distinto tipo. Aquí vamos a ver algunas:

- **Finales:** **perché** *(para que)*, **affinché** *(a fin de que, para que):*

  Te lo dico di nuovo, **affinché** tu non lo dimentichi.
  Te lo digo de nuevo para que no lo olvides.

- **Causales:** **perché** *(porque)*, **siccome** *(dado que, ya que)*, **poiché** *(ya que, como)*, **dato che** *(dado que):*

Non lo inviterò più, **perché** mi ha rubato la ragazza.
No lo invitaré más, porque me ha robado la novia.

- Concesivas: **anche se / sebbene / benché** *(si bien, aunque, pese a que)*, **malgrado** *(a pesar de que)*, **nonostante** *(aunque)*, **per quanto** *(por más que)*:

  Nonostante fosse un alcolizzato, è arrivato ad essere Presidente.
  Aunque fuera un alcohólico, llegó a presidente.

- Temporales: **quando** *(cuando)*, **finché** *(hasta que)*, **prima / dopo che** *(antes / después de que)*, **appena / non appena** *(en cuanto, apenas)*, **mentre** *(mientras)*, **ogni volta che** *(cada vez que)*:

  Ogni volta che la vedo, mi sento svenire.
  Cada vez que la veo, siento que me desmayo.

- Condicionales: **se** *(si)*, **purché** *(con tal de que, siempre que)*, **a patto che / a condizione che** *(a condición de que)*, **qualora** *(en el caso de que)*:

  Se fossi povero, tu non mi ameresti tanto.
  Si fuera pobre, tú no me querrías tanto.

- Modales: **come** *(como)*, **come si** *(como si)*, **comunque** *(de cualquier manera)*:

  Ho preparato la tortilla **come** mi hai detto tu.
  He preparado la tortilla como tú me has dicho.

- Consecutivas: **così, tanto, talmente ... che** *(tan ... que)*, **di conseguenza** *(por consiguiente)*, **cosicché** *(de manera que)*:

  Il film era **così** noioso **che** ci addormentammo tutti.
  La película era tan aburrida que nos dormimos todos.

- Interrogativas: **perché** *(por qué)*, **come** *(cómo)*, **quando** *(cuándo)*, **se** *(si)*:

  Dimmi **perché** ti comporti così.
  Dime por qué te comportas así.

Como puedes ver, algunas de estas conjunciones subordinantes (**perché, quando, come, se, che**) pueden introducir distintos tipos de proposiciones subordinadas.

Ten en cuenta que, a diferencia del español, en italiano las palabras **perché, come, quando, quanto** y **dove** se escriben siempre de la misma manera, sean conjunciones o adverbios interrogativos: **perché** *(por qué, porque, porqué)*, **come** *(cómo, como)*, **quando** *(cuándo, cuando)*, **quanto** *(cuánto, cuanto)*, **dove** *(dónde, donde)*:

Perché non sei venuto ieri? Vorrei sapere il perché.
¿Por qué no viniste ayer? Quisiera saber el porqué.

Perché ero arrabbiato con te.
Porque estaba enfadado contigo.

En italiano, como en castellano, las conjunciones **come** y **dove** (y a veces **quando**) pueden utilizarse con una **función relativa,** con el significado de *en la manera en la que, en el momento en el que, en el lugar en el que,* y siempre presentan un antecedente que expresa manera, lugar o tiempo:

Non siamo d'accordo sul modo **come** bisogna organizzarci.
No estamos de acuerdo sobre la manera como tenemos que organizarnos.

La casa **dove** ho vissuto con Silvia non esiste più.
La casa donde he vivido con Silvia ya no existe.

Sin embargo, es mejor evitar estas formas y utilizar siempre el **relativo** (véase *LOS PRONOMBRES RELATIVOS):*

Non siamo d'accordo sul modo **in cui** bisogna organizzarci.
No estamos de acuerdo sobre la manera en la que tenemos que organizarnos.

La casa **in cui** ho vissuto con Silvia non esiste più.
La casa en la que he vivido con Silvia ya no existe.

Ahora bien, si el antecedente al que se refiere la conjunción no es explícito, es obligatorio utilizar **che** (aquí **che** tiene el valor de *el momento en el que, el lugar en el que, la manera en la que):*

Fue entonces cuando decidí irme a vivir al campo.
Fu allora **che** decisi di andare a vivere in campagna.

Es allí donde me he escondido.
È lí **che** mi sono nascosto.

Es así como Adán aprendió a amar.
È cosí **che** Adamo imparó ad amare.

El adjetivo

8

«Una pizza» no es nada más que una pizza, pero **«una pizza *buona*»** es una pizza con una característica que la distingue de, por ejemplo, **«una pizza *cattiva*».** Ahora bien, **buona** y **cattiva** son adjetivos, es decir, unas palabras que acompañan al nombre, concordando con éste en género y número, y concretan su significado: **un tramonto bellísimo, un presidente guerrafondaio, una guerra stupida.**

El adjetivo calificativo

Es el adjetivo que indica las características, las cualidades de un sustantivo y es el más frecuente:

Il mio amico Riccardo può essere simpatico, antipatico, triste, allegro, amabile, gioviale, pesante...
Mi amigo Riccardo puede ser simpático, antipático, triste, alegre, amable, gracioso, pesado...

El adjetivo concuerda en género y número con los sustantivos a los que se refiere y, por lo general, obedece a las mismas normas que los nombres en la formación del plural o del masculino / femenino:

	singular	plural
masculino	**–o** (alto)	**–i** (alti)
femenino	**–a** (alta)	**–e** (alte)
masculino femenino	**–e** (nobile)	**–i** (nobili)
masculino	**–a**	**–i**
femenino		**–e**

Al último caso de la tabla (adjetivos tanto masculinos como femeninos que en singular terminan en **–a** y que presentan el plural masculino en **–i** y el femenino en **–e**) pertenecen los adjetivos que terminan en **–ista** (altruista), **–asta** (pederasta), **–ita** (ipocrita), **–cida** (insetticida), **–ota** (idiota):

un uomo ideali**sta**
un hombre idealista

degli uomini ideal**isti**
unos hombres idealistas

una donna idea**lista**
una mujer idealista

delle donne idea**liste**
unas mujeres idealistas

un signore ipocrit**a**
un señor hipócrita

dei signori ipocrit**i**
unos señores hipócritas

una signora ipocrit**a**
una señora hipócrita

delle signore ipocrit**e**
unas señoras hipócritas

Aquí sólo añadimos que los adjetivos que terminan en **–go** (femenino **–ga**) suelen tener el plural en **–ghi** (femenino **–ghe**), excepto cuando la palabra termina en **–logo** (femenino **–loga**), en cuyo caso el plural masculino es **–logi** (el femenino sigue siendo regular):

ana**logo** / ana**loga**
filo**logo** / filo**loga**

ana**loghi** / ana**loghe**
filo**logi** / filo**loghe**

Los adjetivos compuestos, como **sordomuto, latinoamericano,** etc., forman el femenino y el plural variando sólo el segundo adjetivo:

un uomo sordomut**o** → degli uomini sordomut**i**
una donna sordomut**a** → delle donne sordomut**e**

A diferencia de muchos nombres, y a diferencia del español, los adjetivos que en masculino terminan en **–e** no cambian la desinencia en femenino (pero sí varían en plural):

un ragazzo neozelandes**e** → una ragazza neozelandes**e**

I miei amici allevano pecore neozelandes**i**.
Mis amigos crían ovejas neozelandesas.

! Sin embargo, también ocurre lo contrario: a adjetivos españoles que terminan en **–e,** tanto en masculino como en femenino, les corresponden a veces en italiano adjetivos que sí tienen las dos formas masculina y femenina: *un hombre / una mujer alegre* → **un uomo allegro / una donna allegra.**

También existen adjetivos invariables, es decir, que no presentan variaciones ni en número ni en género. Suelen ser:

- Algunos adjetivos de color: **blu** *(azul)*, **rosa** *(rosa)*, **viola** *(morado)* y todos los adjetivos de color compuestos (adjetivo + sustantivo), como **giallo** limone («Ho visto due Ferrari giallo limone» y no «gialle limone»), **blu elettrico, verde bottiglia,** etc.
- Algunos adjetivos formados con el prefijo **anti–** (o **ante–**) + sustantivo, como **anticarro** *(antitanque)*, **antigelo** *(antihielo)*.

Los adjetivos **pari** *(par)* y **dispari** *(impar)*:

un numero pari un número par	dei numeri pari unos números pares

Los adjetivos bello, quello, buono, grande, santo

Los adjetivos *bello* y *quello*

Cuando los adjetivos **bello** y **quello** van delante de un nombre, se comportan como los artículos determinados, adoptando las mismas terminaciones (que dependen de la inicial del nombre; véase *EL ARTÍCULO)*. Resumiendo brevemente en la tabla:

	delante de **z, ps, gn, x, s** + consonante	delante de vocal	delante de otras consonantes	femenino (siempre)
sing.	bel**lo** **st**allone, **z**oticone	be**ll'u**omo, **a**lbero	be**l** **l**ibro, **t**avolo	bel**la** **r**agazza, **a**mica (be**ll'a**mica)
pl.	be**gli** **st**alloni, **z**oticoni	be**gli** **u**omini, **a**lberi	be**i** **l**ibri, **t**avoli	bel**le** **r**agazze, **a**miche

Bello tendría como plural regular **belli,** pero esta forma se utiliza sólo cuando el adjetivo va después del nombre o cuando lo precede, pero no directamente:

alberi **belli** (quegli alberi sono **belli**)
árboles bonitos (aquellos árboles son bonitos)

Belli, quegli alberi!
¡Bonitos esos árboles!

El adjetivo *buono*

El adjetivo **buono** debería comportarse, delante de un sustantivo, como los artículos indeterminados **un, uno, una.** Sin embargo, se ha generalizado el uso de **buon** delante de todos los nombres masculinos: buon**(o)** **sp**agnolo, buo**n** **p**adre, buo**n** **a**mico, buo**na** **r**agazza, buona (buo**n'**) **a**mica.

Buono se utiliza más bien después del sustantivo: un vino **buono,** un pirata **buono.** Como en español, **buono** puede cambiar de significado según esté delante o detrás de la palabra: **una buona amica / un'amica buona.**

El adjetivo *grande*

El adjetivo **grande** puede perder la **-de** final si precede a los nombres (tanto femeninos como masculinos) que empiezan por consonante (excepto **z, ps, gn, x, s** + consonante*)* y por vocal:

	delante de vocal y de otras consonantes	delante de **z, ps, gn, x, s** + consonante
sing.	grande / gran filosofo grande / gran donna	grande stupido grande stella
pl.	grandi / gran filosofi grandi / gran donne	grandi stupidi grandi stelle

> **!** Al igual que en español, **grande** cambia de significado según vaya antes o después de la palabra. **«Una gran testa»** *(una gran cabeza)* no es lo mismo que **«una testa grande»** *(una cabeza grande),* y no es lo mismo un **«gran naso»** *(una buena nariz, un olfato fino)* que un **«naso grande»** *(una nariz grande).*

Grande también se elide cuando precede a un adjetivo con la función de enfatizarlo. En este caso su significado es similar al de la palabra española *bien* delante de adjetivo. Observa que en italiano los dos adjetivos preceden a la palabra, mientras que en español la siguen:

un **gran brutto** affare	un asunto bien feo
un **gran bel** viaggio	un viaje bien bonito

El adjetivo *santo*

Santo, cuando es masculino, se elide de dos maneras distintas:

	delante de **s** + consonante	delante de vocal	delante de otras consonantes
sing.	Santo Stefano	Sant' Antonio	San Marco
pl.	Santi Stefano e Paolo	Santi padroni	Santi Cosimo e Damiano

En femenino siempre es **Santa** (plural: **Sante**), excepto delante de vocal, donde también se elide: Sant'Anna.

Sufijos aplicados a los adjetivos

Como ocurre con los nombres, también los adjetivos pueden modificarse mediante la aplicación de unos sufijos para expresar distintos matices de significado. Por ejemplo, el adjetivo **furbo** *(listo)* puede adquirir las siguientes formas: **furbetto, furbino, furbone, furbastro, furbacchione.** Los tres primeros indican una cualidad de **furbo** *(listo)* entre simpática, infantil y socarrona, mientras que los dos últimos hablan más bien de una cualidad negativa, despreciable.

Los grados del adjetivo

Al igual que en español, en italiano el adjetivo presenta tres grados:

positivo	superlativo	comparativo
Anna è interessante. Anna es interesante.	Anna è interessantissima. Anna es muy interesante.	Anna è più interessante di Laura. Anna es más interesante que Laura.

El grado superlativo

Hay dos tipos: el absoluto y el relativo.

El **superlativo absoluto** sirve para decir que algo o alguien posee una determinada cualidad en su grado máximo. Por ejemplo:

Questa bambina è bellissima.
Esta niña es guapísima.

En italiano este superlativo suele formarse con el sufijo **–issimo:**

una montagna alt**issima**
un libro bell**issimo**
un presidente mafios**issimo**

Sin embargo, el mismo superlativo puede construirse de otras maneras, muy utilizadas en el lenguaje cotidiano (algunas son casi iguales en español):

- Con los prefijos **super–, extra–, stra–, arci–, iper–:**

Questa macchina è **super**lenta / **stra**lenta (lentissima).
Este coche es super lento.

Sono **arci**stufo di questo lavoro.
Estoy muy harto de este trabajo.

- Con los adverbios **assai, molto, proprio** (y otros como **incredibilmente, estremamente, decisamente**):

Questo bosco è **molto** / **assai** fitto.
Este bosque es muy tupido.

Bruno è **decisamente** bello (bellissimo).
Bruno es decididamente guapo.

Molto y **assai** son prácticamente sinónimos, aunque **assai** es menos frecuente. **Proprio,** en cambio, se usa a menudo para enfatizar el significado del adjetivo (en español correspondería a la forma verdaderamente + adjetivo, o a otras formas de énfasis):

Questo risotto è **proprio** buono.
Este risotto está verdaderamente bueno / requetebueno.

Ma sei **proprio** scemo! (scemissimo).
Pero ¡mira que eres tonto!

- Con el adjetivo **tutto:**

Maria, hai la maglietta **tutta** sporca (sporchissima).
María, tienes la camiseta muy sucia (toda sucia).

- **Duplicando** el adjetivo:

Il prosciutto di Parma è **buono buono.**
El jamón de Parma es buenísimo.

También existen algunos **grupos de adjetivos** que el uso ha convertido en fórmulas fijas y que también funcionan como superlativos:

bagnato fradicio	empapado hasta los huesos
innamorato cotto	enamorado perdido
stanco morto	muerto de cansancio
ubriaco fradicio	borracho perdido

El **superlativo relativo** sirve para decir que algo o alguien posee una determinada cualidad en su grado máximo o mínimo, pero siempre con relación a un grupo determinado. Se forma según el esquema:

artículo + **più / meno** + adjetivo (+ complemento u oración)

Corto Maltese è **il più** affascinante (dei pirati).
Corto Maltés es el más fascinante (de los piratas).

Entre el artículo y el adverbio puede aparecer un sustantivo:

Patrizia è la persona **meno** interessante del gruppo.
Patrizia es la persona menos interesante del grupo.

A diferencia del español, si lo que sigue al adjetivo es una oración, el verbo deberá ir en subjuntivo (véanse págs. 215-226 y 227-256):

Patrizia è la persona meno interessante che io **abbia mai conosciuto.**
Patrizia es la persona menos interesante que he conocido jamás.

El grado comparativo

El comparativo de igualdad se expresa con las formas:

- **Tanto** + adjetivo + **quanto:**

Marco è **tanto** intelligente **quanto** Salvatore.
Marco es tan inteligente como Salvatore.

- **Cosí** + adjetivo + **come:**

Luisa è **cosí** intraprendente **come** Luca.
Luisa es tan emprendedora como Luca.

El primer adverbio de la correlación (**tanto, così**) está entre paréntesis porque suele omitirse:

Marco è (**tanto**) intelligente **come** Salvatore; Luisa è (**cosí**) intraprendente **come** Luca.

Los comparativos de superioridad y de inferioridad se expresan con las formas:

più }
meno } + ... **di / che...**

Andrea è meno giovane di suo marito.
Andrea es menos joven que su marido.

Como ves, el segundo término de la correlación puede ser **di** o **che.**

- Se usa **di** cuando se compara una cualidad o una acción entre dos sujetos distintos (nota que en español siempre se usa *que):*

Il gatto è **più** selvatico **del** cane.
El gato es más salvaje que el perro.

La mamma lavora **più del** papà.
Mamá trabaja más que papá.

Questo autobus è **meno** comodo **di** quell'altro.
Este autobús es menos cómodo que el otro.

Tu sei **meno** timido **di** me.
Tú eres menos tímido que yo.

Vuelve a leer este último ejemplo: a diferencia del español, si el segundo término de una comparación es un pronombre precedido por **di**, se utiliza la forma tónica del pronombre indirecto:

Io leggo più di **te.**
Yo leo más que tú.

- Se usa **che** cuando comparamos:

1. Dos cualidades con respecto al mismo sujeto:

Io sono più sbadato **che** attento.
Yo soy más despistado que atento.

2. Dos acciones verbales:

È più facile leggere **che** scrivere in inglese.
En inglés es más facil leer que escribir.

3. Las cantidades de dos sustantivos:

Giulia mangia meno verdura **che** carne.
Giulia come menos verdura que carne.

4. Dos complementos introducidos por una preposición:

È più comodo viaggiare in treno **che** in autobus.
Es más cómodo viajar en tren que en autobús.

Los adjetivos **buono, cattivo, grande, piccolo, alto** y **basso,** además de las formas ya vistas, tienen también otras formas de comparativo y de superlativo (llamadas «orgánicas»). Se usan en los mismos contextos sintácticos que en español:

grado positivo	grado comparativo	grado superlativo	
		relativo	absoluto
buono	migliore di... *(mejor que...)*	il migliore	ottimo
cattivo	peggiore di... *(peor que...)*	il peggiore	pessimo
grande	maggiore di... *(mayor que...)*	il maggiore	massimo
piccolo	minore di... *(menor que...)*	il minore	minimo

En italiano los comparativos de los adverbios **bene** *(bien)* y **male** *(mal)* son distintos de los comparativos de los adjetivos **buono** y **cattivo** (en español son iguales). Compara:

		Comparativo
Adverbio	bene male	**meglio** **peggio**
Adjetivo	buono cattivo	**migliore** **peggiore**

La ricotta del pastore è **migliore** (più buona) di quella del supermercato.
El requesón del pastor está mejor (más bueno) que el del supermercado.

In campagna mi sento **meglio** che in città.
En el campo me siento mejor que en la ciudad.

Casos particulares de comparación:

- Las formas *lo + más / menos (+ adjetivo)* o *lo + mejor / peor* en español requieren **indicativo.** A estas formas les corresponden en italiano: **la cosa + più / meno** (+ adjetivo) y **la cosa + migliore / peggiore + subjuntivo:**

  Quello spettacolo **è la cosa più** divertente **che** io abbia visto in vita mia.
  Ese espectáculo es lo más divertido que he visto en mi vida.

- En español las formas *lo + más / menos / mejor / peor* (adverbios) requieren **subjuntivo,** mientras que en italiano se tiene: **più / meno / meglio / peggio + indicativo:**

  Fallo **meglio che** puoi.
  Hazlo lo mejor que puedas.

Adjetivos y pronombres demostrativos

9

Como en español, los demostrativos indican la posición de una persona o de una cosa en el espacio, en el tiempo o en el discurso, con respecto al que habla. Los demostrativos en italiano son **questo, codesto** y **quello.**

Los adjetivos demostrativos

Questo indica una cosa o una persona cercana al que habla, como el español *este* / *esto*. Cuando se utiliza junto con un nombre, varía según el género y número de éste:

questo	giorno stato elicottero	**questi**	giorni stati elicotteri
questa	poltrona stella arancia	**queste**	poltrone stelle arance

En algunos casos, cuando el término empieza por vocal (sobre todo por **a** tónica), el masculino o el femenino singular se eliden en **quest': quest'anno, quest'acqua.** Sin embargo, la elisión es cada vez menos frecuente: **quest'amico / questo amico:**

Questa caramella è buonissima.
Este caramelo está buenísimo.

Mi hanno regalato **questi** fiori.
Me han regalado estas flores.

Ti piace **questo** gioco?
¿Te gusta este juego?

Queste scarpe sono veramente comode.
Estos zapatos son realmente cómodos.

En el lenguaje coloquial y familiar existen las formas **'sto, 'sta, 'sti, 'ste** (en vez de **questo, questa, questi** y **queste**), que sólo se utilizan en la lengua hablada:

'Sto scemo non sa guidare!
¡Este tonto no sabe conducir!

Sin embargo, la forma **'sta** aparece en algunas formas muy utilizadas:

stamattina (questa mattina)	esta mañana
stanotte (questa notte)	esta noche
stasera (questa sera)	esta tarde / tarde-noche
stavolta (questa volta)	esta vez

Codesto (codesta, codesti, codeste) indica una cosa o a una persona cercana al que escucha. Prácticamente ya no se utiliza excepto en el lenguaje burocrático y, muy de cuando en cuando, en el lenguaje literario.

Quello corresponde a los demostrativos españoles *ese* y *aquel*. Cuando se emplea junto con un nombre, varía de la misma manera que el artículo determinado:

il	cane	**quel**	cane
lo	specchio	**quello**	specchio
l'	arco	**quell'**	arco
la	viola	**quella**	viola
l'	amica	**quell'**	amica
i	cani	**quei**	cani
gli	specchi / archi	**quegli**	specchi / archi
le	viole	**quelle**	viole

Passami **quell'**ombrello.
Pásame ese paraguas. / Pásame aquel paraguas.

Quella casa è in vendita.
Esa casa está en venta. / Aquella casa está en venta.

Stesso y *medesimo*

Stesso y **medesimo** *(mismo)* son dos adjetivos «casi» demostrativos que indican una similitud entre personas o cosas (por eso se llaman también **adjetivos identificativos**):

Da quando ti ha conosciuto non è piú la **stessa** persona.
Desde que te ha conocido ya no es la misma persona.

Sono gli **stessi** ragazzi di ieri.
Son los mismos chicos de ayer.

Dici sempre le **medesime** cose.
Dices siempre las mismas cosas.

Stesso y **medesimo** varían en género y número, se colocan siempre delante del sustantivo y pueden estar precedidos por el artículo.

A veces, como también en español, se utilizan para reforzar el nombre al que se refieren. En este caso deben seguir al nombre:

> Io **stesso** ho chiamato i pompieri.
> Yo mismo he llamado a los bomberos.

Los pronombres demostrativos

Questo, (codesto) y **quello** también se utilizan como **pronombres:**

> Non mi piace questo disegno, preferisco **quello.**
> No me gusta este dibujo, prefiero **aquél.**

> Qual'è la tua moto? È **questa.**
> ¿Cuál es tu moto? Es **ésta.**

En italiano se utilizan los pronombres demostrativos delante de **di, che** y **adjetivos calificativos,** cuando en español se utilizaría el artículo:

> Non mi piace la macchina di Marco, preferisco **quella di** Bruno.
> No me gusta el coche de Marco, prefiero **el de** Bruno.

> **Quello di** legno mi sembra più bello.
> **El de** madera me parece más bonito.

> Passami la matita rossa e **quella** gialla.
> Pásame el lápiz rojo y **el** amarillo.

> Fai **quello** che vuoi.
> Haz **lo** que quieras.

> Ripeti **quello** che hai detto.
> Repite **lo** que has dicho.

> Questi piatti sono piccoli, tira fuori **quelli** grandi.
> Estos platos son pequeños, saca **los** grandes.

> Non mi piacciono gli uomini giovani, sono più interessanti **quelli** maturi.
> No me gustan los hombres jóvenes, son más interesantes **los** maduros.

Una excepción constituyen frases como:

Noi che viviamo in campagna siamo fortunati.
Los que vivimos en el campo somos afortunados.

Voi che vivete in campagna siete fortunati.
Los que vivís en el campo sois afortunados.

Se utiliza el demostrativo sólo si el verbo está en la tercera persona plural:

Quelli che vivono in campagna sono fortunati.
Los que viven en el campo son afortunados.

> **!** Hay que tener cuidado, porque **quello,** cuando es pronombre, sólo tiene las formas **quello, quella, quelli, quelle:**
>
> Abbiamo conosciuto **quegli** italiani e ci hanno invitato a cenare. (adjetivo)
> Hemos conocido a **esos** italianos y nos han invitado a cenar.
>
> Sin embargo:
>
> I suoi amici francesi sono più simpatici di **quelli** italiani. (pronombre)
> Sus amigos franceses son más simpáticos que **los** italianos.

Sobre todo en la lengua hablada, a veces **questo** se refuerza con un adverbio de lugar que indica cercanía (**qui, qua** / *aquí),* y **quello** con uno que indica lejanía (**lì,** *ahí* / *allí,* **là,** *allá).* Mientras que **qui** o **qua** se utilizan indiferentemente con el mismo sentido, **quello là** indica algo que está más lejos que **quello lì:**

Questa macchina **qui** mi piace un casino.
Este coche me gusta un montón.

Questo qui / qua mi ha giá rotto le scatole.
Éste me ha hartado ya.

Quello lì è Poldo, il cane di Laura.
Ése de ahí es Poldo, el perro de Laura.

Quella là non è la macchina di Pasquale?
¿Ése (de allá) / aquél no es el coche de Pasquale?

Se emplean bastante a menudo las formas **quello lì** y **quello là** para referirse a alguien de manera despectiva:

Quella lì proprio non la sopporto!
¡A ésa de verdad que no la aguanto!

Questo y **quello** cubren el género masculino *este / ese / aquel* y también el neutro *esto / eso / aquello:*

Questo mi sembra molto interessante.
Esto me parece muy interesante.

Pero también nos encontramos en italiano con un pronombre demostrativo neutro **ciò:**

Ciò mi sembra molto interessante.
Esto / eso / aquello me parece muy interesante.

Ciò non è giusto!
¡Esto / eso / aquello no es justo!

Existen algunos pronombres demostrativos que se refieren sólo a personas y su uso se reduce casi exclusivamente a la lengua literaria:

- **Costui / costei / costoro** se utilizan con valor despectivo:

Estos pronombres no tienen una traducción inmediata en español. Podemos decir que son la versión culta de los pronombres *éste / ésta / éstos* que en español se utilizan en la lengua coloquial. Podríamos, por lo tanto, traducirlo de la siguiente manera (siempre imaginando un tono despectivo):

Chi è **costui?**
¿Quién es este individuo?

Cada vez se sustituyen más, en la lengua hablada, por las formas **quello lì / quella lì...,** que ya hemos visto:

Chi è **quello lì?**
¿Quién es ése?

- **Colui / colei / coloro** en el uso diario se puede encontrar, seguido por un pronombre relativo, en frases como:

Il certificato verrà rilasciato a **coloro che** lo richiederanno.
El certificado se expedirá a los que lo requieran.

Estas fórmulas se utilizan poco y son sustituidas cada vez más por la forma **quelli che** (que hemos visto en este mismo capítulo) o por el pronombre relativo **chi,** que veremos en el dedicado a *LOS PRONOMBRES RELATIVOS, INTERROGATIVOS Y EXCLAMATIVOS:*

Il certificato verrà rilasciato a **quelli che** lo richiederanno.
El certificado se expedirá a aquellos que lo requieran.

Il certificato verrà rilasciato a **chi** lo richiederà.
El certificado se expedirá a quien lo requiera.

Adjetivos y pronombres posesivos 10

Los adjetivos y pronombres posesivos italianos presentan algunas diferencias sustanciales con respecto a los españoles. Sin embargo, las diferencias son fácilmente asimilables. Tanto cuando son adjetivos como cuando se usan como pronombres, presentan la misma forma.

	singular		plural	
	masculino	femenino	masculino	femenino
io	il **mio** amico mi amigo	la **mia** amica mi amiga	i **miei** amici mis amigos	le **mie** amiche mis amigas
tu	il **tuo** amico tu amigo	la **tua** amica tu amiga	i **tuoi** amici tus amigos	le **tue** amiche tus amigas
lui / lei / Lei	il **suo** amico su amigo	la **sua** amica su amiga	i **suoi** amici sus amigos	le **sue** amiche sus amigas
noi	il **nostro** amico nuestro amigo	la **nostra** amica nuestra amiga	i **nostri** amici nuestros amigos	le **nostre** amiche nuestras amigas
voi	il **vostro** amico vuestro amigo	la **vostra** amica vuestra amiga	i **vostri** amici vuestros amigos	le **vostre** ami-che vuestras amigas
loro	il **loro** amico su amigo	la **loro** amica su amiga	i **loro** amici sus amigos	le **loro** amiche s us amigas

Como se puede ver, en italiano los posesivos concuerdan siempre tanto en género como en número con lo poseído:

La **nostra** casa è sempre piena di gente.
Nuestra casa siempre está llena de gente.

I **miei** fratelli e i le **mie** sorelle sono tutti biondi.
Mis hermanos y mis hermanas son todos rubios.

Le **nostre** famiglie vivono nello stesso quartiere.
Nuestras familias viven en el mismo barrio.

Mi raccontano sempre **i loro** problemi.
Siempre me cuentan sus problemas.

Non insegna a nessuno le **sue** ricette.
No le enseña a nadie sus recetas.

Non racconta a nessuno i **suoi** segreti.
No le cuenta a nadie sus secretos.

Hay que tener cuidado con los posesivos de tercera persona, ya que, a diferencia del español, son distintos para singular (**suo, sua, suoi, sue**) y plural (**loro**):

La **sua** macchina è nuova. (el poseedor es uno)
Su (de él / ella) coche es nuevo.

I **suoi** cavalli sono spagnoli. (el poseedor es uno)
Sus caballos (de él / ella) son españoles.

La **loro** macchina è nuova. (los poseedores son más de uno)
Su (de ellos) coche es nuevo.

I **loro** cavalli sono spagnoli. (los poseedores son más de uno)
Sus (de ellos) caballos son españoles.

El posesivo (adjetivo y pronombre) es **precedido siempre por el artículo determinado.** Sin embargo, hay **excepciones:**

- Ante nombres de parentesco en singular, excepto **loro:**

Mio cugino è professore.
Mi primo es profesor.

Ieri è andata al cinema con **sua** madre.
Ayer fue al cine con su madre.

Andiamo a trovare **tuo** fratello?
¿Vamos a ver a tu hermano?

Sin embargo, se debe decir:

Conosci **le sue** sorelle?
¿Conoces a sus hermanas?

Vado molto d'accordo con **i suoi** genitori.
Me llevo muy bien con sus padres.

Il loro padre lavora in banca.
Su padre trabaja en un banco.

Además, cuando un nombre de parentesco sufre una variación (diminutivo, adjetivo...) vuelve a estar acompañado por el artículo:

la tua mamma	tu madre
il mio nonnino	mi abuelito
il suo zio preferito	su tío favorito
la nostra zietta	nuestra tiita
il vostro fratello maggiore	vuestro hermano mayor

- Cuando el posesivo es precedido por un artículo indeterminado, un demostrativo, un indefinido o un numeral:

Questa mattina ho visto **un tuo** amico.
Esta mañana he visto a un amigo tuyo.

Non mi piace **questo tuo** atteggiamento.
No me gusta esta actitud tuya.

Alcune sue idee sono un po' antiquate.
Algunas ideas suyas son un poco anticuadas.

Domani arrivano **due miei** amici da Roma.
Mañana llegan dos amigos míos desde Roma.

También habrás notado que en estos casos la estructura en italiano es distinta de la española: **indeterminado / demostrativo / indefinido / numeral + posesivo + nombre.**

- En algunas expresiones:

a casa mia (tua, sua...)	a mi (tu, su...) casa
è colpa mia (tua, sua...)	es culpa mía (tuya, suya...)
a mio (tuo, suo...) nome	a mi (tu, su...) nombre
in vita mia (tua, sua...)	en toda mi (tu, su...) vida
per conto mio (tuo, suo...)	por mi (tu, su...) cuenta
a modo mio (tuo, suo...)	a mi (tu, su...) manera
a mia (tua, sua...) insaputa	sin mi (tu, su...) conocimiento

- Cuando se quiere enfatizar el hecho mismo de la propiedad:

Di chi è questo libro? È **mio!**
¿De quién es este libro? ¡Es mío!

Questo orologio è **mio**, me l'hai rubato!
Este reloj es mío, ¡me lo has robado!

Pero si se quiere distinguir entre varios (en este caso, relojes), como también ocurre en español, vuelve a aparecer el artículo:

> Questo orologio è **il mio**, non quello.
> Este reloj es el mío, no ése.

Observa que, a diferencia del español, el adjetivo posesivo italiano tiene siempre la misma forma, preceda al nombre o lo siga:

> Questo è il **tuo** computer.
> Éste es tu ordenador.

> Questo computer è **tuo.**
> Este ordenador es tuyo.

Tal y como ocurre en español, a veces el pronombre posesivo se utiliza en expresiones sin que se refiera a algo que se haya citado previamente:

> Tuo figlio ne ha fatto una delle **sue.**
> Tu hijo ha hecho una de las suyas.

Proprio y altrui

Como en español, en italiano existen otras dos formas de posesivos además de las que acabamos de ver: **proprio** *(propio)* y **altrui** *(ajeno).* Veamos brevemente su uso:

- **Proprio** es variable en género y número y se utiliza como en español para reforzar el adjetivo posesivo:

> Fa il pane con le sue **proprie** mani.
> Hace pan con sus propias manos.

Sin embargo, en italiano **proprio** se utiliza a veces para sustituir los adjetivos posesivos de tercera persona singular y plural **suo** y **loro.** Esto es obligatorio en las frases con **verbo impersonal:**

> È difficile ammettere i **propri** errori.
> Es difícil admitir nuestros propios errores.

> Bisogna fare il **proprio** dovere.
> Cada uno debe cumplir con su (propio) deber.

También se utiliza para evitar ambigüedades en frases como «**Carlo chiede a Paolo i suoi sci**» *(Carlo le pide a Paolo sus esquís)*... En esta frase no se entiende si los esquís son de Carlo o de Paolo, así que, en italiano, si la cosa poseída es del que habla, es decir, si los esquís son de Carlo, se dice: **Carlo chiede a Paolo i propri sci.**

También se puede utilizar **proprio** para sustituir los adjetivos posesivos en frases cuyo sujeto es un indefinido:

> Ognuno avrà la **propria** possibilità.
> Cada uno tendrá su oportunidad.

> Tutti i passeggeri presero i **propri** bagagli.
> Todos los pasajeros cogieron sus maletas.

- **Altrui** es invariable (no varía ni en género ni en número) y se utiliza como en español *ajeno / ajena / ajenos / ajenas* en el sentido de *de los demás:*

> Bisogna rispettare le opinioni **altrui.**
> Hay que respetar las opiniones ajenas.

Adjetivos y pronombres indefinidos

11

Los adjetivos indefinidos acompañan a un sustantivo para expresar una idea de cantidad indeterminada, o una idea de calidad genérica, imprecisa. Algunos de ellos pueden ser utilizados exclusivamente como adjetivos; otros sólo como pronombres; y otros se emplean como adjetivos y como pronombres.

Nessuno, niente, nulla

- **Nessuno:** Cuando se utiliza como pronombre es invariable y corresponde al español *nadie:*

Non c'è **nessuno** in casa.
No hay nadie en casa.

También se utiliza como adjetivo *(ningún, ninguna)* y, como tal, es variable en género, pero no en número (siempre singular):

Non ha **nessuna** amica.
No tiene ninguna amiga.

Nessuno stupido imprevisto mi fermerà.
Ningún estúpido imprevisto me va a parar.

Nessun albero è sopravvissuto all'incendio.
Ningún árbol ha sobrevivido al incendio.

> ! Observa que **nessuno** pierde la **o** final delante de un sustantivo masculino que no empiece por **s +** consonante, **z, ps, gn** e **i, j** y **semivocales.**

- **Niente** y **nulla:** Son pronombres invariables; se utilizan indistintamente con el significado de *nada:*

Non so **niente / nulla** di Carlo da molto tempo.
No sé nada de Carlo desde hace mucho tiempo.

Qualcosa, qualcuno, qualche, alcuni

- **Qualcosa:** Es un pronombre invariable y corresponde al español *algo / alguna cosa:*

Vuoi bere **qualcosa?**
¿Quieres beber algo?

Hai visto **qualcosa** di interessante al cinema? (¡fíjate en el uso de la preposición en italiano!)
¿Has visto algo interesante en el cine?

Qualcosa (y también **niente**) a menudo va acompañado por la preposición **di:**

Ho voglia di **qualcosa di** buono.
Me apetece algo bueno.

Hai mai visto **qualcosa di** più bello?
¿Has visto alguna vez algo más hermoso?

No, non ho mai visto **niente di** più bello.
No, no he visto nunca nada más hermoso.

! La concordancia se hace siempre en masculino:

È successo **qualcosa?**
¿Ha pasado algo?

- **Qualcuno / a:** Es un pronombre y corresponde en español a *alguien* o a *algún / a / os / as* cuando se utiliza como pronombre y refiriéndose a personas:

C'è **qualcuno** in casa?
¿Hay alguien en casa?

Hai conosciuto **qualcuno** di interessante alla festa? (¡fíjate en el uso de la preposición en italiano!)
¿Has conocido a alguien interesante en la fiesta?

Mi ha presentato **qualcuna** delle sue amiche.
Me ha presentado a algunas de sus amigas.

Solo **qualcuno** riuscì a salvarsi.
Sólo alguno consiguió salvarse.
Sólo algunos consiguieron salvarse.

A **qualcuno** piace caldo.
A algunos les gusta caliente.

[☺ Esta última frase es el título italiano de la película *Con faldas y a lo loco...*, en inglés *Some likes it hot].*

> **!** **Qualcuno** apocopa delante de **altro** → **qualcun altro** y se elide delante de **altra** → **qualcun'altra.** Estas dos expresiones significan *alguien más:*
>
> Hai invitato **qualcun altro** alla cena?
> ¿Has invitado a alguien más a cenar?

- **Qualche:** Se utiliza como adjetivo, es invariable y el nombre que lo sigue es siempre singular. Corresponde al español *algún / alguna:*

Qualche studente è uscito dalla classe.
Algún estudiante ha salido de la clase.

Hai **qualche** cosa da dirmi?
¿Tienes alguna cosa que decirme?
(en este caso se utiliza también **qualcosa**)

A veces se emplea acompañado por el artículo indeterminado con el sentido de *algo de:*

Ho comprato un quadro di un **qualche** valore.
He comprado un cuadro que tiene algo de valor.

- **Alcuni / e:** Se utilizan como plural de **qualche.** Corresponden al español *algunos / algunas:*

Alcuni studenti sono usciti dalla classe.
Algunos estudiantes han salido de la clase.

Ho **alcune** cose da dirti.
Tengo algunas cosas que decirte.

Como en español, también se puede utilizar como pronombre:

Alcuni non credono in Dio.
Algunos no creen en Dios.

Hay que tener cuidado con la construcción de frases en las que se juntan indefinidos y posesivos (hemos hablado de ello en el capítulo anterior):

Alcune sue idee sono un po' antiquate.
Algunas ideas suyas son un poco anticuadas.

En singular, **alcuno / a** tienen un significado totalmente distinto: se utilizan en frases negativas o después de **senza** *(sin)* en vez de **nessuno.** Sin embargo, el uso de **nessuno** es mucho más frecuente:

Senza **(alcun) / nessun** impegno.
Sin obligación alguna.

Non ho **(alcuna) / nessuna** intenzione di vederlo.
No tengo (ninguna) intención de verle.

> **!** Observa que **alcuno** pierde la **o** final (apocopa transformándose en **alcun**) delante de un sustantivo masculino que no empiece por **s** + consonante, **z, ps, gn** e **i, j** y semivocales.

Ogni, ognuno, ciascuno

- **Ogni:** Es un adjetivo invariable y se utiliza como *cada* en español:

Devi prendere la pastiglia **ogni** quattro ore.
Tienes que tomarte la pastilla cada cuatro horas.

Ogni mattina faccio due ore di ginnastica.
Cada mañana / todas las mañanas hago dos horas de gimnasia.

Sin embargo, **ogni** no siempre corresponde a *cada,* ya que también se utiliza en expresiones como las siguientes:

ogni tanto	de vez en cuando
ogni altro / a	cualquier otro / a
in ogni caso	en cualquier caso
in ogni modo	de cualquier modo / de cualquier manera

- **Ognuno:** Es un pronombre, sólo se utiliza en singular, masculino o femenino (**ognuna**), y se refiere a personas. Corresponde al español *cada uno / una* o *cada cual:*

Ognuno decida autonomamente.
Cada uno que decida de forma autónoma.

Ognuna delle mie amiche ha qualcosa di speciale.
Cada una de mis amigas tiene algo especial.

A **ognuno** il suo.
A cada cual lo suyo.

- **Ciascuno:** Es variable en género, pero no en número (femenino **ciascuna**), y se utiliza como adjetivo *(cada)* o como pronombre *(cada uno)* para referirse a personas. Como adjetivo se suele sustituir por **ogni:**

Ho un regalo per **(ciascun) / ogni** alunno della mia classe: una caramella **ciascuno**.
Tengo un regalo para todos los alumnos (cada alumno) de mi clase: un caramelo cada uno.

> **!** Observa que **ciascuno** pierde la **o** final (apocopa transformándose en **ciascun**) delante de un sustantivo masculino que no empiece por **s +** consonante, **z, ps, gn** e **i, j** y **semivocales.**

Qualunque, qualsiasi, chiunque

En los ejemplos veremos que en italiano, como en español, estos indefinidos a menudo introducen subordinadas con el verbo en subjuntivo.

- **Qualunque** y **qualsiasi:** Se utilizan lo mismo como pronombres que como adjetivos, son invariables y corresponden al español *cualquier / cualquiera:*

Qualunque cosa tu dica non mi convincerai.
Digas lo que digas (cualquier cosa que digas), no me vas a convencer.

Scegli un regalo **qualsiasi.**
Escoge un regalo cualquiera.

- **Chiunque:** Es un pronombre invariable y se refiere a personas; corresponde en español a *cualquiera* cuando se utiliza para referirse a personas, a *quienquiera* o a *todos:*

Chiunque di voi può farlo.
Cualquiera de vosotros puede hacerlo.

Questo sport lo può praticare **chiunque.**
Este deporte lo pueden practicar todos.

Chiunque non sia d'accordo, lo dica.
Quienquiera que no esté de acuerdo, que lo diga.

Poco, molto, tanto, tutto, troppo

- **Poco** *(poco)* es variable y se utiliza lo mismo como adjetivo que como pronombre:

Nel mondo ci sono **poche** persone sagge.
En el mundo hay pocas personas sabias.

- **Molto** es variable y se emplea como *mucho:*

Ho **molta** fame, mangiamo?
Tengo mucha hambre, ¿comemos?

> **!** En italiano **molto** también puede ser adverbio y corresponde al español *muy* (véase *ADVERBIOS Y LOCUCIONES ADVERBIALES):*
>
> Questa lezione è **molto** noiosa.
> Esta clase es muy aburrida.

- **Molto** tiene un superlativo regular, **moltissimo,** y un comparativo irregular: **più** (véase *ADVERBIOS Y LOCUCIONES ADVERBIALES).*

- **Tanto** es variable y, por lo general, se utiliza como el español *tanto:*

Ho aspettato **tanto** tempo...
He esperado tanto tiempo...

- **Tutto** es variable y corresponde al español *todo:*

Tutti i nostri prodotti sono biologici.
Todos nuestros productos son ecológicos.

Tutti y **tutte** se utilizan en las expresiones: **tutti e due, tutti e tre...,** *los dos, los tres...*

- **Troppo** es variable y corresponde al español *demasiado:*

Questa settimana ho **troppe** cose da fare.
Esta semana tengo demasiadas cosas que hacer.

A veces se utiliza con otros significados:

— Como sinónimo (enfático) de **molto:**

Ho visto un film **troppo** bello.
He visto una peli muy bonita.

— Con **non** en frases como:

Non mi sento **troppo** bene.
No me encuentro especialmente bien.

Hai dormito? Non **troppo.**
¿Has dormido? No mucho.

Otros indefinidos

- **Uno / una** indica una sola persona de manera genérica:

  Ieri sera alla festa ho conosciuto **uno.**
  Anoche en la fiesta conocí a un tipo.

A menudo se utiliza para formar frases impersonales sustituyendo la forma **si + verbo:**

In certe situazioni **uno** deve fare attenzione!
In certe situazioni si deve fare attenzione!
¡En algunas situaciones hay que tener cuidado!

Si se emplea con el indefinido **altro** *(otro),* siempre va precedido por el artículo determinado y también admite la forma plural. Se utiliza en expresiones como:

l'uno e l'altro	el uno y el otro
l'uno l'altro	el uno al otro
gli uni e gli altri	los unos y los otros

- **Tale** (también **tal**) es invariable en género, pero no en número (plural **tali**). Equivale al español *tal:*

  Non condivido **tali** scelte.
  No comparto tales opciones.

Sin embargo, se utiliza mucho más a menudo —la mayoría de las veces precedido por un artículo— para indicar a una persona o una cosa indeterminada:

Ti ha chiamato un **tale** Maurizio.
Te ha llamado un tal Maurizio.

Lei mi ricorda un **tale** che conoscevo.
Usted me recuerda a alguien que conocía.

Tal dei tali.
Fulanito de tal.

- **Certo** es variable y se utiliza como *cierto* en español:

  I bambini buoni non dicono «**certe** cose»...
  Los niños buenos no dicen «ciertas cosas»...

Precedido por un artículo indeterminado se emplea de distintas maneras:

È un gioiello di **un certo** valore.
Es una joya de cierto valor.

Sta uscendo con **un certo** Edoardo.
Está saliendo con un tal Edoardo.

Los numerales 12

Los adjetivos y pronombres numerales italianos son muy similares a los españoles. Sin embargo, la semejanza entre las dos lenguas puede inducir a equivocaciones que intentaremos aclarar.

Los numerales cardinales

Los numerales cardinales se forman según el esquema siguiente:

0	zero	10	dieci	20	venti	30	trenta
1	uno	11	undici	21	ventuno	31	trentuno
2	due	12	dodici	22	ventidue	32	trentadue
3	tre	13	tredici	23	ventitre	33	trentatre
4	quattro	14	quattordici	24	ventiquattro	40	quaranta
5	cinque	15	quindici	25	venticinque	50	cinquanta
6	sei	16	sedici	26	ventisei	60	sessanta
7	sette	17	diciassette	27	ventisette	70	settanta
8	otto	18	diciotto	28	ventotto	80	ottanta
9	nove	19	diciannove	29	ventinove	90	novanta
100	cento	1000	mille	20000	ventimila	1000000	un milione
200	duecento	2000	duemila	21000	ventunmila	2000000	due milioni
300	trecento	3000	tremila	22000	ventiduemila	1000000000	un miliardo

3.490.134.629 se lee **tre miliardi quattrocentonovanta milioni centotrentaquattromila seicentoventinove.**

Los numerales cardinales son invariables excepto **uno** (femenino **una**) y **mille** (plural **–mila**) y **milione** y **miliardo,** que presentan las formas plurales **milioni** y **miliardi.**

Hay que tener cuidado porque en italiano, a diferencia del español, **cento** también es invariable (no tiene ni femenino ni plural):

quattrocento donne	cuatrocientas mujeres
quattrocento uomini	cuatrocientos hombres

Los números del 11 al 16 son esdrújulos: **u**ndici, **d**odici, **t**redici, qu**att**ordici, **quin**dici, **s**edici.

Los números que indican las decenas, excluyendo **dieci,** pierden la última vocal delante de los números **uno** y **otto: ventuno, ventotto,** pero **ventitre, ventisette,** etc.

Uno delante de **-mila** pierde la **-o** final: **ventunmila, quarantunmila,** etc.

Para referirse a los siglos, en italiano se utiliza muy a menudo esta fórmula:

il **Duecento**	el siglo XIII / 1200
il **Novecento**	el siglo XX / 1900

Los numerales ordinales

Los ordinales se utilizan en italiano bastante más a menudo que en español, y se forman de la siguiente manera:

1° primo
2° secondo
3° terzo
4° quarto
5° quinto
6° sesto
7° settimo
8° ottavo
9° nono
10° decimo

11° undicesimo
12° dodicesimo
20° ventesimo
21° ventunesimo
30° trentesimo
40° quarantesimo
50° cinquantesimo
60° sessantesimo
70° settantesimo

100°0000 centesimo
101°0000 centounesimo
102°0000 centoduesimo
103°0000 centotreesimo
110°0000 centodecimo
124°0000 centoventiquattresimo
1000°000 millesimo
1001°000 millesimo primo
1000000° milionesimo

En italiano, por lo general, se utilizan los ordinales con los nombres de papas y reyes: Pio XII → Pio **dodicesimo,** Luigi XIV → Luigi **quattordicesimo.** (¡No se puede decir «Luigi quattordici»!)

Para expresar los siglos, cuando no se utiliza la fórmula que hemos visto antes, se pueden emplear los ordinales. A diferencia del español, el ordinal va delante de la palabra **secolo** *(siglo):*

il **ventesimo** secolo
el siglo veinte

Los cuantificadores colectivos

Los cuantificadores colectivos son sustantivos singulares que indican un conjunto de cosas:

un paio (due paia)	un par (dos pares)
una decina (due decine...)	una decena (dos decenas)
una dozzina (due dozzine, mezza dozzina)	una docena (dos docenas, media docena)
una ventina	una veintena
una trentina	una treintena

un centinaio (alcune centinaia)	un centenar (algunos centenares)
un migliaio (alcune migliaia)	un millar (algunos millares)

Normalmente indican, como en español, una cantidad aproximada, excepto **una dozzina,** que en la mayoría de los casos se refiere a doce (huevos).

Se utilizan en frases en las que en español se usan expresiones como *unos...,* o *alrededor de...:*

Avrá **una novantina** d'anni.
Tendrá unos noventa años.

Mancheranno **una ventina** di chilometri.
Faltarán alrededor de veinte kilómetros.

Cuidado con **un paio,** ya que —a pesar de que en la mayoría de los casos se utiliza como en español— en italiano muy a menudo se emplea con «cosas dobles» para referirse a una sola de ellas:

un paio di forbici	unas tijeras
un paio di mutande	unas bragas / un calzoncillo
un paio di occhiali	unas gafas
un paio di pantaloni	unos pantalones

Para indicar dos unidades también se utiliza el adjetivo **entrambi / e** *(ambos / as)* y **una coppia** *(una pareja).*

! Cuidado, porque **coppia** sólo se emplea para indicar el conjunto de dos personas (o de dos cosas), pero nunca a una de las dos personas (o cosas). Una frase como «*Te presento a mi pareja*» se traduce en italiano: **Ti presento il mio fidanzato / la mia fidanzata / il mio compagno / la mia compagna...**

Ya vimos que en sustitución de **entrambi** es muy utilizada la forma **tutti e due,** que también se usa con otros numerales cardinales:

tutti e tre	los tres
tutti e cinque	los cinco

En italiano, añadiendo el sufijo **–enne** a un numeral hacemos referencia a una persona de la edad indicada por el número: como en español indicamos a alguien que tiene quince años con *quinceañero,* en italiano se puede decir **quindicenne, ventenne, trentunenne, novantenne,** etc.

Los numerales múltiplos

Los numerales múltiplos no presentan demasiados problemas, ya que son muy parecidos a los españoles. Se utilizan siempre en singular:

il doppio (di)	el doble (de)
il triplo	el triple
il quadruplo	el cuádruplo
il quintuplo	el quíntuplo

Muchas veces se sustituyen por las expresiones: **due / tre / quattro... volte (tanto):**

Lo stipendio di Anna è **cinque volte** quello di Piero.
El sueldo de Anna es cinco veces el de Piero.

Anna guadagna **cinque volte tanto!**
¡Anna gana cinco veces más!

Cuidado con frases como *es el doble de grande:* en italiano se dice **è grande il doppio.**

Los numerales fraccionarios

En italiano se forman con un numeral cardinal seguido por un numeral ordinal (ej.: **un + quarto = un cuarto,** *un cuarto).* No siguen esta regla las palabras **mezzo** *(medio)* y **metà** *(mitad).* Se utilizan como en español:

Due terzi dei miei compagni di corso sono stranieri.
Dos tercios (las dos terceras partes) de mis compañeros de curso son extranjeros.

Poichè siamo in cinque, ci tocca **un quinto** di torta a testa.
Ya que somos cinco, nos toca un quinto de tarta a cada uno.

Voglio **la metá** del tuo panino.
Quiero la mitad de tu bocadillo.

Los numerales distributivos

Indican cómo las personas o cosas están repartidas en el espacio o en el tiempo:

(a) uno a uno / uno per volta / uno alla volta	de uno en uno / uno a la vez
(a) due a due / due per volta / due alla volta	de dos en dos / dos a la vez
uno per uno / uno ciascuno / uno per ciascuno	uno (para) cada uno
due per uno / due ciascuno / due per ciascuno	dos (para) cada uno
ogni due / tre / quattro...	cada dos / tres / cuatro...

A questo spettacolo si può andare solo **sette per volta.**
A este espectáculo sólo se puede ir de siete en siete.

Bambini, in fila **per due!**
¡Niños, en fila de a dos!

Vi darò **una** caramella **per uno.**
Os daré un caramelo para cada uno.

Devi prendere lo sciroppo **ogni quattro** ore.
Tienes que tomarte el jarabe cada cuatro horas.

La expresión de la cantidad y de las medidas

Si vamos a comprar jamón en una tienda (por cierto, el de San Daniele está buenísimo), es mejor que no italianicemos expresiones españolas: nadie nos entendería si dijéramos que queremos un **«quarto e metà»** *(cuarto y mitad)* de jamón (lo cual equivaldría a 375 gramos)... De hecho, en Italia, habrá que pensar de cien gramos (**cento grammi**) en cien gramos, es decir, en **etti** *(hectogramos)*.

- Las medidas de peso más utilizadas son:

grammo	etto(grammo)	chilo(grammo)	quintale	tonnellata
gramo	cien gramos	kilo(gramo)	quintal (cien kilos)	tonelada

Scusi, vorrei due etti e mezzo (o duecentocinquanta grammi) di prosciutto San Daniele.
Perdone, querría un cuarto (doscientos cincuenta gramos) de jamón San Daniele.

La mamma ha comprato un chilo di gnocchi!
¡Mamá ha comprado un kilo de ñoquis!

- Para los líquidos se utiliza principalmente el **litro.** Los múltiplos y submúltiplos se suelen emplear poco en la vida diaria, aunque los segundos un poco más:

millilitro	centilitro	decilitro	litro	ettolitro
mililitro	centilitro	decilitro	litro	hectolitro

Ieri sera ho bevuto due **litri** di vino.
Ayer bebí dos litros de vino.

Aparte de **litro,** todas estas medidas son esdrújulas (**millilitro, centilitro, decilitro...**)

- Las medidas de distancia más utilizadas son:

millimetro	**centimetro**	**metro**	**chilometro**
milímetro	centímetro	metro	kilóme tro

Giulia è alta un **metro** e ottanta.
Giulia mide un metro ochenta.

Raimundo vive a cinque **chilometri** da Pontevedra.
Raimundo vive a cinco kilómetros de Pontevedra.

Adverbios y locuciones adverbiales 13

El adverbio es una parte invariable del discurso que modifica el significado de sus partes, a menudo verbos, pero también adjetivos, otros adverbios y frases enteras. Desde un punto de vista sintáctico el adverbio tiene un valor de complemento circunstancial (de modo, de lugar, de tiempo, etc.).

Verrò **sicuramente.** (con seguridad)
Seguro que iré.

Vieni **qua.** (en este lugar)
Ven aquí.

Tuo fratello è **veramente** intelligente.
Tu hermano es realmente inteligente.

Mangia **molto** poco.
Come muy poco.

Giustamente mi ha ricordato il mio debito.
Justamente me ha recordado mi deuda.

Los adverbios pueden tener formas distintas:

- Adverbios terminados en **–mente.** Se forman, como en español, a partir del adjetivo femenino (**freddo → freddamente**). Si el adjetivo termina en **–le, –re, –lo** o **–ro,** la vocal final se pierde (**volgare → volgarmente**):

Ha reagito **rapidamente** alla situazione.
Ha reaccionado rápidamente ante la situación.

La única diferencia relevante con respecto al español se da cuando se juntan dos adverbios en **–mente** unidos por una conjunción; en español el primero se apocopa, en italiano no:

Ha reagito **rapidamente** e **correttamente.**
Ha reaccionado rápida y correctamente.

En realidad, en italiano, como en español, es mejor evitar la repetición de dos adverbios en **–mente.** En su lugar se suelen utilizar locuciones adverbiales del tipo **in modo corretto** *(de manera correcta)*, así que es más común ver frases como:

Ha reagito **in modo rapido e corretto.**

o:

Ha reagito **in modo rapido e correttamente.**

- La forma masculina de un adjetivo calificativo, utilizado en función adverbial:

Gliel'ho detto **chiaro** e **tondo.**
Se lo he dicho muy claramente.

Il bambino rideva **felice (felicemente).**
El niño reía feliz (felizmente).

Recuerda que un adverbio es invariable y modifica un verbo, un adjetivo u otro adverbio, mientras que un adjetivo modifica un nombre y concuerda con él en género y número.

- Adverbios que no proceden directamente de ningún adjetivo, sino que ya en latín eran adverbios: **bene** *(bien)*, **male** *(mal)*, **poco, no, forse** *(a lo mejor)*, **accanto** *(al lado)*, **dietro** *(detrás)*, **meno** *(menos)*:

Hai fatto **bene.**
Has hecho bien.

Parla **piano!**
¡Habla bajo!

- Locuciones adverbiales, formadas por una preposición y un nombre o un adjetivo: **per caso** *(por casualidad)*, **all'improvviso** *(de repente)*, **a destra** *(a la derecha)*:

Queste cose non si dicono neanche **per scherzo.**
Estas cosas no se dicen ni en broma.

Per lo meno oggi non ha piovuto.
Por lo menos hoy no ha llovido.

Como veremos en el capítulo siguiente, palabras como **dietro, accanto, meno, lontano** y muchas otras (que son adverbios) pueden utilizarse con función preposicional si van seguidas de una preposición propia, dando lugar a una locución prepositiva (que es distinta de una locución adverbial). ¿Cómo distinguirlas? Básicamente se puede decir que si se emplean para relacionar dos elementos entre sí, son locuciones prepositivas, mientras que si no rigen ningún complemento, funcionan como locuciones adverbiales:

Marco vive **lontano.** Marco vive lejos.	(adverbio)
Ho visto Marco **da lontano.** He visto a Marco desde lejos.	(locución adverbial)
Marco vive **lontano da** qui. Marco vive lejos de aquí.	(locución prepositiva)

Los grados del adverbio

La mayoría de los adverbios forman el comparativo y el superlativo como los adjetivos:

Questa mattina mi sono svegliata **tardissimo.**
Esta mañana me he despertado muy tarde.

Pensavo di avergli parlato molto **chiaramente.**
Pensaba haberle hablado muy claramente.

Mi ha trattato **meno amabilmente** del solito.
Me ha tratado de manera menos amable que de costumbre.

Los adverbios **bene, male, molto, poco** y **grandemente** tienen comparativos irregulares:

bene	**meglio**
male	**peggio**
molto	**più**
poco	**meno**
grandemente	**maggiormente**

Di **male** in **peggio.**
De mal en peor.

Di **bene** in **meglio.**
Cada vez mejor.

Grandemente también tiene el superlativo irregular: **massimamente.**

Algunos adverbios también sufren alteraciones para formar diminutivos, aumentativos, etc.

bene	**benino / benone**
male	**maluccio / malaccio**

Adverbios y locuciones de modo

Son adverbios de modo la mayoría de los adverbios terminados en **–mente,** además de, como es obvio, las locuciones introducidas por **in modo** *(de manera)*. Algunos de los adverbios de modo más utilizados son: **bene** *(bien)*, **male** *(mal)*, **forte** *(alto, fuerte, rápido)*, **piano** *(bajo, despacio)*, **apposta** *(adrede)*:

Andate **piano!**
¡Id despacio!

Parla **piano** che Teresa dorme!
¡Habla bajo, que Teresa está durmiendo!

Es necesario tener cierto cuidado con las locuciones adverbiales porque a menudo son muy parecidas a las españolas, excepto por el uso de la preposición:

a memoria	de memoria
di nascosto	a escondidas
in fretta	deprisa
per scherzo	de / en broma
sul serio	en serio

Adverbios y locuciones de cantidad

La mayoría de los adverbios de cantidad indican —como dice su nombre— una cantidad, y suelen ser adjetivos o pronombres indefinidos que adquieren valor de adverbios:

Ho dormito **troppo.**
He dormido demasiado.

Non capisci **niente.**
No entiendes nada.

Ieri ho camminato **moltissimo.**
Ayer anduve muchísimo.

También hay adverbios de cantidad que derivan de palabras que ya en latín eran adverbios: **almeno** *(por lo menos)*, **abbastanza** *(bastante)*, **piuttosto** *(bastante)*, **assai** *(bastante / mucho)*, **appena. Appena** puede tener varios significados. Veamos algunos ejemplos:

In questa zona di notte ci si vede **appena.**
En esta zona por la noche se ve a duras penas.

Mi guardò **appena** e se ne andò.
Apenas me miró y se fue.

pero:

Non andrai a dormire, sono **appena** le dieci!
No te irás a dormir, ¡sólo son las diez!

Siamo **appena** arrivati.
Acabamos de llegar.

En los dos últimos casos **appena** es un **adverbio de tiempo,** y lo importante es acostumbrarse a su uso, ya que es bastante común.

Igualmente son adverbios de cantidad **inoltre** *(además),* **pure** *(también),* **perfino** *(hasta),* **ancora** *(todavía, aún),* **addirittura** *(nada menos que):*

Contro il Governo si è manifestato **perfino** il Re.
En contra del Gobierno se ha manifestado hasta el Rey.

Con quel vestito sei **ancora** più bello.
Con ese traje estás aún más guapo.

Da due mesi Ugo è **addirittura** primo clarinetto.
Desde hace dos meses Ugo es nada menos que primer clarinete.

! **Ancora,** como **appena,** también se suele utilizar como adverbio de tiempo:

Sei **ancora** qui?
¿Todavía / aún estás aquí?

Algunas locuciones de cantidad: **all'incirca** *(alrededor de),* **più o meno** *(más o menos),* **per lo meno** *(por lo menos),* **tutt'al più** *(a lo sumo),* **molto più / molto di più** *(mucho más),* **ancora più / ancora di più** *(todavía más):*

Costerà **all'incirca / più o meno** venti euro.
Costará alrededor de / más o menos veinte euros.

Ci vorranno **per lo meno** due ore.
Se necesitarán por lo menos dos horas.

> **!** **Molto più** y **ancora più** se emplean delante de adjetivos, mientras que **molto di più** y **ancora di più** se utilizan solos:
>
> Il palombo è **molto più** caro del merluzzo, ma il tonno lo è **ancora di più.**
> El cazón es mucho más caro que la merluza, pero el atún lo es todavía más.

Adverbios y locuciones de tiempo

Los adverbios y locuciones de tiempo se utilizan para indicar el momento en el que se desarrolla una acción determinada. La mayoría de los adverbios y locuciones de tiempo en italiano no suponen problema para el hablante español, pero algunos de ellos pueden resultar un poco complicados.

Para simplificar su comprensión vamos a tratar juntos adverbios y locuciones adverbiales, dividiéndolos —arbitrariamente— en grupos cuyo significado es más o menos afín.

Grupo 1

Marco non è **mai** venuto a casa mia.
Marco no ha venido nunca a mi casa.

Esco di casa **raramente.**
Salgo raramente de mi casa.

A volte mi sento felice.
A veces me siento feliz.

Bisogna fare l'amore **spesso.**
Hay que hacer el amor a menudo.

Alessandra è **sempre** contenta.
Alessandra está siempre contenta.

Sempre se utiliza también con otros significados:

Lavori **sempre** nello stesso posto?
¿Sigues trabajando en el mismo sitio?

È **sempre** bellissima!
¡Sigue siendo guapísima!

La città è **sempre più** invivibile.
La ciudad es cada vez menos habitable (**lit.:** más invivible).

Faccio **sempre meno** sport.
Hago cada vez menos deporte.

Sempre meno y **sempre più** se emplean como adverbios de modo y de cantidad.

> ! *Siempre que...* en italiano se dice **ogni volta che** o **se:**
>
> **Ogni volta che** la vedo mi vengono i brividi.
> Siempre que la veo, me dan escalofríos.
>
> Ci credo **se** me lo assicuri tu.
> Me lo creo siempre que me lo asegures tú.

> ! **Mai,** usado en frases interrogativas, significa *alguna vez:*
>
> Hai **mai** visto un tramonto così bello?
> ¿Has visto alguna vez una puesta de sol tan bonita?
>
> Siete **mai** andati sul Lago di Garda?
> ¿Fuisteis alguna vez al Lago de Garda?
>
> y se utiliza en frases como:
>
> Chi l'avrebbe **mai** detto?
> ¿Quién lo hubiera dicho? [Quién —alguna vez— hubiera dicho que...]

Grupo 2

dopo / poi	luego / después
finalmente	por fin
già	ya
ora / adesso	ahora
presto	pronto
prima	antes
subito	ahora mismo / enseguida / rápidamente
tardi	tarde
tra poco	dentro de poco

Devi dirmelo **adesso, subito!**
¡Tienes que decírmelo ahora / ahora mismo / rápido!

Aspettami, torno **subito.**
Espérame, vuelvo enseguida.

È **presto** per telefonargli, sicuramente dorme.
Es pronto para llamarle, seguro que duerme.

Prima o poi dovrai iniziare a cercare lavoro.
Antes o después tendrás que empezar a buscar trabajo.

Come sempre, sei arrivato **tardi.**
Como siempre, has llegado tarde.

El adverbio **già** equivale al adverbio español *ya.* No obstante, hay que destacar que el adverbio **già,** a diferencia de *ya,* se posiciona **entre el auxiliar y el verbo:**

Hai **già** finito di fare le pulizie?
¿Ya has acabado de hacer la limpieza?

È **già** arrivata Claudia?
¿Ya ha llegado Claudia?

Hay que tener cuidado de no traducir siempre *ya* por **già,** ya que cuando en español utilizamos *ya no + verbo,* en italiano se usa la fórmula **non + verbo + più.** Además, cuando *ya no* tiene el significado de *a estas alturas* o *llegados a este punto,* se utiliza **ormai:**

Non mangio **più** carne.
Ya no como carne.

Ormai non penso che arrivi.
Ya (a estas alturas) no pienso que llegue.

Ormai non arriva **più.**
Ya no va a llegar.

No traduzcas **finalmente** por *finalmente:* en italiano **finalmente** significa *por fin:*

Lo aspettavo da tre ore e **finalmente** è arrivato!
Llevaba tres horas esperándole y ¡por fin ha llegado!

Finalmente posso andare in vacanza!
¡Por fin puedo irme de vacaciones!

Observa que la palabra española *finalmente* → **alla fine:**

Siamo stati al cinema, poi abbiamo bevuto qualcosa e **alla fine / poi** siamo tornati a casa.
Hemos ido al cine, después hemos tomado algo y, finalmente, hemos vuelto a casa.

Cuidado con las locuciones adverbiales porque a menudo son muy parecidas a las españolas, excepto por el uso de la preposición:

all'improvviso	de repente
in seguito	a continuación
nel frattempo	mientras tanto
ogni tanto	de vez en cuando

Grupo 3

Las palabras que indican la sucesión de los días y los distintos elementos que utilizamos para ubicarnos temporalmente en un momento determinado también son adverbios:

l'altro ieri	→	ieri	→	oggi	→	domani	→	dopodomani
antes de ayer	→	ayer	→	hoy	→	mañana	→	pasado mañana

ieri mattina / pomeriggio...	ayer por la mañana / tarde...
ieri sera	anoche
stamattina o questa mattina	esta mañana
oggi pomeriggio	esta tarde
stasera o questa sera	esta tarde-noche
stanotte o questa notte	esta noche
domani mattina / pomeriggio...	mañana por la mañana / tarde...
la settimana prossima	la semana que viene
la settimana scorsa	la semana pasada
il mese / l'anno prossimo	el mes / el año que viene
il mese / l'anno scorso	el mes / el año pasado
fra / tra una settimana	dentro de una semana
una settimana / un mese fa	hace una semana / un mes

Observa que en italiano se utiliza la misma forma que en español en las expresiones como **una settimana fa** → *hace una semana;* la única diferencia consiste en que en italiano **fa** se coloca al final de la locución y no al principio.

Ya que estamos hablando de expresiones que indican el momento en el que se desarrolla una acción, veamos cómo se expresan la **hora** y la **fecha:**

	È l'una.	Es la una.
	È mezzogiorno.	Son las 12 (del mediodía).
	È mezzanotte.	Son las 12 (de la noche).
Che ora è?	**Sono** le tre e mezza.	Son las tres y media.
Che ore sono?*	**Sono** le due e **un** quarto.	Son las dos y cuarto.
	Sono le cinque e mezza.	Son las cinco y media.
	Sono le cinque e tre quarti.	Son las cinco y tres cuartos.
	Sono le sei meno **un** quarto.	Son las seis menos cuarto.

* Para preguntar la hora se utilizan indistintamente el singular y el plural.

Quarto siempre exige el artículo **un:** le otto e **un quarto** → *las ocho y cuarto.*

Si estamos hablando de una hora supuesta, se utiliza el futuro (como en español) cuando nos referimos al presente, y el condicional compuesto (y no el simple como en español) si nos referimos al pasado:

Saranno le sette.
Serán las siete.

Saranno state le sette.
Serían las siete.

Para preguntar la fecha se utilizan las expresiones que siguen:

Che giorno è? È lunedì. / È il tre di aprile.
¿Qué día es? Es lunes. / Es el tres de abril.

Quanti ne abbiamo (oggi)? Quindici.
¿A qué día estamos? A quince.

Che giorno **era** ieri?
¿Qué día fue ayer?

¡Observa el uso del imperfecto en la pregunta por una fecha pasada!

Adverbios y locuciones de lugar

También en este caso vamos a tratar juntos adverbios y locuciones adverbiales, dividiéndolos en grupos de significado más o menos afín.

Grupo 1

Los adverbios de lugar más utilizados son los que siguen:

qui / qua	aquí
lì	ahí / allí
là	allá
quaggiù	aquí abajo
quassù	aquí arriba
laggiù	allí abajo o a lo lejos
lassù	allá arriba

Mientras que **qui** o **qua** se utilizan indistintamente con el mismo sentido, **là** indica algo que está más lejos que **lì. Laggiù,** a no ser que se refiera a algo que se encuentra en el fondo de un barranco o de un pozo, indica una gran lejanía:

Vieni subito **qui / qua!**
¡Ven aquí ahora mismo!

Dov'è il taglierino? È **lì** sul tavolo.
¿Dónde está el *cutter*? Está ahí, sobre la mesa.

Guarda **là**! Dove? **Laggiù!**
¡Mira allá! ¿Dónde? ¡Allá, a lo lejos!

Da **quassù** il mondo sembra piccolo piccolo...
Desde aquí arriba el mundo parece pequeñísimo...

> **!** Atención: **lì** y **là** requieren acento (pero no **qui** y **qua**).

Como ya vimos en el capítulo dedicado a *ADJETIVOS Y PRONOMBRES DEMOSTRATIVOS*, a veces **qui** y **qua**, sobre todo en la lengua hablada, refuerzan el demostrativo **questo,** y **lì** y **là** tienen la misma función utilizados después de **quello:**

Questa qui mi sembra una stupidaggine.
Ésta me parece una tontería.

Il treno per Bologna è **quello lì.**
El tren para Bolonia es ése.

Se emplean bastante a menudo las formas **quello lì** y **quello là** para referirse a alguien de manera despectiva:

Quello lì è proprio un cretino!

Grupo 2

accanto	al lado
avanti	adelante
davanti	delante
dentro	dentro
di sopra	arriba
di sotto	abajo
dietro	detrás
fuori	fuera
giù	abajo
indietro	atrás
intorno / attorno	alrededor
lontano	lejos
su	arriba
vicino	cerca

Ti aspettiamo **fuori.**
Te esperamos fuera.

Vado **di sopra** un momento e scendo subito.
Me voy arriba un momento y bajo enseguida.

Bisogna guardare sempre **avanti.**
Hay que mirar siempre adelante.

Se guardo **giù** mi vengono le vertigini.
Si miro hacia abajo me da vértigo.

Hai portato **giù** il cane?
¿Has bajado al perro?

Hai portato **su** la spesa?
¿Has subido la compra?

Fíjate en este último ejemplo: en italiano **portare giù** y **portare su** equivalen a *bajar* o *subir algo.*

Al igual que en español, **accanto, intorno, attorno, davanti** y **dietro** se utilizan muy a menudo con otros adverbios de lugar:

Non c'era nessuno **lì attorno.**
No había nadie alrededor.

Questo cane continua a girare **qui intorno.**
Este perro sigue dando vueltas por aquí.

L'entrata è **lì dietro.**
La entrada está ahí detrás.

! Aunque el significado literal de **intorno** y **attorno** sea *alrededor,* en esta acepción se usan sobre todo como preposiciones impropias, que ya vimos en *LAS PREPOSICIONES:*

Quel ragazzo è sempre **intorno** a nostra figlia...
Ese chico está siempre [dando vueltas] alrededor de nuestra hija...

En general, la mayor parte de los adverbios de este último grupo se utiliza muy a menudo como preposiciones impropias: **vicino a** → *cerca de,* **lontano da** → *lejos de.*

Adverbios de afirmación, negación y duda

Algunos adverbios de afirmación de uso muy frecuente son **certo, certamente, proprio, sicuramente:**

Sei sicuro di venire domani? **Certo!**
¿Estás seguro de venir mañana? ¡Claro!

Sicuramente si ricorderá del tuo compleanno.
Seguro que se acordará de tu cumpleaños.

Sei **proprio** spiritoso...
Eres realmente gracioso...

> **!** No confundas **certo** *(claro)* con *cierto,* que en italiano es **vero.**

Proprio también se puede utilizar en frases negativas para reforzar la negación, con un sentido parecido a *para nada:*

Non ho **proprio** sonno.
No tengo nada de sueño.

Quello che dici non è **proprio** vero!
¡Lo que dices no es cierto para nada!

Además de **proprio** empleado en frases negativas, otros adverbios de negación son **no, non, neanche, nemmeno, neppure, mica:**

Dice che **non** c'è problema.
Dice que no hay problema.

Non mi ascolti **nemmeno / neppure / neanche.**
Ni siquiera me escuchas.

Non lo dico **mica** solo io...
No lo digo sólo yo...

Mica es una forma típica del lenguaje informal. Tiene el mismo origen que la palabra española *miga,* pero su significado actual es simplemente de refuerzo de una negación:

Non volevo **mica** offenderti.
No quería ofenderte para nada.

> **!** ¡No hay que confundir **no** con **non!** Ambos corresponden al español *no*, pero en italiano tan sólo se utiliza **no** de forma aislada (normalmente se usa solo o se separa con una coma del resto de la frase). En los demás casos, se emplea **non:**
>
> Hai visto Vittoria? **No.**
> ¿Has visto a Vittoria? No.
>
> Hai lavato i piatti? **No, non** ho avuto tempo.
> ¿Has fregado los platos? No, no he tenido tiempo.

Los adverbios de duda más utilizados son **forse** *(tal vez, quizá(s), a lo mejor),* **probabilmente, eventualmente:**

Forse riuscirai a convincere Anna.
A lo mejor conseguirás convencer a Ana.
Quizá consigas convencer a Ana.

Eventualmente chiamerò Paolo.
Si acaso llamaré a Paolo.

> **!** **Forse** equivale a *tal vez, quizá(s), a lo mejor.* Mientras algunas de estas fórmulas en español requieren subjuntivo, en italiano no debe utilizarse nunca el subjuntivo y sí el indicativo o condicional.

> **!** **Eventualmente** quiere decir *si acaso* y se utiliza bastante a menudo. No hay que confundirlo con *eventualmente.*

Las preposiciones

14

El uso de las preposiciones es uno de los aspectos más complicados del aprendizaje del italiano para un hispanohablante, ya que en muchísimos casos se usan de manera distinta con respecto al español. A esto hay que añadir que los mismos italianos cometen errores en su utilización y que existen numerosísimos casos particulares y excepciones que dificultan una sistematización completamente satisfactoria.

Las preposiciones italianas son:

<table>
<tr><td rowspan="2">preposiciones propias</td><td>simples</td><td>di, a, in, da, con, su, per, tra, fra</td></tr>
<tr><td>compuestas
(preposición + artículo)</td><td>del, dei, dello, degli,... etc. (véase más abajo)</td></tr>
<tr><td>preposiciones impropias</td><td colspan="2">davanti, dietro, prima, dopo, senza, etc.</td></tr>
<tr><td>locuciones prepositivas</td><td colspan="2">davanti a, dietro di, prima di, senza di, etc.</td></tr>
</table>

Cuando las preposiciones preceden a una palabra que, a su vez, es precedida por el artículo, se combinan con este último, dando lugar a un elemento nuevo que, en italiano, se llama **preposizione articolata.**

i	**il**	**lo**	**l'**	**la**	**i**	**gli**	**le**
di	del	dello	dell'	della	dei	degli	delle
a	al	allo	all'	alla	ai	agli	alle
da	dal	dallo	dall'	dalla	dai	dagli	dalle
in	nel	nello	nell'	nella	nei	negli	nelle
su	sul	sullo	sull'	sulla	sui	sugli	sulle

Il giornalista spagnolo era affacciato **al** balcone quando lo assassinarono.

a + **il** balcone = **al** balcone

El periodista español estaba asomado a la terraza cuando le asesinaron.

I libri di Ana sono **sullo** scaffale rosso.

su + **lo** scaffale = **sullo** scaffale

Los libros de Ana están sobre / encima de la estantería roja.

Nell'uomo convivono Dio e la Bestia.

in + **l'**uomo = **nell'**uomo

En el hombre conviven Dios y la Bestia.

Las preposiciones y su uso

Una de las cosas que hay que asumir es que en italiano todas las preposiciones suelen introducir numerosos complementos distintos, y a menudo no hay correspondencia con el español (fíjate bien en los ejemplos). Su correcta utilización se aprenderá con la práctica.

La preposición *di*

La preposición **di** introduce complementos muy distintos y su uso suele corresponderse bastante con el *de* español (hay que tener cuidado porque el *de* español también traduce la preposición italiana **da**):

Quando fa molto caldo, i canali **di** Venezia puzzano.
(complemento de especificación)
Cuando hace mucho calor, los canales de Venecia huelen mal.

Questa casa puzza **di** chiuso.
(complemento de especificación)
Esta casa huele **a** cerrado.

La *Certosa di Parma* è un libro **dello** scrittore Stendhal.
(complemento de denominación y de especificación)
La *Cartuja de Parma* es un libro del escritor Stendhal.

Le pareti di questa casa sono **di** cartongesso.
(complemento de materia)
Las paredes de esta casa son de pladur.

Uno **di** voi mi ha venduto, disse Gesú agli apostoli.
(partitivo)
«Uno de vosotros me ha vendido», les dijo Jesús a los apóstoles.

Vuoi **del** pane?
(partitivo)
¿Quieres un poco de pan?

Non c'è niente **di** bello qui.
(partitivo)
No hay nada bonito aquí.

Fíjate en los dos últimos ejemplos: en uno la preposición significa *un poco;* en el otro el italiano necesita preposición, mientras que en español no la requiere. Mira también los ejemplos siguientes:

Di notte vago sui tetti (e mi piace).
(complemento de tiempo)
Por la / de noche vagabundeo por los tejados (y me gusta).

Vado sempre al cinema **di** giovedì.
(complemento de tiempo)
Los jueves voy siempre al cine.

Il dittatore soffre **di** complessi d'inferiorità.
(complemento de limitación)
El dictador sufre de complejos de inferioridad.

Uno crede sempre di essere migliore **degli** altri.
(complemento de comparación)
Uno siempre cree que es mejor que los demás.

Como se puede ver en este último ejemplo (y como se ha podido ver en el capítulo sobre los adjetivos), en las comparaciones se usa **di** cuando se compara una cualidad o una acción entre dos sujetos distintos.

Algunos tipos de oraciones subordinadas se construyen mediante la preposición **di + infinitivo** (véanse págs. 248-253), mientras que en español el verbo de la subordinada no necesita ser introducido por una preposición:

Mi sembra **di** sognare.
Me parece soñar.

Mi impose **di** tacere.
Me impuso callar.

Mi dispiace **di** non essere potuto venire.
Siento no haber podido ir.

Il film merita **di** essere visto.
La película merece ser vista.

La preposición *a*

Introduce muchos complementos, pero fundamentalmente indica la dirección y precede a los complementos de lugar. No siempre hay correspondencia entre italiano y español:

Mercoledí andiamo **a** Helsinki. (de lugar *a donde)*
El miércoles iremos a Helsinki.

Mauro vive **a** Ibiza (de lugar *en donde)*
Mauro vive en Ibiza.

Como se ve en este último ejemplo, a diferencia del español, en italiano la preposición **a** se puede utilizar también para introducir complementos de «lugar en donde» (en español se usa *en*). A este respecto podemos dar una regla de uso: sea cual sea el complemento (lugar a donde, lugar en donde):

— Con los nombres de **pueblos, ciudades** y **pequeñas islas** se utiliza **a.**
— Con los nombres de **continentes, países, regiones** o **grandes islas** se utiliza **in:**

Mauro va **a** Assisi / Tokio / Ibiza.
Mauro va a Asís / Tokio / Ibiza.

Mauro vive **a** Assisi / Tokio / Ibiza.
Mauro vive **en** Asís / Tokio / Ibiza.

Mauro va **in** Africa / Italia / Cataluña / Sicilia.
Mauro va **a** África / Italia / Cataluña / Sicilia.

Mauro vive **in** Africa / Italia / Cataluña / Sicilia.
Mauro vive en África / Italia / Cataluña / Sicilia.

Sin embargo, la cosa no termina aquí, ya que, por razones que van desde la más pura razón filológica hasta la más imprevisible idiosincrasia lingüística, y sin poder dar una norma exhaustiva, tenemos lo siguiente:

Vado **al** mare.	pero:	Vado **in** montagna.
Vado **a** casa.	pero:	Vado **in** camera.
Andiamo **al** bar / **al** ristorante.	pero:	Andiamo **in** pizzeria / **in** discoteca.

Sin embargo, se dice:

Andiamo **alla** pizzeria «Quattro stagioni». (se especifica a qué *pizzería)*
Marco è **in** casa. (está en casa) pero: Marco è **a** casa sua. (y no en otra casa)

Como ya anticipamos al comienzo, el uso correcto de estas preposiciones sólo puede aprenderse con la práctica.

La preposición **a** introduce también otros complementos:

Ho imparato la lezione **a** memoria. (modo)
He aprendido la lección de memoria.

La riunione è **alle** cinque di pomeriggio. (tiempo)
La reunión es a las cinco de la tarde.

Julio Cortázar scrisse il suo primo romanzo **a** otto anni. (edad)
Julio Cortázar escribió su primer libro a los ocho años.

A poco **a** poco impareremo perfino l'italiano. (distributivo)
Poco a poco aprenderemos incluso el italiano.

A diferencia del español, en italiano **el complemento directo de persona no va precedido nunca de la preposición a** (ni de ninguna otra, claro está):

Ieri, dopo tanti anni, ho visto Mario.
Ayer, después de muchos años, vi a Mario.

In questi anni ho amato molte donne —mi ha detto.
En estos años he amado a muchas mujeres —me dijo.

Algunos tipos de oraciones subordinadas se construyen mediante la preposición **a + infinitivo** (véase *LA ORACIÓN COMPUESTA).* Como se puede ver, a veces las diferencias con el español son notables:

Verrò **a** salutarti.
Iré a despedirte.

Hai fatto bene **a** dirmelo.
Hiciste bien en decírmelo.

A sentirlo parlare, mi viene il voltastomaco.
Cuando le oigo hablar, se me revuelve el estómago.

La preposición *in*

La preposición **in** también introduce numerosos complementos (entre éstos, como acabamos de ver, los de lugar *en donde* y lugar *a donde):*

Il concerto è **in** Piazza Trotszky. (lugar *en donde)*
El concierto es en la plaza Trotszky.

Quest'estate vado **in vacanza in** Italia. (lugar *a donde)*
Este verano iré **de** vacaciones **a** Italia.

So che tornerà **in** primavera, come una rondine. (tiempo)
Sé que volverá en primavera, como una golondrina.

Águeda è molto brava **in** italiano. (limitación)
Águeda es muy buena en italiano.

Io viaggio sempre **in** treno. (medio)
Yo viajo siempre en tren.

Da quando ha preso i voti, vive **in** perenne silenzio. (modo)
Desde que ha tomado los hábitos, vive en perenne silencio.

Volevamo fare la rivoluzione ma eravavamo solo **in** tre. (número)
Queríamos hacer la revolución, pero éramos sólo tres.

> **!** Como se puede ver en este último ejemplo, a diferencia del español, en frases como la anterior en italiano se necesita la preposición **in** para introducir un complemento de número.

Recuerda: para introducir complementos de lugar *(en donde* y *a donde),* con los nombres de **continentes, países, regiones** o **grandes islas** se utiliza **in.**

La preposición *da*

La preposición **da** indica, principalmente, la proveniencia o la separación y alejamiento. Sin embargo, introduce muchos otros complementos. Es, además, la preposición que introduce el complemento de agente en la forma pasiva.

Corresponde, en muchos casos, a la preposición española *de* (por tanto, hay que tener cuidado de no confundirla con la preposición **di,** que también se traduce con *de):*

Giovanni viene **dalla** Calabria. (proveniencia)
Giovanni viene de Calabria.

Il Canale de La Manica separa la Gran Bretagna **dalla** Francia. (separación)
El Canal de La Mancha separa Gran Bretaña de Francia.

Ho deciso di andare via **dall'**Italia. (alejamiento)
He decidido irme de Italia.

Non tutto dipende **da** noi. (dependencia)
No todo depende de nosotros.

También se usa **da** en los complementos que tienen un cierto matiz de finalidad:

macchina **da** scrivere / **da** cucire	máquina de escribir / de coser
coltello **da** cucina / **da** camping	cuchillo de cocina / de camping
cassa **da** morto	ataúd

Ti stiamo aspettando **da** due ore. (tiempo)
Te estamos esperando desde hace dos horas.

Da come parli si capisce che sei un po' arrabbiato. (medio o instrumento)
Por cómo hablas se deduce que estás un poco enfadado.

Ahora fíjate en los ejemplos siguientes:

Vado **dal** panettiere / **dal** medico / **dal** meccanico / **dall'**avvocato. (lugar *a donde)*
Voy al panadero / al médico / al mecánico / al abogado.

Vieni **da** me questo pomeriggio? [da me → *donde yo / a mi casa]*
¿Vienes a mi casa esta tarde?

No, vado **da** Antonio / **dalla** signora Teresa.
No, voy donde Antonio / a casa de la señora Teresa.
[lugar *en donde* se encuentra Antonio / la señora Teresa]

Como se puede ver, la preposición **da** se utiliza antes del complemento de *lugar a donde* y *lugar en donde* con **nombres de profesión** y con **nombres de persona** y **pronombres.** En estos casos el sentido —como muestran los ejemplos— es el de *lugar en donde se encuentra el complemento.*

Por último, la preposición **da** es la preposición específica para introducir el complemento de agente en las frases pasivas (en español se corresponde con *por):*

Giulia è benvoluta **da** tutti.
Giulia es estimada por todos.

Varie nazioni sono state invase **dalla** superpotenza.
Varios países han sido invadidos por la superpotencia.

La preposición *con*

No suele presentar problemas, ya que se utiliza como la correspondiente preposición española *con:*

Giulia vive **con** Sergio e Riccardo. (compañía)
Giulia vive con Sergio y Riccardo.

Marta fa sempre tutto **con** molto entusiasmo. (modo)
Marta siempre lo hace todo con mucho entusiasmo.

Con questa pioggia è meglio restare a casa. (causa)
Con esta lluvia es mejor quedarse en casa.

Mi piacciono le ragazze **con** gli occhi verdi. (caracterización)
Me gustan las chicas de ojos verdes.

La preposición *su*

Esta preposición introduce distintos complementos y equivale a las preposiciones españolas *en, sobre, a:*

Il tostapane è **sul** tavolo della cucina. (lugar en donde)
La tostadora está sobre / encima de / en la mesa de la cocina.

Alessandro ha scritto una tesi **sulla** storia delle streghe. (argumento)
Alessandro ha escrito una tesis sobre la historia de las brujas.

Al Barone Rampante piaceva salire **sugli** alberi. (lugar *a donde)*
Al Barón Rampante le gustaba subirse a los árboles.

La finestra della mia camera da **sulla** spiaggia. (lugar *a donde)*
La ventana de mi habitación da a la playa.

También se utiliza con un significado de aproximación, y equivale a *sobre / unos [cerca de]:*

Antonio peserà **sui** novanta chili. (medida)
Antonio pesará unos / sobre los noventa kilos.

La sua nuova «ragazza» è una ricca signora **sui** sessant'anni. (edad)
Su nueva «chica» es una señora rica de unos sesenta años.

La preposición **su** también puede tener un valor distributivo:

Solo tre alunni **su** cento hanno superato l'esame.
Sólo tres alumnos sobre cien han aprobado el examen.

La preposición *per*

La preposición **per** introduce numerosos complementos y equivale principalmente a las preposiciones españolas *por* y *para.* En algunos casos, como veremos, también se corresponde con *durante* y *a:*

Mi piace passeggiare di notte **per** le strade di Parigi. (lugar por donde)
Me gusta pasear de noche por las calles de París.

Juan ha comprato il biglietto d'aereo **per** pochi soldi. (precio)
Juan ha comprado el billete de avión por poco dinero.

Sto sudando **per** il caldo. (causa)
Estoy sudando por el calor.

Fammi sapere qualcosa **per** mail appena arrivi. (medio o instrumento)
Hazme saber algo por correo electrónico en cuanto llegues.

Pilar è molto conosciuta **per** le sue fotografie. (limitación)
Pilar es muy conocida por sus fotografías.

Per andare a Roma bisogna prendere l'autostrada A-25. (finalidad)
Para ir a Roma hay que coger la autopista A-25.

Lotteremo **per** un mondo più giusto. (finalidad)
Lucharemos por un mundo más justo.

Partiró **per** il Madagascar fra due mesi. (lugar *a donde)*
Saldré hacia / para Madagascar dentro de dos meses.

Ero cosí triste che ho suonato blues **per** cinque ore di seguito.
(tiempo continuado)
Estaba tan triste que toqué blues durante cinco horas seguidas.

En la expresión **stare per + infinitivo** la preposición indica la inminencia de una acción y equivale a *estar a punto de:*

Sta per iniziare il concerto.
El concierto está a punto de empezar.

Stavo per uscire di casa quando mi hai chiamato.
Estaba a punto de salir cuando me has llamado.

Las preposiciones *tra* y *fra*

Estas dos preposiciones tienen el mismo significado y equivalen a las preposiciones españolas *entre, dentro de:*

Fra / tra cinque ore parte l'aereo per il Madagascar.
Dentro de cinco horas sale el avión para Madagascar.

Sei sempre **fra / tra** i piedi. (lugar *en donde)*
Estás siempre en medio.

> **!** El uso de **fra** o **tra** depende de razones eufónicas: para evitar cacofonías se elige la una o la otra dependiendo de cómo «suene» la palabra que sigue a la preposición:
>
> Marco arriverá **fra** tre ore.
> Marco llegará dentro de tres horas.
>
> Si dijéramos «tra tre ore», el resultado sería algo cacofónico. Por la misma razón se prefiere:
>
> **Tra** fratelli ci si intende.
> Entre hermanos nos entendemos.
>
> a la solución (cacofónica) «**Fra** **fr**atelli...».

Preposiciones impropias y locuciones prepositivas

Las preposiciones impropias se llaman así porque no son preposiciones propiamente dichas, sino que suelen asumir otras funciones (principalmente las de adverbios. (Véanse págs. 105-118). Algunas de las más utilizadas son **prima** *(antes)*, **dopo** *(después)*, **sopra** *(sobre / encima de)*, **sotto** *(debajo de)*, **davanti** *(delante)*, **dietro** *(detrás)*, **fuori** *(fuera)*, **dentro** *(dentro)*, **intorno** *(alrededor)*, **fino** *(hasta)*, y otras que también veremos en el capítulo dedicado a los adverbios.

Aquí sólo diremos que no siempre está muy bien delimitada la función de estos elementos. Básicamente se puede decir que cuando se utilizan para relacionar dos elementos, funcionan como preposiciones; mientras que si no rigen ningún complemento, pueden ser adverbios. Es decir:

Mi metterò a lavorare **dopo** il film. (preposición)
Me pondré a trabajar **después de** la película.

Mi metterò a lavorare **dopo.** (adverbio)
Me pondré a trabajar después (más tarde).

Como en español, algunas preposiciones impropias pueden preceder directamente al nombre (sin embargo, como se puede ver en los ejemplos, no siempre hay una correspondencia exacta entre los dos idiomas):

Ho scritto il libro **durante** le vacanze.
He escrito el libro durante las vacaciones.

Siamo usciti **dopo** il temporale.
Hemos salido **después de** la tormenta.

En muchos casos necesitan de una preposición propia para poder regir un complemento, formando así una **locución prepositiva:**

- **Fino** *(hasta)*, **vicino** *(cerca)*, **accanto** *(al lado)* requieren la presencia de la preposición **a:**

Sono arrivato **fino a** Barcellona a piedi.
He llegado **hasta** Barcelona andando.

Sergio vive **vicino alla** chiesa.
Sergio vive **cerca de** la iglesia.

Resterò sempre **accanto a** te.
Me quedaré siempre **a tu lado.**

- **Prima** *(antes)*, **fuori** *(fuera)*, **senza** *(sin)*, **invece** *(en vez de / en lugar de)* requieren la preposición **di:**

Riccardo è arrivato **prima di** noi.
Riccardo ha llegado **antes que** nosotros.

È meglio uscire **fuori di** qui.
Es mejor salir **fuera de** aquí.

Divertiti **invece di** lavorare sempre!
¡Diviértete **en lugar de** estar siempre trabajando!

Otras (**sotto, sopra, dietro**) pueden admitir tanto la construcción con preposición propia como sin ella, pero si rigen un pronombre personal, necesitan la preposición:

Vieni **sotto** le (**alle**) lenzuola!
¡Ven **debajo de** las sábanas!

Dietro di me ci sono tanti che aspettano.
Detrás de mí hay muchos que esperan.

Otras locuciones prepositivas están formadas por **locuciones adverbiales + preposición.** Como en español, son muy numerosas, así que aquí sólo pondremos algunos ejemplos:

Siamo dovuti fuggire **a causa della** guerra.
Hemos tenido que huir a causa de la guerra.

Sono quasi sempre **a favore di** quello che dici.
Estoy casi siempre a favor de lo que dices.

Mi sono seduto **di fianco a** Marta.
Me he sentado al lado de Marta.

Posso sedermi **di fianco a** te?
¿Puedo sentarme a tu lado?

Al di fuori di noi, qui non c'è nessuno.
Aparte de nosotros, aquí no hay nadie.

Quei bambini giocano **in mezzo alla** strada.
Aquellos niños juegan en medio de la calle.

El pretérito perfecto 15

En italiano, como en español, los tiempos compuestos —y entre ellos el pretérito perfecto (**passato prossimo**)— se forman mediante la fórmula: verbo auxiliar + participio pasado:

pretérito perfecto = presente de **avere** o **essere** + participio pasado del verbo

verbo	presente	pretérito perfecto (**passato prossimo**)
studiare	Chavi studia l'italiano. Chavi estudia el italiano.	Chavi **ha studiato** l'italiano. Chavi estudió / ha estudiado el italiano.
andare	Vado a visitare la Sicilia. Voy a visitar Sicilia.	**Sono andato** a visitare la Sicilia. He ido / fui a visitar Sicilia.
riceve**ere**	Ana riceve un mail da un suo amico. Ana recibe un correo electrónico de un amigo suyo.	Ana **ha ricevuto** un mail da un suo amico. Ana ha recibido / recibió un correo electrónico de un amigo suyo.
accad**ere**	Accade un miracolo. Ocurre un milagro.	**È accaduto** un miracolo. Ha ocurrido / ocurrió un milagro.
finire	Ana finisce di lavorare alle otto. Ana termina de trabajar a las ocho.	Ana **ha finito** di lavorare alle otto. Ana ha terminado / terminó de trabajar a llas ocho.
partire	Sulimán parte alle dieci. Sulimán sale a las diez.	Sulimán **è partito** alle dieci. Sulimán ha salido / salió a las diez.

Como se puede ver en la tabla, en italiano el pretérito perfecto presenta las siguientes características:

- En la mayoría de los casos, el pretérito perfecto se suele utilizar también en las ocasiones en las que el idioma español requeriría el pretérito indefinido (véase *USOS DEL PRETÉRITO PERFECTO).*

- A diferencia del español (donde el verbo auxiliar es siempre *haber* —excepto en el caso de la formación de la voz pasiva—), el italiano utiliza para la construcción de los tiempos compuestos dos auxiliares: **essere** y **avere.** Como veremos, el uso de uno o del otro depende de varios factores (además, hay algunos verbos que emplean los dos auxiliares).

- Los verbos que tienen el participio pasado regular lo forman según el esquema:

— verbos de la primera conjugación (**–are**) → **–ato**
— verbos de la segunda conjugación (**–ere**) → **–uto**
— verbos de la tercera conjugación (**–ire**) → **–ito**

Existen algunos verbos que presentan el participio irregular. No hay una norma totalmente exacta para determinar cómo se forman estos participios. Por eso aconsejamos el uso de un buen diccionario. Aquí expondremos sólo algunos de los más utilizados (véase tabla de participios pasados en la pág. 260).

essere	ser	**stato**
chiudere	cerrar	chiu**so**
correre	correr	cor**so**
mettere	poner / meter	me**sso**
aprire	abrir	aper**to**
chiedere	preguntar / pedir	chie**sto**
vedere	ver	vi**sto**
dire	decir	de**tto**
fare	hacer	fa**tto**
togliere	quitar	to**lto**
vivere	vivir	vi**ssuto**
bere	beber	be**vuto**

Hay otra peculiaridad del italiano que anticipamos; a diferencia del español, cuando el auxiliar utilizado es el verbo **essere** (y en algunos casos particulares, también **avere**), el participio pasado concuerda con el sujeto o con el complemento:

Marco è andat**o** a Madrid.
Marco ha ido a Madrid.

Anna e Giulia sono andat**e** a Milano.
Anna y Giulia han ido a Milán.

¿El auxiliar *avere* o *essere*?

Para poder discernir sobre el uso de uno u otro auxiliar en la formación del pretérito perfecto hay que tener presente la distinción entre **verbos transitivos** y **verbos intransitivos.** Como se sabe, son transitivos aquellos verbos que pueden presentar un complemento directo, mientras que son intransitivos los verbos que no pueden regir un complemento directo y —si llevan complemento— rigen un complemento indirecto o circunstancial (véase *GLOSARIO).*

Recuerda que en italiano —a diferencia del español— el complemento directo de persona no puede ser introducido por la preposición **a:**

Oggi ho visto Paolo.
Hoy he visto **a** Paolo.

Verbos transitivos

Todos los **verbos transitivos** (excepto los verbos reflexivos) requieren el verbo **avere** como auxiliar:

Oggi Marco **ha** cucinato un buon risotto.
Hoy Marco ha cocinado un buen risotto.

Ieri **abbiamo** studiato il passato prossimo.
Ayer estudiamos el pretérito perfecto.

Alessandro e Daniele **hanno** cantato una canzone.
Alessandro y Daniele han cantado una canción.

Due anni fa **ho** tradotto un romanzo.
Hace dos años traduje una novela.

☺ El mismo verbo **avere,** al ser transitivo, tiene como auxiliar **avere:**

Oggi Marco e Anna **hanno** avuto fortuna.
Hoy Marco y Anna han tenido suerte.

L'anno scorso **ho** avuto la possibilità di viaggiare.
El año pasado tuve la posibilidad de viajar.

Verbos intransitivos

No hay una norma muy precisa que defina cuál de los dos auxiliares debe utilizarse con los verbos intransitivos. También en este caso se debe recurrir a un buen diccionario, que proporciona indicaciones precisas acerca de ello.

La mayoría de los verbos requieren **essere,** otros necesitan **avere,** y otros tantos construyen el pretérito perfecto tanto con **essere** como con **avere** (como veremos, con unos matices de significado variables). Por lo general, es útil tener presente lo siguiente:

Requieren exclusivamente el verbo **essere** como auxiliar:

- El verbo **essere** y el verbo **stare:**

  Sono stato cameriere quando ero giovane.
  He sido camarero cuando era joven.

  Siamo stati in casa tutto il giorno.
  Hemos estado en casa todo el día.

> **!** El participio pasado del verbo **essere** y del verbo **stare** son iguales → **stato.**

- Los verbos pronominales y reflexivos:

  Vi **siete** pentiti dei vostri peccati?
  ¿Os habéis arrepentido de vuestros pecados?

  Mi **sono** vergognato profondamente (lo giuro).
  Me he avergonzado profundamente (lo juro).

  Questa mattina Marta si **è** alzata presto.
  Esta mañana Marta se ha levantado temprano.

  Quando ci siamo visti ci **siamo** abbracciati.
  Cuando nos hemos visto, nos hemos abrazado.

- Los verbos impersonales como **accadere / succedere** *(acontecer, suceder),* **capitare** *(ocurrir):*

  Ieri **è** accaduto un miracolo, ma nessuno se n'è accorto.
  Ayer ocurrió un milagro, pero nadie se dio cuenta.

  È successo qualcosa mentre non c'ero?
  ¿Ha pasado algo mientras no estaba?

  È capitata una cosa strana...
  Ha ocurrido algo extraño...

  Sono accadute varie stranezze ultimamente.
  Últimamente han sucedido varias cosas extrañas.

- Verbos como **diventare** *(volverse, convertirse en)*, **sembrare** *(parecer)*, **impallidire** *(palidecer)*, **apparire** *(aparecer / parecer)*, **nascere** *(nacer)*, **morire** *(morir)*, que indican un estado, una manera de ser o una condición (pero vistos como consecuencia de un proceso):

Bruno **è** impallidito.
Bruno ha palidecido / se puso pálido.

Sei diventata scemo?
¿Te has vuelto tonto?

Siamo nati lo stesso giorno.
Hemos nacido en el mismo día.

Ho avuto paura: **siete** apparsi dal nulla!
He pasado miedo: ¡habéis aparecido de la nada!

Requieren tanto **essere** como **avere:**

- Verbos como **iniziare** *(empezar)*, **continuare** *(continuar)*, **crescere** *(crecer / criarse)*, **cambiare** *(cambiar)*, **invecchiare** *(envejecer)*, **finire** *(terminar)*, que indican un comienzo, un desarrollo y una conclusión. Son más bien intransitivos y suelen requerir el verbo **essere:**

La lezione **è** cominciata alle otto.
La clase ha empezado a las ocho.

Giovanni **è** cresciuto in campagna.
Giovanni se ha criado en el campo.

In pochi anni **siamo** cambiati molto.
En pocos años hemos cambiado mucho.

A che ora **è** finita la festa?
¿A qué hora ha terminado la fiesta?

Sin embargo, si se utilizan como transitivos (ya que estos verbos también pueden regir un complemento directo), requieren el verbo **avere:**

Il professore **ha** iniziato la lezione.
El profesor ha comenzado la clase.

Ana **ha** cresciuto suo figlio da sola.
Ana ha criado a su hijo sola.

Ho cambiato le lenzuola tre settimane fa.
He cambiado las sábanas hace tres semanas.

Avete finito di scrivere il libro?
¿Habéis terminado de escribir el libro?

- Los **verbos de movimiento.** Ahora bien, cuando indican un desplazamiento de un sitio a otro, se utiliza **essere:**

Ieri **sono** andato a pescare.
Ayer fui a pescar.

Siamo arrivati alla stazione troppo tardi.
Hemos llegado a la estación demasiado tarde.

Marco **è** uscito di casa alle tre.
Marco ha salido de casa a las tres.

Por otra parte, cuando se refieren al movimiento en sí, se utiliza **avere:**

L'anno scorso **ho** viaggiato molto.
El año pasado he viajado mucho.

Giulia **ha** camminata tutto il giorno.
Giulia ha andado todo el día.

Abbiamo passeggiato tutta la notte.
Hemos paseado toda la noche.

- Muchos otros verbos admiten los dos verbos **essere** y **avere** como auxiliares, ya que pueden ser utilizados como transitivos o como intransitivos en función de distintos matices de significado. Como ya mencionamos antes, no existe una norma exhaustiva, por lo que es necesario y aconsejable recurrir al diccionario:

Sono sceso in garage.
He bajado al garaje. (intransitivo)

Ho sceso le scale.
He bajado las escaleras. (transitivo)

Noè **è** vissuto fino a 900 anni.
Noé vivió hasta los 900 años. (intransitivo)

Ha vissuto una vita da cani.
Ha vivido una vida perra. (transitivo)

Requieren **exclusivamente** el verbo **avere** los verbos que indican una actividad o expresión física, tanto de animales como del ser humano, como **parlare** (*hablar*),

gridare *(gritar)*, **ridere** *(reírse)*, **russare** *(roncar)*, **pranzare** *(comer)*, **cenare** *(cenar)*, **abbaiare** *(ladrar)*, **muggire** *(mugir)*, etc.:

Nella manifestazione **ho** gridato tanto.
En la manifestación grité mucho.

Ieri sera **ho** riso come non avevo fatto mai.
Ayer por la noche me reí como nunca lo había hecho.

La concordancia del participio con el sujeto

Si volvemos a leer los ejemplos de los casos anteriores, notaremos —como ya habíamos anticipado— una diferencia importante entre italiano y español: en italiano, si el auxiliar es **essere,** el **participio pasado concuerda en género y número con el sujeto,** mientras que si se usa **avere,** permanece invariable (en español el participio pasado es siempre invariable, excepto en la forma pasiva, cuando también concuerda con el sujeto):

Maria **ha** scritto un libro di racconti.
María ha escrito un libro de cuentos.

María **è** nata a Malta.
María nació en Malta.

È vero che (voi) **siete** nati lo stesso giorno?
¿Es verdad que habéis nacido en el mismo día?

L'anno scorso (noi) **siamo** andati in vacanza in montagna.
El año pasado fuimos de vacaciones al monte.

Ieri Giovanna **è** andata al cinema.
Ayer Giovanna fue al cine.

Anna si **è** innamorata di Claudio.
Anna se ha enamorado de Claudio.

Claudio non si **è** innamorato di Anna.
Claudio no se ha enamorado de Anna.

Eva e Mariella si **sono** fatte la plástica.
Eva y Mariella se han hecho la cirugía plástica.

Riccardo si **è** fatto prete.
Riccardo se hizo cura.

I nostri amici **sono** partiti ieri.
Nuestros amigos salieron ayer.

Javier **è** rimasto a casa tutto il giorno.
Javier se ha quedado en casa todo el día.

Quanti soldi **sono** rimasti?
¿Cuánto dinero ha quedado?

Como se verá con más detalle en el capítulo sobre los pronombres, hay casos particulares de concordancia. Por ahora anticipamos que si un pronombre complemento directo se usa delante de un tiempo compuesto, el participio debe concordar con el pronombre (observa que se trata de un complemento directo —es decir, estamos hablando de un verbo transitivo— y que el auxiliar es **avere**):

Hai comprato il riso? No, non **l**'ho [lo ho] comprat**o.**
¿Has comprado arroz? No, no lo he comprado.

Hai mangiato tu le patate? Sí **le** ho mangiat**e** io.
¿(Te) Has comido tú las patatas? Sí, (me) las he comido yo.

Es decir:

Io ho mangiato le patate → le **patate** (complemento directo) = **le** → Io **le** ho mangiat**e.**

El pretérito perfecto con los verbos modales

Como ya vimos en el capítulo dedicado a *LOS USOS VERBALES*, los verbos **potere, dovere** y **volere** se llaman «verbos modales» y forman perífrasis de infinitivo, acompañando al infinitivo y completando su significado:

Oggi non **voglio** andare a lavorare.
Hoy no quiero ir a trabajar.

Ahora bien, cuando los verbos modales se utilizan en un tiempo compuesto, como el pretérito perfecto, deben llevar el auxiliar que le corresponde al verbo al que acompañan (el que va en infinitivo). Es decir, si el verbo en infinitivo requiere el auxiliar **avere,** se utilizará este auxiliar; si requiere **essere,** se empleará este otro (y, claramente, el participio concordará con el sujeto):

Marco non **ha** voluto **mangiare**. (**mangiare** requiere **avere**)
Marco no ha querido comer.

Oggi non **sono** voluto **andare** a lavorare. (**andare** requiere **essere**)
Hoy no he querido ir a trabajar.

Io e Giulia non **siamo** voluti andare a lavorare. (aux.: **essere**)
Giulia y yo no hemos querido ir a trabajar.

I miei genitori **hanno** dovuti **emigrare.**
Mis padres han tenido que emigrar.

María **è** dovuta **andare** a casa.
María ha tenido que ir a casa.

Si se usan solos, siempre requieren el auxiliar **avere:**

Perchè non sei venuto alla festa?
Non **ho** potuto. / Non **ho** voluto.

Usos del pretérito perfecto

El uso del pretérito perfecto no presenta problemas, ya que se emplea en las mismas situaciones que en español. Sin embargo, en italiano el pretérito perfecto va sustituyendo poco a poco al más complicado pretérito indefinido. Esto sucede principalmente en las regiones del norte de Italia, donde es ya muy improbable que alguien utilice el indefinido. Por eso, a diferencia del español, es correcto decir:

L'anno scorso sono andato a Madrid.
El año pasado he ido (fui) a Madrid.

Mi sono sposato dieci anni fa.
Me he casado (me casé) hace diez años.

Hay que tener presente que esta sustitución del indefinido por el pretérito perfecto no es tal en el sur de Italia, donde el pretérito indefinido se sigue utilizando, y que en la lengua escrita su uso es obligatorio, ya que proporciona una mayor riqueza estilística.

Pretérito imperfecto y pluscuamperfecto 16

El imperfecto y el pluscuamperfecto de indicativo no presentan muchas dificultades para el hablante español: los usos son prácticamente idénticos en los dos idiomas. Eso sí, el pluscuamperfecto es un tiempo compuesto y, como todo tiempo compuesto en italiano, tiene dos auxiliares **(essere y avere)...**

El pretérito imperfecto

El imperfecto (**imperfetto**) en italiano tiene una conjugación muy parecida a la de la primera conjugación en español, salvo que la marca característica de este tiempo verbal es la **v** y no la *b* (amava → *amaba):*

	Lavor**are** *trabajar*	Prend**ere** *tomar / coger*	Serv**ire** *servir*
io	lavor**avo**	prend**evo**	serv**ivo**
tu	lavor**avi**	prend**evi**	serv**ivi**
lei / lui / Lei	lavor**ava**	prend**eva**	serv**iva**
noi	lavor**avamo**	prend**evamo**	serv**ivamo**
voi	lavor**avate**	prend**evate**	serv**ivate**
loro	lavor**avano**	prend**evano**	serv**ivano**

Recuerda que, tal y como vimos en el primer capítulo, en italiano las consonantes **b** y **v** se pronuncian de manera distinta.

Otra diferencia relevante con respecto al español consiste en que en italiano la primera y la segunda personas del plural son llanas (como, por otra parte, las tres personas singulares): lavorav**a**mo, lavorav**a**te, prendev**a**mo, prendev**a**te, serviv**a**mo, serviv**a**te. La tercera persona plural es esdrújula como en español: lavor**a**vano, prend**e**vano, serv**i**vano...

Silvia **mangiava** molto più di adesso.
Silvia comía mucho más que ahora.

Cantavamo sempre con Teresa.
Cantábamos siempre con Teresa.

Irregularidades

El imperfecto tiene muy pocas irregularidades, y el auxiliar **essere** representa una de ellas:

Essere
ser

ero
eri
era
eravamo
eravate
erano

Da giovani **eravamo** idealisti.
De jóvenes éramos idealistas.

Los verbos que en infinitivo terminan en **–rre,** que ya vimos hablando de las irregularidades del presente de indicativo, también son irregulares en el imperfecto:

Po**rre**	Tradu**rre**	Sottra**rre**
poner	*traducir*	*restar / sustraer*
ponevo	**traduc**evo	**sottra**evo
ponevi	**traduc**evi	**sottra**evi
poneva	**traduc**eva	**sottra**eva
ponevamo	**traduc**evamo	**sottra**evamo
ponevate	**traduc**evate	**sottra**evate
ponevano	**traduc**evano	**sottra**evano

Traduceva malissimo: l'ho licenziato.
Traducía muy mal: lo he despedido.

Otros verbos irregulares en el imperfecto y muy utilizados son:

Bere	**Dire**	**Fare**
beber	*decir*	*hacer*
bevevo	**dic**evo	**fac**evo
bevevi	**dic**evi	**fac**evi
beveva	**dic**eva	**fac**eva
bevevamo	**dic**evamo	**fac**evamo
bevevate	**dic**evate	**fac**evate
bevevano	**dic**evano	**fac**evano

È morto di cirrosi, **beveva** troppo.
Se murió de cirrosis, bebía demasiado.

Dicevano sempre che se ne volevano andare.
Siempre decían que querían irse.

Quando ero scapolo **facevo** molte cose.
De soltero hacía muchas cosas.

Como habrás notado, estos verbos tienen las desinencias «normales» de la segunda conjugación: sólo la raíz del verbo es irregular ☺.

También presentan las mismas irregularidades los compuestos de estos verbos: **dire** → **contraddire** (contraddicevo), **fare** → **soddisfare** (soddisfacevo), **porre** → **disporre** (disponevo), **comporre** (componevo), y los verbos terminados en **–durre** → **ridurre** (riducevo), **condurre** (conducevo):

Il mio amico Dario **componeva** opere liriche.
Mi amigo Dario componía ópera.

Il regime **riduceva** sempre più le libertà.
El régimen reducía cada vez más las libertades.

El pretérito pluscuamperfecto

El pluscuamperfecto expresa un hecho ocurrido en el pasado, anterior a otro hecho (también pasado) con el que está relacionado.

Ero stanco perché **avevo lavorato** tutta la notte.
Estaba cansado porque había trabajado toda la noche.

El pluscuamperfecto (**trapassato prossimo**) no supone ningún problema para el hablante español, excepto, por supuesto, la elección del auxiliar adecuado:

Lavorare *trabajar*	**Partire** *marcharse / salir / partir*
avevo lavorato	ero partito / –a
avevi lavorato	eri partito / –a
aveva lavorato	era partito / –a
avevamo lavorato	eravamo partiti / –e
avevate lavorato	eravate partiti / –e
avevano lavorato	erano partiti / –e

Como se puede ver, el imperfecto del verbo auxiliar **avere** es regular:

Vittorio ha detto che **avevi affittato** una macchina.
Vittorio ha dicho que habías alquilado un coche.

Mi ha detto che **era partita,** ma non era vero.
Me ha dicho que se había marchado, pero no era verdad.

Usos del imperfecto y del pluscuamperfecto

Por lo general, en italiano y en español los usos del imperfecto coinciden:

Quel giorno **faceva** molto caldo.
Aquel día hacía mucho calor.

Da giovane, **suonavo** la grancassa.
De joven tocaba el bombo.

Volevo vedere dei sandali.
Quería ver unas sandalias.

Mentre **lavoravo, continuava** a parlarmi.
Mientras trabajaba, seguía hablando conmigo.

De la misma manera, hay coincidencia total entre los dos idiomas con respecto al uso del pluscuamperfecto:

Quando ho saputo che **eri tornato**, ho gridato dalle giogia.
Cuando supe que habías vuelto, he gritado de felicidad.

Marco mi ha detto che vi **eravate vicontrati** a Maracaibo.
Marco me dijo que os habíais encontrado en Maracaibo.

En la lengua hablada, en italiano, el imperfecto puede sustituir al subjuntivo pluscuamperfecto y al potencial compuesto en los períodos condicionales irreales, pero sólo en el uso coloquial:

Se avessi saputo che era lui non avrei aperto la porta.
Se **sapevo** che era lui non **aprivo** la porta.
Si hubiera sabido que era él, no habría abierto la puerta.

El único caso en el que siempre se utiliza el pretérito imperfecto en italiano y no en español es para indicar una fecha anterior:

Ieri **era** lunedì o martedì?
¿Ayer fue lunes o martes?

Pretérito indefinido y pretérito anterior

17

El pretérito indefinido es un tiempo que a menudo, en muchos cursos de italiano, se trata de manera superficial aduciendo, como justificación, que es un tiempo poco utilizado, ya que suele reemplazarse por el pretérito perfecto. En realidad, esta omisión se debe a que se trata de un tiempo particularmente difícil y muy irregular. Sin embargo, hay que decir que el uso del pretérito indefinido es corriente en todo el sur de Italia. Además, es un tiempo que, utilizado correctamente, añade cierta elegancia al italiano.

El pretérito indefinido

Como ya hemos visto, en italiano el pretérito indefinido (**passato remoto**) casi no aparece ya en la lengua hablada del centro norte de Italia. Sin embargo, no podemos hacer como si no existiera, ya que en buena parte del sur de Italia y en la lengua escrita se sigue utilizando normalmente. De todas maneras, por la cantidad de irregularidades que presenta, es uno de los tiempos más difíciles de usar.

Conjugación regular

	Lavor**are** *trabajar*	Tem**ere** *temer*	Serv**ire** *servir*
io	lavor**ai**	tem**ei / etti**	serv**ii**
tu	lavor**asti**	tem**esti**	serv**isti**
lei / lui / Lei	lavor**ò**	tem**è / ette**	serv**ì**
noi	lavor**ammo**	tem**emmo**	serv**immo**
voi	lavor**aste**	tem**este**	serv**iste**
loro	lavor**arono**	tem**erono / ettero**	serv**irono**

Quando si **svegliò, capì** che la strega se lo voleva mangiare.
Cuando se despertó, se dio cuenta de que la bruja se lo quería comer.

I Fenici **viaggiarono** per tutto il Mediterraneo.
Los fenicios viajaron por todo el Mediterráneo.

Los verbos «regulares» de la segunda conjugación presentan dos formas en la primera y tercera personas del singular y en la tercera del plural. Como se verá, este esquema 1-3-3 se repetirá en casi todos los casos de irregularidad.

La tercera persona del plural de los verbos en el pretérito indefinido es siempre esdrújula.

El pretérito indefinido, como acabamos de decir, presenta muchas irregularidades. Vamos a ver las principales:

Conjugación de los auxiliares *essere* y *avere*

Essere *ser*	**Avere** *haber / tener*	
fui	**ebbi**	(1)
fosti	avesti	
fu	**ebbe**	(3)
fummo	avemmo	
foste	aveste	
furono	**ebbero**	(3)

Nerone **fu** un imperatore pazzo.
Nerón fue un emperador loco.

Quando **ebbi** diciotto anni me ne andai di casa.
Cuando (cumplí) dieciocho años me fui de casa.

Como se puede ver, la **primera** y **tercera personas del singular** y la **tercera del plural** siguen siendo las que presentan más irregularidades (1-3-3).

> **!** Hay que tener cuidado porque en italiano el pretérito indefinido del verbo **essere** y del verbo **andare** *(ir)* son distintos: **andare** es regular en el pretérito indefinido → **andai, andasti, andó...**
>
> No se debe confundir el verbo **andare** *(ir)* con *andar,* que se dice **camminare.**

Conjugación irregular

En la primera conjugación hay tres verbos irregulares de uso muy frecuente:

Fare *hacer*	**Dare** *dar*	**Stare** *estar*
feci	diedi / detti	stetti
facesti	desti	stesti
fece	diede / dette	stette
facemmo	demmo	stemmo
faceste	deste	steste
fecero	diedero / dettero	stettero

Sin embargo, la mayoría de los verbos irregulares pertenecen a la segunda conjugación (hay que decir que en esta conjugación hay muy pocos verbos regulares).

Un grupo grande de verbos presenta una **–s–** o **–ss–** como sonido inicial de la terminación en la primera y tercera personas del singular y en la tercera del plural. (Recuerda: 1-3-3).

- Los principales verbos que adquieren una sola **–s–** son:

— Casi todos los verbos acabados en **–dere** (excepto **credere,** que es regular, **vedere,** que es totalmente irregular, y **cadere,** que veremos más adelante), **–gere** y **–lvere:**

Chie**dere**	Pren**dere**	Pian**gere**	Riso**lvere**
pedir / preguntar	*coger*	*llorar*	*resolver / solucionar*
chie**si**	pre**si**	pian**si**	risol**si**
chiedesti	prendesti	piangesti	risolvesti
chie**se**	pre**se**	pian**se**	risol**se**
chiedemmo	prendemmo	piangemmo	risolvemmo
chiedeste	prendeste	piangeste	risolveste
chie**sero**	pre**sero**	pian**sero**	risol**sero**

Mi **chiese** di sposarla sulla vetta del Monte Bianco.
Me pidió que me casara con ella en la cumbre del Monte Blanco.

Piansero come non avevo mai visto piangere.
Lloraron como nunca había visto llorar.

— Los verbos que siguen y sus compuestos: **correre (discorrere, concorrere...), mettere (commettere, dimettere...)** y **porre (disporre, comporre...):**

Correre	**Mettere**	**Porre**
correr	*poner / meter*	*poner*
cor**si**	**misi**	po**si**
corresti	mettesti	ponesti
cor**se**	**mise**	po**se**
corremmo	mettemmo	ponemmo
correste	metteste	poneste
cor**sero**	**misero**	po**sero**

Corsero verso il portone, ma era già chiuso.
Corrieron hacia el portal, pero ya estaba cerrado.

Commise un delitto abominevole.
Cometió un delito abominable.

Composi il numero e aspettai.
Marqué el número y esperé.

- Los principales verbos que adquieren **–ss–** son (recuerda que las irregularidades se presentan siempre en las mismas tres personas: 1-3-3):

— Los verbos que terminan en **–ggere** y **–vere** (pero no los terminados en **–lvere,** como **risolvere** o **assolvere,** que ya hemos visto), y en **–primere:**

Le**ggere**	Vi**vere**	De**primere**
leer	*vivir*	*comprimir*
le**ssi**	vi**ssi**	depr**essi**
leggesti	vivesti	deprimesti
le**sse**	vi**sse**	depr**esse**
leggemmo	vivemmo	deprimemmo
leggeste	viveste	deprimeste
le**ssero**	vi**ssero**	depr**essero**

Convissero per tre anni prima di sposarsi.
Convivieron durante tres años antes de casarse.

Compresse il file prima di mandarmelo.
Comprimió el fichero antes de enviármelo.

Quanto tempo **vissero** a Venezia?
¿Cuánto tiempo vivieron en Venecia?

— Los verbos acabados en **–durre, –trarre** y sus compuestos (**distrarre, contrarre...**):

Tra**durre**	**Trarre**
traducir	*sacar*[4]
tradu**ssi**	tra**ssi**
traducesti	traesti
tradu**sse**	tra**sse**
traducemmo	traemmo
traduceste	traeste
tradu**ssero**	tra**ssero**

Tradusse l'Iliade in Swahili.
Tradujo la *Ilíada* al Swahili.
Trasse delle conclusioni sbagliate.

[4] En italiano el verbo **trarre** se utiliza en un sinfín de expresiones. Fundamentalmente significa *sacar* (tanto en sentido literal como figurado), pero da vida a muchos modismos: **trarre conclusioni** → *sacar conclusiones;* **trarre in inganno** → *engañar;* **trarre in salvo** → *poner a salvo;* etc. También en este caso lo mejor es consultar un buen diccionario.

Sacó unas conclusiones equivocadas.

Trassi la barca a riva da solo.
Llevé / arrastré la barca a la orilla yo solo.

— El verbo **dire** y sus compuestos (**disdire, contraddire**):

Dire
decir

di**ssi**
dicesti
di**sse**
dicemmo
diceste
di**ssero**

Mi **contraddisse** ancora una volta e lo picchiai.
Me contradijo una vez más y le pegué.

En otro grupo de verbos irregulares aparece una **consonante doble** en la primera y tercera personas singulares y en la tercera plural. (¡Otra vez 1-3-3!) Esta consonante puede ser la última de la raíz del verbo, como en el caso de los verbos **cadere** y **venire,** o ser otra, como en el verbo **crescere:**

Cadere	**Venire**	***Crescere***
caer	*venir*	*crecer*
ca**dd**i	ve**nn**i	cre**bb**i
cadesti	venisti	crescesti
ca**dd**e	ve**nn**e	cre**bb**e
cademmo	venimmo	crescemmo
cadeste	veniste	cresceste
ca**dd**ero	ve**nn**ero	cre**bb**ero

Gli alberi che piantò mio nonno **crebbero** rapidamente.
Los árboles que plantó mi abuelo crecieron rápidamente.

Quando **cadde** dal terzo piano si ruppe una gamba.
Cuando se cayó del tercer piso se rompió una pierna.

! ¿Te fijaste en el indefinido del verbo **rompere** que aparece en el último ejemplo? Como ves, hay muchos otros verbos irregulares en el pretérito indefinido, ya sea por irregularidad propia o porque pertenecen a uno de los grupos que hemos analizado hasta ahora. Los encontrarás en el apéndice al final del libro.

El pretérito anterior

El pretérito anterior (**trapassato remoto**) se utiliza en italiano como en español para indicar una acción anterior a otra que ha sucedido en el pasado. A pesar de que en italiano normalmente se emplean los tiempos compuestos más que en español, el pretérito anterior tiene un uso reducido en la lengua hablada.
La conjugación de este tiempo es la que sigue:

Lavorare *trabajar*	**Partire** *marcharse / partir*
ebbi lavorato	fui partito / –a
avesti lavorato	fosti partito / –a
ebbe lavorato	fu partito / –a
avemmo lavorato	fummo partiti / –e
aveste lavorato	foste partiti / –e
ebbero lavorato	furono partiti / –e

Dopo che **ebbe lavorato** tutto il giorno, decise di riposare.
Después de que hubo trabajado todo el día, decidió descansar.
Después de trabajar / haber trabajado todo el día, decidió descansar.

Non appena **furono partiti,** mi resi conto che mi sarebbero mancati.
En cuanto se hubieron marchado, me di cuenta de que los echaría de menos.
En cuanto se marcharon, me di cuenta de que los echaría de menos.

El futuro 18

Si excluimos contadas excepciones, los usos del futuro en italiano y en español coinciden, sin crear demasiadas dificultades al hablante español.

El futuro imperfecto

Como en español, el futuro expresa una acción posterior al momento en el que se está hablando y casi siempre está acompañado por una expresión de tiempo. La conjugación regular del futuro imperfecto (**futuro semplice**) es la siguiente:

Lavor**are**	Prend**ere**	Serv**ire**
trabajar	*tomar / coger*	*servir*
lavor**erò**	prend**erò**	serv**irò**
lavor**erai**	prend**erai**	serv**irai**
lavor**erà**	prend**erà**	serv**irà**
lavor**eremo**	prend**eremo**	serv**iremo**
lavor**erete**	prend**erete**	serv**irete**
lavor**eranno**	prend**eranno**	serv**iranno**

Dice sempre che domani **inizierà** la dieta.
Siempre dice que mañana empezará el régimen.

Domani **partiremo** per il Tibet.
Mañana saldremos rumbo al Tíbet.

Como habrás notado, los verbos de la primera conjugación tienen una peculiaridad: la vocal de la desinencia de la primera conjugación (**–are**) cambia de **–a–** a **–e–**: **lavorare → lavorerò.** Sin embargo, hay verbos muy utilizados en los que no se produce este cambio:

D**are**	F**are**	St**are**
dar	*hacer*	*estar*
d**arò**	f**arò**	st**arò**
d**arai**	f**arai**	st**arai**
d**arà**	f**arà**	st**arà**
d**aremo**	f**aremo**	st**aremo**
d**arete**	f**arete**	st**arete**
d**aranno**	f**aranno**	st**aranno**

Non ti preoccupare: **faranno** la pace.
No te preocupes: harán las paces.

Sì maestra, **staremo** più attenti in classe...
Sí, maestra, estaremos más atentos en la clase...

Como en el presente de indicativo (véase página 32), los verbos que terminan en **–care** y **–gare** introducen una **–h–** antes de la desinencia para conservar el mismo sonido velar:

Dedi**care**	Pa**gare**
dedicar	*pagar*
dedi**cherò**	pa**gherò**
dedi**cherai**	pa**gherai**
dedi**cherà**	pa**gherà**
dedi**cheremo**	pa**gheremo**
dedi**cherete**	pa**gherete**
dedi**cheranno**	pa**gheranno**

Dedicherò la prima canzone alla mia mamma.
Dedicaré la primera canción a mi mamá.

Pagherà chi perderá la scommessa.
Pagará quien haya perdido la apuesta.

Otra irregularidad gráfica es representada por los verbos que terminan en **–ciare, –sciare** y **–giare:** se pierde la **–i–** final de la raíz del verbo:

Cominciare	**Lasciare**	**Mangiare**
comenzar / empezar	*dejar*	*comer*
comin**cerò**	la**scerò**	man**gerò**
comin**cerai**	la**scerai**	man**gerai**
comin**cerà**	la**scerà**	man**gerà**
comin**ceremo**	la**sceremo**	man**geremo**
comin**cerete**	la**scerete**	man**gerete**
comin**ceranno**	la**sceranno**	man**geranno**

Una excepción a esta regla constituye el mismo verbo sciare *(esquiar):*

Tu **scierai** nove ore al giorno e io mi annoierò a morte!
¡Tú esquiarás nueve horas diarias y yo me aburriré como una ostra!

El verbo **essere** es, también en este caso, irregular:

Essere
ser

sarò
sarai
sarà
saremo
sarete
saranno

Saranno famosi.
Serán famosos. (es el título de *Fama* en italiano)

Avere también es irregular y pertenece a un grupo de verbos que se comportan como los verbos españoles *poder, saber* y el mismo *haber:* en la formación del futuro se pierde la vocal de la desinencia: *poder* → *podré, haber* → *habré.* En italiano, además del verbo **avere,** se portan de esta manera verbos muy utilizados, muchos de ellos de la segunda conjugación:

Avere	Andare
haber / tener	*ir*
a**vrò**	an**drò**
a**vrai**	an**drai**
a**vrà**	an**drà**
a**vremo**	an**dremo**
a**vrete**	an**drete**
a**vranno**	an**dranno**

Vedere	Potere	Sapere	Dovere
ver	*poder*	*saber*	*deber*
ve**drò**	po**trò**	sa**prò**	do**vrò**
ve**drai**	po**trai**	sa**prai**	do**vrai**
ve**drà**	po**trà**	sa**prà**	do**vrà**
ve**dremo**	po**tremo**	sa**premo**	do**vremo**
ve**drete**	po**trete**	sa**prete**	do**vrete**
ve**dranno**	po**tranno**	sa**pranno**	do**vranno**

Quando **avrò** dieci anni **andrò** a Disneyland e **vedrò** Topolino.
Cuando tenga diez años iré a Disneylandia y veré a Mickey Mouse.

Quando **avrete** la mia età **saprete** molte cose della vita.
Cuando tengáis mi edad sabréis muchas cosas de la vida.

Otro grupo de verbos irregulares se caracteriza por tener una doble **r** en la conjugación del futuro:

Bere *beber*	**Rimanere** *quedarse*	**Venire** *venir*	**Volere** *querer*
be**rrò**	rima**rrò**	ve**rrò**	vo**rrò**
be**rrai**	rima**rrai**	ve**rrai**	vo**rrai**
be**rrà**	rima**rrà**	ve**rrà**	vo**rrà**
be**rremo**	rima**rremo**	ve**rremo**	vo**rremo**
be**rrete**	rima**rrete**	ve**rrete**	vo**rrete**
be**rranno**	rima**rranno**	ve**rranno**	vo**rranno**

! **Volerò, volerai, volerà...**, a pesar de su apariencia, no es el futuro del verbo **volere** *(querer)*, sino de **volare** *(volar)*...

Usciremo quando **vorrà** Francesco.
Saldremos cuando quiera Francesco.

no es lo mismo que:

Usciremo quando **volerà** Francesco.
Saldremos cuando vuele Francesco. ☺

Usos del futuro imperfecto

Por lo general, los usos del futuro imperfecto coinciden en italiano y en español:

Bambini, domani mi **consegnerete** il tema.
Niños, mañana me entregaréis la redacción.

Mi hanno detto che domani **farà** bel tempo.
Me han dicho que mañana hará buen tiempo.

Penso che domani **farà** bel tempo.
Pienso que mañana hará buen tiempo.

Questa sera **andrò** a teatro.
Esta noche iré al teatro.

En este caso, como en español, también se puede usar el presente con valor de futuro:

Questa sera **vado** a teatro.
Esta noche voy al teatro.

Sin embargo, hay casos en los que se utiliza el futuro imperfecto en italiano y en español no:

- En el periodo hipotético de la realidad. (Cuando en español se puede emplear sólo el presente de indicativo, en italiano es posible utilizar también el futuro):

  Se **conoscerai / conosci** Rebecca sicuramente ti piacerà.
  (se puede utilizar el futuro o el presente)
  Si conoces a Rebecca, seguro que te gustará.

  Vi faranno uno sconto se **pagherete / pagate** in contanti.
  Os harán un descuento si pagáis en efectivo.

- En las subordinadas temporales referidas al futuro, cuando en español se utiliza el presente de subjuntivo:

  Quando **avrai** una casa tua potrai invitare chi vuoi.
  Cuando tengas una casa propia podrás invitar a quien quieras.

  Quando **sarò** ricca ti regalerò una macchina.
  Cuando sea rica te regalaré un coche.

  Ha detto che chiamerà appena **arriverà.**
  Ha dicho que llamará en cuanto llegue.

  Si comporterà così finché glielo **permetterai.**
  Se portará así hasta que se lo permitas.

  Picchierò chi mi **prenderà** in giro.
  Pegaré a quien me tome el pelo.

- En frases introducidas por **forse** *(quizá)* se puede utilizar el futuro o el presente de indicativo, pero nunca el subjuntivo (como ocurre en español):

  Forse domani **andremo** (andiamo) a Roma.
  Quizá mañana vayamos (vamos / iremos) a Roma.

  Forse ti **sembrerà** strano, ma gli piace il suo lavoro.
  Quizá te parezca raro, pero le gusta su trabajo.

El futuro perfecto

Ésta es la conjugación del futuro perfecto (**futuro anteriore**):

Lavorare *trabajar*	**Partire** *marcharse / partir*
avrò lavorato	sarò partito / –a
avrai lavorato	sarai partito / –a
avrà lavorato	sarà partito / –a
avremo lavorato	saremo partiti / –e
avrete lavorato	sarete partiti / –e
avranno lavorato	saranno partiti / –e

El uso del futuro perfecto coincide a menudo en italiano y en español:

Avrà chiamato la sua amica?
¿Habrá llamado a su amiga?

Saranno già **usciti** o arriveranno in ritardo come sempre?
¿Habrán salido ya o llegarán tarde como siempre?

Ci **avrò parlato** un paio di volte.
Habré hablado con él / ella un par de veces.

Quando arriverai, **avremo** già **finito** di cucinare.
Cuando llegues, ya habremos acabado de cocinar.

En otros casos, en italiano se utiliza el futuro perfecto y en español otros tiempos verbales:

- Para indicar una probabilidad referida al pasado, cuando en español se emplea el potencial simple:

  Sarò stato in casa da due minuti quando mi ha chiamato.
  Llevaría dos minutos en casa cuando me llamó.

  Quando ho visto Diego **saranno state** le due.
  Cuando vi a Diego serían las dos.

- En las subordinadas referidas al futuro, cuando en español se utiliza el subjuntivo compuesto:

  Appena **avrò cenato** ti chiamerò.
  En cuanto haya cenado te llamaré.

  Mi fermerò quando **avrò fatto** ottanta vasche.
  Pararé cuando haya hecho ochenta largos.

- En frases introducidas por **dopo che** *(después de)* también se emplea el futuro perfecto y no el infinitivo como en español:

  Dopo che **avrai fatto** i compiti potrai giocare.
  Después de hacer los deberes podrás jugar.

Los pronombres complemento

19

Los pronombres complemento —directos e indirectos— son unas partículas del discurso que sustituyen, respectivamente, a un complemento directo o indirecto, y que hacen sus funciones.

Los pronombres complemento directo

Los pronombres directos sustituyen a un complemento directo:

Giovanni suona **la chitarra.**
Giovanni toca la guitarra.
Giovanni **la** suona.
Giovanni la toca.

Mangiamo **le carote** bollite.
Comemos las zanahorias cocidas.
Le mangiamo bollite.
Las comemos cocidas.

Patrizia compra sempre **il tè verde.**
Patrizia compra siempre té verde.
Patrizia **lo** compra sempre.
Patrizia lo compra siempre.

Spiego sempre **i pronomi** in questo modo.
Explico siempre los pronombres de esta manera.
Li spiego sempre in questo modo.
Los explico siempre de esta manera.

Los pronombres complemento directo pueden tener dos formas: **átona** y **tónica.** Las formas átonas deben apoyarse en el verbo y normalmente lo preceden, mientras que las tónicas tienen más libertad de posición. Vamos a ver ahora las formas átonas.

Formas átonas

pronombres sujeto	pronombres directos			
	masculino		femenino	
io	**mi**	me		
tu	**ti**	te		
lui / lei (egli / ella),	**lo**	lo	**la**	la
noi	**ci**	nos		
voi	**vi**	os		
loro essi / esse	**li**	los	**le**	las

Mauro **mi** conosce bene. — Mauro me conoce bien.
Mauro **ti** conosce bene. — Mauro te conoce bien.
Mauro **lo** conosce bene. — Mauro lo conoce bien.
Mauro **la** conosce bene. — Mauro la conoce bien.
Mauro **ci** conosce bene. — Mauro nos conoce bien.
Mauro **vi** conosce bene. — Mauro os conoce bien.
Mauro **li** conosce bene. — Mauro los conoce bien.
Mauro **le** conosce bene. — Mauro las conoce bien.

Como en español, la 1.ª y 2.ª personas del singular y plural presentan formas idénticas tanto para el masculino como para el femenino:

Ottavio **ti** ama. — Ottavio te quiere (a ti, Elisa).
Ottavio **ti** ama. — Ottavio te quiere (a ti, Antonio).
Luigi **ci** spia. — Luigi nos espía (a nosotros).
Luigi **ci** spia. — Luigi nos espía (a nosotras).

mientras que para la 3.ª persona, tanto singular como plural, se distingue el género:

	singular	plural
masculino	**lo**	**li**
femenino	**la**	**le**

Lo vedo tutti i giorni.
Lo veo todos los días (a Bruno).

Li vedo tutti i giorni.
Los veo todos los días (a ellos).

La vedo troppo poco.
La veo demasiado poco (a María).

Le vedo troppo poco.
Las veo demasiado poco (a ellas).

Mi piace **la verdura: la** mangio spesso.
Me gusta la verdura: la como a menudo.

Non mi piace **il tuo amico** e per questo **lo** evito.
No me gusta tu amigo, y por eso lo evito.

La forma de cortesía

El pronombre directo que corresponde a la forma de tratamiento de cortesía (**Lei** = usted, véase *LOS PRONOMBRES PERSONALES)* es **La** (se escribe con mayúscula, y vale tanto para el masculino como para el femenino):

Scusi signora Antonia, se permette, **La** accompagno io.
Perdone, señora Antonia, si permite, la acompaño yo.

Non si preoccupi signor Renzo, **La** aiuterò io.
No se preocupe, señor Renzo, lo ayudaré yo.

Como ya hemos visto en el capítulo antes mencionado, en el caso de los pronombres sujeto, para la forma de cortesía del plural se utiliza la 2.ª persona plural. El pronombre directo que corresponde a esta forma (**Voi,** ustedes) es **Vi.** (Igualmente se escribe con mayúscula, y se usa tanto para el masculino como para el femenino):

Scusate, signore / signori, **Vi** accompagno io.
Perdonen, senoras / señores, las / los acompaño yo.

Con respecto a esta forma plural hay que añadir que también existe una fórmula que hace una distinción entre masculino y femenino, pero que hoy en día se considera casi de «hipercortesía» y apenas se utiliza:

Scusate, **signore, Le** aiuterò io.
Perdonen, señoras, las ayudaré yo.

Scusate, **signori, Li** aiuterò io.
Perdonen, señores, los ayudaré yo.

La posición de los pronombres complemento directo átonos

Como ya hemos mencionado, los pronombres átonos suelen colocarse delante del verbo. Sin embargo, a veces también pueden posicionarse después. Esto ocurre cuando siguen a un **infinitivo,** a un **gerundio** o a un **imperativo:**

- En frases con **infinitivo,** los pronombres **átonos** pueden ir antes o después del verbo. En este caso se produce un apócope del infinitivo:

Voglio fare **un viaggio in Nuova Zelanda.** →	**Lo** voglio fare. →	Voglio far**lo.**
Quiero hacer un viaje a Nueva Zelanda.	Lo quiero hacer.	Quiero hacerlo.
Dobbiamo rispettare **tutte le culture.** →	**Le** dobbiamo rispettare. →	Dobbiamo rispettar**le.**
Debemos respetar todas las culturas.	Las debemos respetar.	Debemos respetarlas.

Mario **ti** vuole vedere.	Mario vuole veder**ti.**
Mario te quiere ver.	Mario quiere verte.

- Con un **gerundio,** el pronombre debe colocarse después del verbo:

Non vedendo**ti** arrivare, mi sono preoccupato.
Como no te veía llegar, me preocupé.

Spiando**lo** mi resi conto che si comportava in modo strano.
Espiándole me di cuenta de que se portaba de una manera extraña.

- Con el **imperativo,** el pronombre suele ir justo detrás del verbo, juntándose con éste (véanse págs. 254-257). En el caso del imperativo negativo puede ir tanto antes del verbo como después, uniéndose también a éste:

Guarda**mi** negli occhi.
Mírame a los ojos.

Prendi**lo** e tratta**lo** bene. Non **lo** rovinare / non rovinar**lo.** È un libro a cui tengo molto.
Cógelo y trátalo bien. No lo estropees. Es un libro al que le tengo mucho cariño.

Como se verá en *EL IMPERATIVO,* los pronombres duplican la consonante inicial cuando siguen a algunas formas monosilábicas del imperativo, como **da'** *(da),* **fa'** *(haz),* **di'** *(di),* etc.:

Da**llo** a lei.
Dáselo a ella.

Los pronombres complemento directo en los tiempos compuestos

Las formas **lo** y **la** se eliden delante del verbo **avere** en los tiempos compuestos (por ejemplo, el pretérito perfecto, véanse págs. 131-139):

Hai comprato il riso? No, non **l'**ho comprat**o.**
[**lo** ho comprat**o** → **l'(o)** ho comprat**o**]
¿Has comprado arroz? No, no lo he comprado.

Hai baciato Maria? Si, **l'**ho baciat**a.**
[**la** ho baciata → **l'(a)** ho baciat**a**]
¿Has besado a María? Sí, la he besado.

Como ya se ha podido observar en los ejemplos anteriores, si los pronombres **lo, la, li, le** se usan delante de un tiempo compuesto, el participio pasado debe concordar en género y número con el pronombre que lo precede (véase la tabla):

verbo en presente + complemento	pronombre + verbo	pronombre + tiempo compuesto
compro **il riso** compro el arroz	**lo** compro lo compro	**l'**ho comprat**o** lo he comprado
compro **la verdura** compro la verdura	**la** compro la compro	**l'**ho comprat**a** la he comprado
compro **i pomodori** compro los tomates	**li** compro los compro	**li** ho comprat**i** los he comprado
compro **le melanzane** compro las berenjenas	**le** compro las compro	**le** ho comprat**e** las he co mprado

Hai chiamato Marco? **L'**ho chiamat**o** ieri.
¿Has llamado a Marco? Lo llamé ayer.

Hai chiamato Riccardo e Penelope? **Li** ho chiamat**i** due giorni fa.
¿Has llamado a Riccardo y Penélope? Los llamé hace dos días.

Hai visto María? No, no **l'**ho vist**a.**
¿Has visto a María? No, no la he visto.

Hai visto María e Lucia? No, non **le** ho vist**e.**
¿Has visto a María y a Lucía? No, no las he visto.

Forma tónica

Los pronombres que vamos a analizar ahora (forma tónica) suelen colocarse siempre después del verbo. Se utilizan principalmente en los casos en los que se quiere dar más énfasis al pronombre (véase la tabla):

	forma átona	forma tónica	
Milena	**mi** adora	adora **me** me adora a mí	(ma non un'altra persona)
	ti adora	adora **te** te adora a ti	
	lo adora	adora **lui** lo adora a él	
	la adora	adora **lei** la adora a ella	
	La adora	adora **Lei** lo / la adora a usted	
	ci adora	adora **noi** nos adora a nosotros	
	vi adora	adora **voi** os adora a vosotros	
	li adora	adora **loro** los adora a ustedes	
	le adora	adora **loro** las adora a ustedes	

Cercano sempre **lui.** (y no a otra persona)
Le buscan siempre a él.

Ascoltano **lei.** (y no a otra persona)
La escuchan a ella.

! En italiano los complementos directos de persona NO van precedidos de la preposición **a:**

Incontro Mauro.
Encuentro **a** Mauro.

Ieri ho visto Ana.
Ayer vi **a** Ana.

Y tampoco es posible duplicar el complemento, como se suele hacer en castellano:

Maria **mi** ama. / Maria ama **me.**
María **me** quiere **a** mí.

sino que se debe utilizar sólo una de las dos formas (Maria **mi** ama. / Maria ama **me.**)

Casos particulares

Como también ocurre en español, el pronombre directo átono de 3.ª persona **lo** puede sustituir a una frase entera que tenga función de complemento directo con el significado de **ciò** *(ello)* o **questo** *(esto)*. En estos casos el pronombre **lo** tiene un valor neutro:

Paolo desidera tanto **dare un bacio a Monica.**
Paolo desea mucho dar un beso a Mónica.

Paolo **lo** desidera tanto.
Paolo lo desea mucho.

Sai **che sono stato in un monastero in il Tibet?**
¿Sabes que he estado en un monasterio en el Tíbet?

No, non **lo** sapevo.
No, no lo sabía.

Vorrei venire alla festa ma il lavoro non me **lo** permette. (non mi permette **ciò; ciò** = venire alla festa)
Querría ir a la fiesta, pero el trabajo no me lo permite.

También tiene un valor neutro la forma femenina **la** cuando se une con algunos verbos, cambiando su significado. De esta fusión se obtienen algunos significados peculiares (esto ocurre a veces también en español, como, por ejemplo, en el caso de *dárselas [de algo]):*

- **Dare + la = darla.**

— **Darla a bere (a qualcuno)** → *engañar (a alguien) / dar gato por liebre:*

Non me **la** dai a bere.
No me engañas.

— **Darla vinta** → *contentar (a alguien) / conceder / dejar que alguien se salga con la suya:*

Non dargli**ela** vinta!
¡No le permitas que se salga con la suya!

- **Fare + la = farla.**

— **Farla (a qualcuno)** → *engañar (a alguien):*

Gliel**(a)**'ho fatta!
¡Lo he engañado!

— **Farla franca** → *salvarse / ahorrarse algo / librarse de algo:*

Questa volta non riuscirai a **farla franca.**
Esta vez no te salvarás.

— **Farla lunga** → *enrollarse (con un asunto) / soltar el rollo / andarse con rodeos / dar largas a un asunto:*

Dai, marco, non **farla lunga!**
¡Hala, Marco, no te enrolles tanto!

— **Farla finita** → *poner punto final a algo / acabar con algo / suicidarse:*

Mi hai stufato con i tuoi discorsi inutili! **La fai finita** o no?
Me has hartado con tus discursos inútiles. ¿Acabas o no?

Gli andava tutto cosí male che decise di **farla finita.**
Le iba todo tan mal que decidió suicidarse.

- **Menarla per le lunghe** → *enrollarse (con un asunto) / soltar el rollo:*

Ma perchè **la** meni tanto per le lunghe?
Pero ¿por qué te enrollas tanto?

- **Pensare** + **la** = **pensarla** → *opinar:*

Come **la** pensi tu?
¿Qué opinas tú (de ello)?

- **Sapere** + **la** = **saperla lunga** → *no tener un pelo de tonto / saber latín:*

Quel tipo **la** sa lunga.
Ese tipo sabe latín.

- **Smettere** + **la** = **smetterla** → *dejar de hacer una cosa / parar:*

Smetti**la** di dare fastidio!
Deja / para de fastidiar.

En algunos casos el pronombre **la** se junta también con la partícula **ci** (que explicaremos más adelante).

- **Avere** + **ci** + **la** = **avercela (con qualcuno)** → *estar mosqueado con alguien / tenerla tomada con alguien / tener a uno entre ceja y ceja:*

Non so perchè, ma Giulia **ce l'ha** con me.
No sé por qué, pero Giulia la tiene tomada conmigo.

- **Fare + ci + la = farcela** → *lograrlo / conseguir (hacer algo) / ser capaz de (hacer algo) / poder con (algo):*

  È stato difficile, ma alla fine **ce l'abbiamo fatta.**
  Ha sido difícil, pero finalmente lo hemos logrado.

Los pronombres complemento indirecto y circunstancial

Una vez vistos los pronombres directos, vamos a analizar los pronombres indirectos. Como se sabe, los pronombres indirectos sustituyen a un complemento indirecto:

Marta **mi** ha regalato un libro bellissimo. Marta me ha regalado un libro buenísimo.	**mi** = a me me = a mí
Oggi ho visto Giovanni e **gli** ho restituito la sua chitarra. Hoy he visto a Giovanni y le he devuelto su guitarra.	**gli** = a Giovanni le = a Giovanni

En italiano los pronombres complemento indirecto son un poco más complicados que en español, ya que presentan más formas en la 3.ª persona singular, donde **se distingue entre masculino y femenino.**

Al igual que los pronombres directos, pueden tener dos formas: una que suele colocarse antes del verbo (forma átona), y otra que se pospone al verbo (forma tónica). En este último caso el pronombre siempre irá acompañado por una preposición (por la preposición **a,** cuando se trata de un complemento indirecto, y por otra preposición cuando se trata de un complemento circunstancial):

FORMA ÁTONA		FORMA TÓNICA
Enzo **mi** domanda una cosa. Enzo me pregunta una cosa.	=	Enzo domanda una cosa **a me.**
Enzo **ti** domanda una cosa. Enzo te pregunta una cosa.	=	Enzo domanda una cosa **a te.**
Enzo **gli** domanda una cosa. Enzo le pregunta una cosa.	=	Enzo domanda una cosa **a lui.**
Enzo **le** domanda una cosa. Enzo le pregunta una cosa.	=	Enzo domanda una cosa **a lei.**
Enzo **Le** domanda una cosa, signora.	=	Enzo domanda una cosa **a Lei,** signora.
Enzo **Le** domanda una cosa, signore. Enzo le pregunta una cosa, señor / señora.	=	Enzo domanda una cosa **a Lei,** signore.
Enzo **ci** domanda una cosa. Enzo nos pregunta una cosa.	=	Enzo domanda una cosa **a noi.**
Enzo **vi** domanda una cosa. Enzo os pregunta una cosa.	=	Enzo domanda una cosa **a voi.**
Enzo **gli** domanda una cosa. Enzo domanda **loro** una cosa*. Enzo les pregunta una cosa.	=	Enzo domanda una cosa **a loro.**

* En la última persona del plural hay dos formas: **gli** y **loro,** que valen tanto para el masculino como para el femenino. La forma correcta debería ser **loro** (que no es una forma átona y, como se puede ver, va detrás del verbo, aunque sin preposición). Sin embargo, en la lengua hablada se suele utilizar **gli.**

Como se ha mencionado más arriba, en italiano los pronombres indirectos de 3ª persona singular, a diferencia del español, distinguen entre masculino y femenino:

Spedisco un e-mail a Giulia. Envío un *e-mail* a Giulia.	**Le** spedisco un e-mail. **Le** envío un *e-mail.*
Spedisco un e-mail a Mauro. Envío un *e-mail* a Mauro.	**Gli** spedisco un e-mail. **Le** envío un *e-mail.*

NO es posible duplicar o reforzar el pronombre (forma tónica + forma átona), como ocurre en español:

A lui gli piace il maiale arrosto. ¡NO!
A él le gusta mucho el cerdo asado.

A me tuo fratello **mi** ha raccontato che hai visto i colori della musica. ¡NO!
A mí tu hermano me ha contado que has visto los colores de la música.

A te ti regalerò un libro di ricette rapide. ¡NO!
A ti te regalaré un libro de recetas rápidas.

Al contrario, hay que emplear **sólo una de las dos formas** (es más frecuente la primera —con el pronombre átono—, mientras que la segunda se utiliza para indicar que nos referimos a esa persona en particular y no a otra):

Gli piace il maiale arrosto. / **A lui** piace il maiale arrosto.

Tuo fratello **mi** ha raccontato che hai visto i colori della musica. / **A me** tuo fratello ha raccontato che hai visto i colori della musica.

Ti regalerò un libro di ricette rapide. / **A te** regalerò un libro di ricette rapide.

La forma de cortesía

Como se puede ver en la tabla más arriba, el pronombre indirecto que corresponde a la forma de cortesía **Lei** *(usted)* es **Le,** y se usa tanto para el masculino como para el femenino. En la lengua escrita se suele escribir con mayúscula:

Mi scusi, signora Franca / signor Luigi, **Le** potrei chiedere in prestito un po' di zucchero?
Perdone, señora Franca / señor Luigi, ¿le podría pedir prestado un poco de azúcar?

La posición de los pronombres complemento indirecto átonos

Con verbos en infinitivo, gerundio e imperativo, los pronombres pueden situarse de las siguientes maneras:

- En frases con **infinitivo,** los pronombres **átonos** pueden ir antes o después del verbo. En este último caso se produce una apócope del infinitivo:

Mi puoi prestare la tua macchina?
¿Me puedes prestar tu coche?
Puoi prestar**mi** la tua macchina?
¿Puedes prestarme tu coche?

Enzo, **ti** devo dire una cosa.
Enzo, te tengo que decir algo.
Enzo, devo dir**ti** una cosa.
Enzo, tengo que decirte algo.

Gli voglio fare un regalo.
Le quiero hacer un regalo.
Voglio far**gli** un regalo.
Quiero hacerle un regalo.

Ci puoi spiegare come fai quella torta?
¿Nos puedes explicar cómo haces esa tarta?
Puoi spiegar**ci** come fai quella torta?
¿Puedes explicarnos cómo haces esa tarta?

Non **vi** voglio dare fastidio.
No os quiero molestar.
Non voglio dar**vi** fastidio.
No quiero molestaros.

Signora / signore, **Le** posso chiedere una cosa?
Señora / señor, ¿le puedo preguntar algo?
Signora / signore, posso chieder**Le** una cosa?
Señora / señor, ¿puedo preguntarle algo?

- Con un **gerundio,** el pronombre debe colocarse después del verbo:

Se ne andó, lasciando**mi** solo il vago ricordo di una notte di luna.
Se fue, dejándome sólo el vago recuerdo de una noche de luna.

En perífrasis de gerundio + infinitivo, el pronombre puede ponerse detrás del gerundio o detrás del infinitivo:

Volendo**gli** fare un regalo, io sceglierei un buon libro.
Volendo far**gli** un regalo, io sceglierei un buon libro.
Si quisiera (lit.: queriendo) hacerle un regalo, yo elegiría un buen libro.

- Con el **imperativo,** el pronombre suele ir justo detrás del verbo, juntándose con éste (véanse págs. 254-257):

Spiega**mi** come hai fatto la torta, per favore.
Explícame cómo has hecho la tarta, por favor.

Fate**gli** un po' di coccole, vedrete che si tranquillizza.
Hacedle mimos, veréis cómo se tranquiliza.

Date**ci** ciò che è nostro.
Dadnos lo que es nuestro.

Como veremos más detalladamente en *EL IMPERATIVO,* los pronombres duplican la consonante inicial cuando siguen a algunas formas monosilábicas del imperativo, como **da'** *(da),* **fa'** *(haz),* **di'** *(di),* etc.:

Da**mmi** quel libro.
Dame ese libro.

Di**cci** tutto, per favore.
Dinos todo, por favor.

Pronombres que sustituyen a complementos circunstanciales

Cuando se quiere sustituir un complemento indirecto circunstancial, siempre introducido por una **preposición,** se utilizan los mismos pronombres que se emplean para los complementos indirectos, pero **siempre en la forma tónica** (la que va después del verbo):

Vieni a teatro **con me?**
¿Te vienes al teatro conmigo?

Non sapevo assolutamente niente **di lei,** ma mi innamorai fin dal primo momento.
No sabía absolutamente nada de ella, pero me enamoré desde el primer momento.

Domani andremo a pranzo **con loro.**
Mañana iremos a comer con ellos.

Non posso fidarmi di voi.
No puedo confiar en vosotros.

L'ho fatto **per te.**
Lo he hecho por / para ti.

Recuerda que en italiano la preposición **per** abarca los dos significados de las preposiciones españolas *por* y *para.*

Casos particulares

En las comparaciones italianas se utilizan los pronombres indirectos tónicos, mientras que en las españolas se usan los pronombres sujeto:

Comparación:

Giulia è più alta di **me**.
Giulia es más alta que yo.
Io non sono come **te.**
Yo no soy como tú.

Opinión (después de **secondo**):

Secondo te, che può succedere?
Según tú, ¿qué puede ocurrir?

A diferencia del español, en la coordinación de los sujetos de 1.ª, 2.ª y 3.ª personas del singular el primero de la serie aparece siempre en la forma de pronombre sujeto, mientras que los demás aparecen en la forma de pronombres complemento:

Io e **te** stiamo insieme, no?
Tú y yo estamos juntos, ¿no?

Tu e **lei** state insieme.
Tú y ella estáis juntos.

Io e **lei** stiamo insieme.
Ella y yo estamos juntos.

Además, como se puede ver, en italiano no es costumbre anteponer el *tú* al *yo:* **io e te** → *tú y yo.*

Las partículas *ci* y *ne* 20

Hay que dedicar una atención especial al uso de las partículas **ci** y **ne,** ya que constituyen una peculiaridad del italiano y no tienen un referente inmediato en español.

La partícula *ci*

La partícula **ci** tiene varios valores que analizaremos en este capítulo. Su función principal, sin embargo, es la de **adverbio de lugar.**

Ci como adverbio de lugar

Si observamos con atención las frases siguientes, podremos notar una clara diferencia entre el español y el italiano:

Sei mai stato **a Firenze?** Si, **ci** sono stato l'anno scorso.
ci = a Firenze
¿Has estado alguna vez en Florencia? Sí, estuve el año pasado.

Chi va **a fare la spesa? Ci** vado io.
ci = a fare la spesa
¿Quién va a hacer la compra? Voy yo.

Cosa hai messo **nel risotto? Ci** ho messo un po' di funghi.
ci = nel risotto
¿Qué has puesto en el *risotto*? He puesto unas setas.

Como se puede ver, mientras en español se suele obviar la repetición del **complemento de lugar** (**«a Firenze»**, **«a fare la spesa»**, **«nel risotto»**), el italiano exige que se marque esa repetición. Sin embargo, para evitar la pesadez de una reiteración como la siguiente:

Sei mai stato **a Firenze?** Si, sono stato **a Firenze** l'anno scorso.
¿Has estado alguna vez en Florencia? Sí, estuve en Florencia el año pasado.

se utiliza un recurso mucho más económico: la partícula adverbial **ci.** Veamos unos ejemplos más:

Vai **da Marcella?** Si, **ci** vado subito.
ci = **da Marcella** *(adonde Marcella)* (complemento de lugar *a donde)*
¿Vas a ver a Marcella? Sí, voy ahora mismo.

Quella strada è pericolosa. Non **ci** passerò più.
ci = **per quel luogo** *(por esa calle)* (complemento de lugar *por donde)*
Aquella calle es peligrosa. No volveré a pasar por ahí.

Sei andato ieri **al concerto?** No, non **ci** sono andato.
ci = **al concerto** (complemento de lugar *a donde)*
¿Fuiste ayer al concierto? No, no fui.

Conosci quella **prigione?** Ehm, purtroppo si: **ci** ho vissuto tre anni.
ci = **in prigione** (complemento de lugar *en donde)*
¿Conoces esa cárcel? Ejem, por desgracia, sí: he vivido allí tres años.

Cosa hai messo **nella minestra? Ci** ho messo del basilico.
ci = **nella minestra** (complemento de lugar *en donde)*
¿Qué has puesto en la sopa? He puesto albahaca.

Vai **a giocare a tennis?** Si, **ci** vado domani.
ci = **a giocare a tennis** (perífrasis de infinitivo con valor de complemento de lugar)
¿Vas a jugar al tenis? Sí, voy mañana.

Como puede verse en todos estos ejemplos, la partícula **ci** tiene función de adverbio de lugar y sustituye siempre a un complemento de lugar, sea éste un **lugar *en donde,*** **lugar *a donde,*** **lugar *por donde*** o una **perífrasis de infinitivo** con valor de complemento de lugar.

La partícula **ci** ¡NO se utiliza para sustituir el complemento de **lugar *de donde!*** Para ello se usa la partícula adverbial **ne** (que veremos más adelante en este mismo capítulo):

Marco è andato a Milano, ma **ne** è ripartito subito.
ne = **da Milano** *(de Milán)*
Marco ha ido a Milán, pero se ha marchado (de allí) rápidamente.

Tal y como hemos dicho anteriormente, el uso de **ci** como adverbio de lugar no tiene equivalente en español. Por eso será necesario acostumbrarse a «sentir» la necesidad de repetir el complemento de lugar —marcándolo con **ci**—. De todas maneras, todo es práctica.

La partícula adverbial **ci** puede combinarse con un pronombre complemento directo (se analizará más detalladamente en *LA COMBINACIÓN DE LOS PRONOMBRES).* En tal caso se transforma en **ce:**

Hai messo **il basilico nella minestra?** Si, **ce l'ho** messo.
¿Has puesto albahaca en la sopa? Sí, se la he puesto.

Se puede deducir fácilmente: **ci = nella minestra + lo = basilico → ci lo → ce lo.**

(El pronombre **lo** delante de la 3.ª persona del verbo **avere -ho-** pierde la **-o: lo + ho → l'ho**).

Otros usos de *ci*

La partícula **ci** tiene, además del uso adverbial ya visto, otros usos. Se trata, en efecto, de una partícula multifuncional, que en algunos casos puede incluso llegar a modificar el significado de un verbo.

- **Ci** utilizado con valor pronominal.

La partícula **ci** puede ser utilizada como **pronombre de 3.ª persona,** tanto singular como plural, sustituyendo a varios complementos indirectos introducidos por distintas preposiciones. En la mayoría de estos casos **ci** equivaldría en español a *con él, con ella, con ello, con ellos, con ellas,* y también a *en él, en ella, en ello, en ellos, en ellas, sobre ello:*

— **Ci = con lui / lei / loro** *(con él / ella / ello / ellos / ellas):*

Che stai facendo **con quel gatto? Ci** gioco.
ci = con quel gatto / con lui, *con ese gato / con él*
¿Qué estás haciendo con ese gato? Juego con él.

Conosci **Federica?** Come no! **Ci** vado a scuola tutti i giorni.
ci = con Federica / con lei, *con esa chica / ella*
¿Conoces a Federica? ¡Claro! Voy a la escuela con ella todos los días.

Quei signori sono tuoi amici? Più o meno: **ci** lavoro insieme.
ci = con quei signori / con loro, *con aquellos señores / con ellos*
¿Aquellos señores son tus amigos? Más o menos: trabajo con ellos.

Posso contare **sul tuo aiuto? Ci** puoi contare.
ci = sul mio aiuto, *con mi ayuda*
¿Puedo contar con tu ayuda? Puedes contar con ella.

— **Ci = a lui / lei / loro; a ciò; su ciò** *(en él / ella / ello / ellos / ellas; de él / ella / ello / ellos / ellas; sobre ello, etc.).*

En estos casos **ci** está muy a menudo acompañado por verbos de pensamiento, como **pensare** *(pensar),* **credere** *(creer),* **riflettere** *(reflexionar),* etc., y por verbos como **partecipare** *(participar)*, **collaborare** *(colaborar)*, **prendere parte** *(tomar parte)*, etc.:

Pensate **a quello** che vi ho detto? Si, **ci** pensiamo spesso.
ci = a quello / a ciò, *en ello*
¿Pensáis en lo que os he dicho? Sí, pensamos a menudo en ello.

Credi **a quello** che ti ha detto Mario? No, non **ci** credo.
ci = a quello / a ciò, *en ello*
¿Crees en lo que te dijo Mario? No. (no creo en ello).

Chi va a **fare la spesa? Ci** penso io.
ci = a fare la spesa, *de hacer la compra / de ello*
¿Quién va a hacer la compra? Yo me ocupo (de ello).

Hai riflettuto **sulla tua situazione?** Si, **ci** ho riflettuto molto.
ci = sulla (mia) situazione / su ciò, *sobre ello*
¿Has reflexionado sobre tu situación? Sí, he reflexionado mucho (sobre ello).

Non fare caso **alle sue parole.** Non ti preoccupare: non **ci** faccio caso.
ci = alle sue parole, *de ellas*
No hagas caso de sus palabras. No te preocupes: no hago caso (de ellas).

Siempre en este sentido, **ci** a veces puede sustituir o hacer referencia a una frase entera que ya se ha enunciado. En estos casos también tiene un valor pronominal similar al que a veces tiene el pronombre neutro español *lo:*

Uscire con quel tipo lì? Non **ci** penso neppure!
ci = a uscire con lui / a ciò, *(ni pensar) en ello*
¿Salir con ese tío? ¡Ni pensarlo!

Hai finito di scrivere quell'articolo? No. Non **ci** sono riuscito.
ci = a finirlo, *terminarlo*
¿Has terminado de escribir aquel artículo? No. No lo he conseguido.

Davvero hai attraversato il deserto? Non **ci** credo...
ci = (non credo) che tu abbia attraversato, etc., *no creo que tú hayas cruzado...*
¿De veras has cruzado el desierto? No me lo creo...

Casos particulares

Como ya hemos anticipado, la adición de la partícula **ci** a un verbo puede cambiar el significado del verbo en distintas medidas, dando en muchos casos lugar a modismos:

- Cuando son acompañados por **ci,** los verbos **vedere** *(ver)* y **sentire** *(oír)* hacen referencia a la capacidad de ver o de oír, es decir, al hecho fisiológico que depende de los sentidos. Fíjate en la diferencia de uso:

Dalla mia finestra vedo il mare.
Desde mi ventana veo el mar.

Prima dell'operazione ero cieco. Adesso **ci** vedo.
Antes de la operación yo era ciego. Ahora veo.

Sento spesso delle voci che mi parlano dagli specchi.
Oigo a menudo voces que me hablan desde los espejos.

Mi sono pulito le orecchie e **ci** sento molto meglio.
Me he limpiado las orejas y oigo mucho mejor.

- Con otros verbos, la unión verbo + **ci** da lugar a significados completamente distintos:

— **Tenere** *(mantener)* + **ci** → **tenerci,** *tener cariño a algo / tener interés en algo:*

Ti presto il libro, ma non lo rovinare perché **ci tengo** molto.
Te presto el libro, pero no me lo estropees porque le tengo mucho cariño.

È meglio che tu venga alla festa: Tommaso **ci tiene** molto a vederti.
Es mejor que vengas a la fiesta: Tommaso tiene mucho interés en verte.

— **Volere** *(querer, desear)* + **ci** → **volerci,** *necesitarse, ser necesario, hacer falta:*

Questa casa è un caos! **Ci vuole** un po' di ordine.
¡Esta casa es un caos! Hace falta un poco de orden.

— **Mettere** *(meter, poner)* + **ci** → **metterci,** *tardar:*

Paolo **ci mette** sempre molto tempo a capire le cose.
Paolo siempre tarda mucho en entender las cosas.

- Como ya hemos visto en *PRONOMBRES DIRECTOS E INDIRECTOS,* en algunos casos la partícula **ci** se junta también con el pronombre neutro **la** (trasformándose en **ce la**), y da lugar a verbos pronominales cuyo significado cambia completamente con respecto al significado de partida:

— **Avere** + **ci** + **la** = **avercela (con qualcuno)** → *estar mosqueado con alguien / tenerla tomada con alguien / tener a uno entre ceja y ceja:*

Non so perchè, ma Irene **ce l'ha** con me.
No sé por qué, pero Irene la tiene tomada conmigo.

— **Are + ci + la = farcela** → *lograrlo / conseguir (hacer algo) / ser capaz de (hacer algo) / poder con (algo):*

È stato difficile, ma alla fine **ce l'abbiamo fatta.**
Ha sido difícil, pero finalmente lo hemos logrado.

Como se verá en *LOS VERBOS REFLEXIVOS Y PRONOMINALES,* la partícula **ci** se utiliza también para la forma impersonal de los verbos reflexivos y pronominales, anteponiéndose al **si** que acompaña al verbo en 3.ª persona:

Ci si sente bene quando si fa il proprio dovere.
Uno se siente bien cuando hace su deber.

Quanto tempo **ci si** mette in treno da Milano a Roma?
¿Cuánto tiempo se tarda en tren de Milán a Roma?

Por último, tanto cuando tiene un valor adverbial como cuando tiene valor pronominal, la partícula **ci** se usa a menudo con un valor exclusivamente pleonástico, es decir, de refuerzo. Se trata de construcciones redundantes, pero que suelen aceptarse:

A quella festa io non **ci** voglio andare.
A esa fiesta yo no quiero ir.

È meglio che non **ci** pensi **a quello che ti ha detto Paola.**
Es mejor que no pienses en lo que te ha dicho Paola.

La partícula *ne*

Ne como adverbio de lugar

La partícula **ne** también tiene originariamente un valor adverbial, y más exactamente, es un **adverbio** de **lugar de donde.** De hecho, como ya hemos comentado más arriba hablando de la partícula **ci,** se utiliza en italiano para marcar la repetición del complemento de lugar para evitar pesadas reiteraciones:

Marco è andato a Milano, ma **ne** è ripartito subito.
ne = da Milano, *de Milán* (complemento de procedencia)
Marco ha ido a Milán, pero se ha marchado (de allí) rápidamente.

Marco si era messo in un brutto giro, ma **ne** è uscito presto.
ne = dal brutto giro, *del rollo chungo* (complemento de separación)
Marco se había metido en un rollo chungo, pero salió pronto (de ello).

Ne utilizado con valor pronominal

Se trata de un uso muy extendido, y ciertamente difícil para el hispanohablante, ya que no tiene ningún equivalente en español. Como en el caso de **ci,** hay que acostumbrarse a su uso.

Ne especificativo

El **ne** suele sustituir un complemento de especificación (significando, pues, *de ello, de ella, de ellos, de ellas)* anteriormente expresado (a veces puede ser una frase entera):

Tutti parlano bene di quella ragazza. → Tutti **ne** parlano bene.
ne = di quella ragazza, *de ella*
Todos hablan bien de aquella chica. → Todos hablan bien de ella.

Sei mai stato nei Paesi Baschi? No, ma Sergio me **ne** parla sempre.
ne = dei Paesi Baschi, *de él*
¿Has estado en el País Vasco? No, pero Sergio me habla siempre de él.

Senti la mancanza del mare? Sí, **ne** sento la mancanza.
ne = del mare, *de ello*
¿Echas de menos el mar? Si, lo echo de menos.

Vale la pena vedere quel film di cui parla Riccardo? Sí, **ne** vale proprio la pena.
ne = di vedere quel film di cui parla Riccardo
¿Vale la pena ver aquella película de la que habla Riccardo? Sí, vale verdaderamente la pena.

> **!** En algunos casos el hispanohablante que estudia italiano puede llegar a confundir la partícula **ci** con la partícula **ne.** Esto ocurre principalmente cuando **ci** sustituye un complemento que **en español** es introducido por la preposición *de.* Es el caso, por ejemplo, de la frase:
>
> Non fare caso **alle sue parole.** Non ti preoccupare: non **ci** faccio caso.
> **ci = alle sue parole,** *de ellas*
> No hagas caso de sus palabras. No te preocupes: no hago caso (de ellas).
>
> En este caso, a veces (ya que en español el complemento de la frase traducida es regido por la preposición *de),* es posible caer en la equivocación y sustituir **«alle sue parole»**, *de sus palabras,* por **ne:**
>
> Non fare caso **alle sue parole.** Non ti preoccupare: non **ne** faccio caso.
>
> Se trata, claramente, de un ERROR. A este respecto es importante recordar que el régimen preposicional italiano presenta notables diferencias con respecto al español. Es decir, si en italiano un verbo rige una determinada preposición, en español la preposición regida puede ser —en muchos casos— distinta. Por eso, y para evitar confusiones, en el análisis del complemento sustituido por el ci habrá que referirse siempre al complemento sustituido en italiano.

Ne partitivo

Se trata del uso más extendido del **ne** con valor pronominal (de sustitución de un complemento directo). A diferencia del español, en italiano, en frases en las que nos referimos a **una parte de un conjunto,** es obligatorio repetir el complemento directo. Es decir:

Ci sono **cinque mele** sul tavolo. Io voglio **una mela.**
Hay cinco manzanas encima de la mesa. Yo quiero una (manzana).

Pues bien, para evitar pesadas repeticiones se sustituye el complemento (**una mela**) por la partícula **ne** (que significa, más o menos, *de ello / a / os / as):*

Ci sono cinque mele sul tavolo. Io **ne** voglio una.
ne = **una manzana**
Hay cinco manzanas encima de la mesa. Yo quiero una (de ellas).

En resumen: no se puede decir:

Vuoi un po' di pane? Si voglio un po'.
¿Quieres un poco de pan? Sí, quiero un poco.

sino que habrá que decir:

Vuoi un po' di pane? Si, **ne** voglio un po'.
ne = **di pane** *(de ello)*
¿Quieres un poco de pan? Sí, quiero un poco.

es decir: quiero un poco (de ello)

Bevi tutto il caffè? No, **ne** bevo solo un po'.
ne = **di caffé** *(de ello)*
¿Bebes todo el café? No, bebo sólo un poco.

Quanti anni hai? **Ne** ho 23 (ho 23 anni).
¿Cuántos años tienes? Tengo 23.

Sai qualcosa della lezione di oggi? No, non **ne** so niente.
¿Sabes algo de la clase de hoy? No, no sé nada.

Curiosamente, incluso si hacemos referencia a «ninguna» parte del conjunto hay que utilizar **ne,** mientras que si nos referimos a todo el conjunto, NO se utiliza **ne:**

— Si nos referimos **a nada:**

Hai letto qualcuno dei libri che ti ho regalato? No non **ne** ho letto nemmeno uno.
¿Has leído alguno de los libros que te regalé? No, no he leído ninguno (de ellos).

Ieri ti ho lasciato un pacchetto di sigarette. **Ne** hai ancora qualcuna? No, non **ne** ho più.
Ayer te dejé un paquete de cigarros. ¿Te quedan todavía algunos (de ellos)? No, no me queda ninguno (de ellos).

— Si nos referimos **a todo:**

Hai letto qualcuno dei libri che ti ho regalato? Si, **li** ho lett**i** **tutti.**
¿Has leído alguno de los libros que te regalé? Sí, los he leído todos.

Hai fumato molte sigarette? Si, **le** ho fumat**e** **tutte.**
¿Has fumado muchos cigarrillos? Sí, los he fumado todos.

Concordancia del pretérito perfecto con *ne*

Como ya hemos visto en el caso de los pronombres **lo, la, li, le** utilizados delante de un tiempo compuesto, si el **ne** se usa delante de un tiempo compuesto, el participio pasado debe concordar en género y número con el sustantivo al que sustituye **ne.**

Esto ocurre sólo con **ne** utilizado como **pronombre partitivo** (es decir, cuando indica una parte de un conjunto):

Quanti libri hai portato? **Ne** ho portat**i** tre.
¿Cuántos libros has traído? He traído tres.

Hai fumato molte sigarette? No, **ne** ho fumat**e** 3.
¿Has fumado muchos cigarrillos? No, he fumado 3.

Si, por el contrario, el **ne** se usa como pronombre especificativo, el participio no varía:

Hai saputo qualcosa di Eva ed Antonio? No, non **ne** ho saput**o** niente.
¿Has sabido algo de Eva y Antonio? No, no he sabido nada.

Usos particulares

Como también ocurre con la partícula **ci** (aunque en menor medida), la adición del **ne** a un verbo puede cambiar su significado y dar lugar a algunos modismos:

— **Andare + ne → andarne,** *correr peligro, costarle (a uno) algo, estar en juego (algo):*

Non voglio espormi troppo, **ne va** della mia vita.
No me quiero exponer demasiado: está en juego mi vida.

— **Andare + se + ne,** *irse (de un lugar):*

Me ne vado.
Me voy.

> **!** En italiano, para decir *me voy*, se suele utilizar casi siempre la frase «**Me ne vado**». (Otra posibilidad sería «**Vado via**».)

— **Avere + ne → averne,** *estar harto / hasta la coronilla:*

Ne ho fin sopra i capelli!
¡Estoy harto!
¡Estoy hasta la coronilla!

— **Sapere + ne → saperne,** *saber mucho, ser muy listo, saber más que los ratones colorados:*

Quel tipo **ne sa** una più del diavolo.
Ese tipo sabe más que los ratones colorados.

Los verbos reflexivos y pronominales

21

La conjugación reflexivo-pronominal se forma, tanto en italiano como en español, con el verbo y un pronombre reflexivo.

Los pronombres reflexivos se utilizan en la formación de los verbos reflexivos (que son transitivos), y en la de los verbos pronominales, que son intransitivos. En los verbos pronominales el pronombre no desempeña una función reflexiva, sino que forma parte del mismo verbo, como, por ejemplo: **pentirsi** *(arrepentirse)*, que es un verbo en sí.
Como los pronombres personales complemento, los reflexivos presentan una forma átona y una tónica.

Veamos la conjugación de un verbo reflexivo:

Lavar**si**
lavarse

	forma átona	forma tónica
io	**mi** lavo	lavo **me** (stesso / a)
tu	**ti** lavi	lavi **te** (stesso / a)
lei / lui / Lei	**si** lava	lava **sé** (stesso / a)
noi	**ci** laviamo	laviamo **noi** (stessi / e)
voi	**vi** lavate	lavate **voi** (stessi / e)
loro	**si** lavano	lavano **sé** (stessi / e)

Como se puede ver, los pronombres reflexivos de primera y segunda personas del singular y plural son los mismos que hemos visto como pronombres personales complemento directo en *LOS PRONOMBRES COMPLEMENTO.*

En cambio, la tercera persona singular y plural tienen una forma distinta: **si / sé,** cuyas peculiaridades vamos a ver más adelante.

Los verbos reflexivos

En la forma reflexiva el sujeto del verbo es el que realiza y —al mismo tiempo— recibe la acción; es decir, el sujeto desarrolla una acción hacia sí mismo, excepto en el caso de los reflexivos aparentes (**riflessivi apparenti**), que vamos a ver enseguida.

Reflexivos propios

La forma reflexiva propia se da cuando la acción del verbo se refleja sobre el mismo sujeto que la ejerce (el sujeto y el objeto directo son la misma persona o cosa):

Tutte le domeniche Marco **si alza** presto, **si lava, si veste** e va a messa.
Todos los domingos Marco se levanta pronto, se lava, se viste y va a misa.

Ho la pelle molto chiara, **mi scotto** facilmente.
Tengo la piel muy clara, me quemo fácilmente.

Reflexivos recíprocos

El sujeto de los reflexivos recíprocos es plural y la acción se refleja recíprocamente sobre los diferentes sujetos:

Io e i miei amici **ci vogliamo** bene.
Mis amigos y yo nos queremos.

I miei bambini **si picchiano** sempre.
Mis niños se pegan siempre.

En algunos casos, para diferenciar un reflexivo recíproco de uno propio se utilizan locuciones como: **tra (di) noi / voi / loro** *(entre nosotros / vosotros / ellos)*, **l'un l'altro** *(el uno al otro)*, etc.:

Gianni e Pietro **si apprezzano** molto.
Gianni y Pietro se aprecian mucho.

[☺ Esta forma se puede utilizar tanto para decir que Gianni aprecia a Pietro y viceversa, como que Gianni y Pietro son unos presumidos y que cada uno de ellos se aprecia mucho a sí mismo]. De modo que, para salir de dudas, podemos decir:

Gianni e Pietro **si apprezzano** molto **l'un l'altro.**
Gianni y Pietro se aprecian mucho el uno al otro.

Reflexivos aparentes

En el caso de los reflexivos aparentes, los pronombres **mi, ti, si...,** se refieren al sujeto, pero no tienen función de complemento directo, sino indirecto. Estos verbos, de todas maneras, rigen un complemento directo:

Ti lavi sempre le mani prima di cucinare, vero?
Siempre te lavas las manos antes de cocinar, ¿verdad?

Il gatto **si lecca** il pelo per pulirsi.

El gato se lame el pelo para limpiarse.

En este último ejemplo se puede notar fácilmente la diferencia entre un reflexivo aparente (**si lecca,** donde **si** corresponde a **a sé** *[a sí mismo],* y el objeto directo es **il pelo**), y un reflexivo propio (**pulirsi**, donde **si** es objeto directo: **sé stesso** *[sí mismo].*

> **!** Con algunos reflexivos aparentes se presenta una construcción peculiar. En español, cuando decimos una frase como *«me he cortado el pelo»,* no especificamos si el sujeto se ha cortado el pelo personalmente o si ha acudido a alguien para que se lo corte. En italiano, para especificar que el que ejecuta la acción **no** es el sujeto de la frase, se utiliza el verbo **fare** de la siguiente manera:
>
> **Mi sono fatta tagliare** i capelli.
>
> Me he cortado el pelo. / Me he hecho cortar el pelo.
>
> Ogni mese **si fa fare** un vestito nuovo.
>
> Cada mes se hace un traje nuevo. / Cada mes se manda hacer un traje nuevo.

Los verbos pronominales

Los verbos pronominales se llaman así porque van siempre acompañados por las partículas pronominales **mi, ti, si, ci, vi,** las mismas de la forma reflexiva. En realidad, excepto esta similitud formal, los verbos pronominales no guardan muchos parecidos con los reflexivos, ya que la partícula pronominal es parte consustancial del verbo.

Los verbos pronominales son intransitivos (siempre rigen complementos circunstanciales):

Ti sei addormentato in classe?

¿Te dormiste en la clase?

Bisogna **ribellarsi** alle ingiustizie.

Hay que rebelarse contra las injusticias.

Hay diferentes tipos de verbos pronominales:

- Verbos que tan sólo existen en la forma pronominal como **pentirsi** *(arrepentirse),* **arrabbiarsi** *(enfadarse),* **arrendersi** *(rendirse),* **accorgersi** *(darse cuenta):*

Non **ti vergogni**?
¿No te da vergüenza?

Si è arrabbiata quando gliel'ho detto.
Se ha enfadado cuando se lo he dicho.

- Verbos transitivos que indican acciones o estados de ánimo que, utilizados con partículas pronominales, adquieren valor intransitivo, como: **svegliare / svegliarsi** *(despertar / despertarse)*, **abbandonare / abbandonarsi** *(abandonar / dejarse llevar)*, **fermare / fermarsi** *(parar / pararse)*, **ricordare / ricordarsi** *(recordar / acordarse)*:

Si sveglia sempre presto.
Siempre se despierta pronto.

Ti ricordi delle nostre vacanze a Bali?
¿Te acuerdas de nuestras vacaciones en Bali?

> **!** Observa la diferencia entre el italiano **ricordare / ricordarsi** (donde el verbo que se utiliza es el mismo, pero acompañado por una partícula pronominal) y el español *recordar / acordarse.*

- Verbos intransitivos que como verbos pronominales cambian de significado con respecto a su forma «normal»: **approfittare / approfittarsi** *(aprovechar / aprovecharse)*, **infuriare / infuriarsi** *(arreciar / enojarse)*:

Ha approfittato del momento giusto per farlo.
Ha aprovechado el momento adecuado para hacerlo.

Si è approfittato della sua amicizia.
Se ha aprovechado de su amistad.

> **!** No siempre se corresponden los verbos pronominales en italiano y en español: por ejemplo, el verbo **rimanere** en italiano no es pronominal, como *quedarse* en español.

Los reflexivos y pronominales en los tiempos compuestos

Los tiempos compuestos de los verbos reflexivos y pronominales se forman, por lo general, con el auxiliar **essere** (aunque el verbo en su forma «normal» requiera el auxiliar **avere**), y el participio concuerda con el sujeto:

Ho dimenticato di chiamare Olivia.
He olvidado llamar a Olivia.

Mi **sono** dimenticata di chiamare Olivia. (pronominal)
Se me ha olvidado llamar a Olivia.

Sin embargo, en el caso de construcciones con verbos modales (**dovere, potere, sapere, volere**) + infinitivo, se pueden dar dos posibilidades:

- Si el pronombre reflexivo se pone antes del verbo, el auxiliar es **essere:**

Non **mi sono potuto** alzare. **mi** + aux. **essere** + participio + infinitivo
No me he podido levantar.

- Si el pronombre reflexivo se coloca después del verbo, el auxiliar es **avere:**

Non **ho potuto** alzar**mi.** aux. **avere** + participio + infinitivo + **mi**
No he podido levantarme.

Peculiaridades de los pronombres reflexivos

Normalmente se suelen utilizar los pronombres reflexivos átonos (**mi, ti, si...**). Sin embargo, si se quiere dar más relevancia al pronombre, es posible emplear la forma tónica (**me, te...**), que normalmente es acompañada por la palabra **stesso:**

Ti pettini ogni tanto?
¿Te peinas de vez en cuando?

Ha pensato solo a salvare **sé stesso.**
Ha pensado sólo en salvarse a sí mismo.

El pronombre reflexivo de tercera persona **sé** se puede utilizar también, acompañado por preposiciones, como complemento circunstancial:

Remo ha portato suo figlio con **sé** alla festa.
Remo ha llevado a su hijo consigo a la fiesta.

Ha poca stima di **sé.**
Tiene poca confianza en sí mismo.

Vuole fare tutto da **sé.**
Quiere hacerlo todo por sí mismo.

La combinación de los pronombres

22

Como hemos visto en *LOS PRONOMBRES COMPLEMENTO*, la economía de la lengua permite evitar repeticiones de complementos mediante la sustitución de éstos por pronombres. Sin embargo, hasta ahora sólo hemos analizado los pronombres complemento directo e indirecto por separado. Ahora vamos a ver cómo estos pronombres pueden combinarse entre ellos y, además, con las partículas **ci** y **ne** y con el **si** reflexivo.

La combinación de pronombres (indirecto + directo)

Tal y como ocurre en español, los pronombres átonos indirectos y directos pueden combinarse:

Marco dà **un libro a Federica.** → Marco **le** dà un libro. → Marco **glielo** dà.

(CD) (CI) (PI) (PI + PD)

Marco da un libro a Federica. → Marco le da un libro. → Marco se lo da.

Esta combinación da lugar a cambios en la forma de los mismos pronombres. Observa atentamente:

	un bacio		**me lo**	
Enzo **mi** dà	una rosa	=	**me la**	dà
Enzo me da	dei baci		**me li**	
	delle rose		**me le**	
	un bacio		**te lo**	
Enzo **ti** dà	una rosa	=	**te la**	dà
Enzo te da	dei baci		**te li**	
	delle rose		**te le**	
	un bacio		gli / le + lo = **glielo**	
Enzo **gli / le / Le** dà	una rosa	=	gli / le + la = **gliela**	dà
Enzo le da	dei baci		gli / le + li = **glieli**	
	delle rose		gli / le + le = **gliele**	
	un bacio		**ce lo**	
Enzo **ci** dà	una rosa	=	**ce la**	dà
Enzo nos da	dei baci		**ce li**	
	delle rose		**ce le**	

	un bacio		**ve lo**	
Enzo **vi** dà	una rosa	=	**ve la**	dà
Enzo os da	dei baci		**ve li**	
	delle rose		**ve le**	

Enzo **gli** dà[1]	un bacio		gli / le + lo = **glielo**	
(Enzo dà **loro**)	una rosa	=	gli / le + la = **gliela**	dà
Enzo le da	dei baci		gli / le + li = **glieli**	
	delle rose		gli / le + le = **gliele**	

Como puede verse en la tabla, en la combinación de los dos pronombres (indirecto + directo) nos encontramos con que:

- El pronombre complemento indirecto suele preceder al pronombre complemento directo.

- El pronombre complemento indirecto sufre una **variación:** al combinarse éste (**mi, ti, gli / le / Le, ci, vi, gli [loro]**) con el directo (**lo, la, li, le**), la **–i** se transforma en **–e.** Esto ocurre en todos los casos, con excepción de la tercera persona del singular **le / Le** y **gli** y del plural **gli** (**loro**), que se trasforman en **glie–** según el esquema:

mi	+ lo / la / li / le	→	**me** + lo / la / li / le
ti	+ lo / la / li / le	→	**te** + lo / la / li / le
le / Le / gli	+ lo / la / li / le	→	**glielo / gliela / glieli / gliele**
ci	+ lo / la / li / le	→	**ce** + lo / la / li / le
vi	+ lo / la / li / le	→	**ve** + lo / la / li / le

Mi racconti **una storia?** ¿Me cuentas una historia?	**mi + la** →	**Me la** racconti? ¿Me la cuentas?
Domani **ti** restituirò **il libro.** Mañana te devolveré el libro.	**ti + lo** →	Domani **te lo** restituirò. Mañana te lo devolveré.
Gli presto **le mie canne da pesca.** Le presto mis cañas de pescar (a él).	**gli + le** →	**Gliele** presto. Se las presto.
Le voglio regalare **dei fiori.** Le quiero regalar unas flores (a ella).	**le + li** →	**Glieli** voglio regalare[2]. Se las quiero regalar.

---

[1] Recuerda que, como ya vimos en las págs. 156-167, en la última persona del plural existen dos formas: **gli** y **loro,** que valen tanto para el masculino como para el femenino. Sin embargo, a menudo en la lengua hablada se suele utilizar **gli.**

[2] En este caso, los pronombres de tercera persona **le** (femenino) y **Le** (forma de cortesía) se transforman en **glie–** para evitar la cacofonía **le** + **lo / li /la / le** (en español ocurre lo mismo, ya que en la pareja de pronombres correspondientes *le + lo / los / la / las,* el pronombre *le* se transforma en *se: se lo, se los,* etc.).

Ci mandano **molti e-mails.** Nos envían muchos *e-mails*.	**ci + li →**	**Ce li** mandano. Nos los envían.
Vi presto **la mia macchina.** Os presto mi coche.	**vi + la →**	**Ve la** presto. Os lo presto.
Gli dirò (dirò loro) **di andare via.** Les diré que se vayan.	**gli + lo →**	**Glielo** dirò. Se lo diré.

La posición de los pronombres combinados

Tal y como ocurre con los pronombres complemento utilizados separadamente, también los pronombres combinados suelen posicionarse antes del verbo. Sin embargo, cuando el verbo es un **infinitivo**, un **gerundio** o un **imperativo**, tenemos las siguientes posibilidades:

- Como también ocurre en español, en frases con **infinitivo** la pareja de pronombres suele colocarse después del verbo y se junta con él, produciendo un apócope del infinitivo:

Marco si stà comportando male. Credo che sia bene dir**glielo.**
(dire + gli + lo)
Marco se está portando mal. Creo que es bueno decírselo.

Hai bisogno di un po' di pane? Vado a comprar**telo.**
(comprare + ti + lo)
¿Necesitas un poco de pan? Voy a comprártelo.

Sin embargo, con los verbos modales (**potere, dovere, volere,** etc.) o perífrasis con una función similar, la pareja de pronombres átonos puede ir tanto antes del verbo como después:

Giulia mi vuole regalare **un elicottero.** → **Me lo** vuole regalare. → Vuole regalarmelo.
Giulia me quiere regalar un helicóptero. → Me lo quiere regalar. → Quiere regalármelo.

Se vuoi un elicottero, **te lo** dovrai comprare tu.
Si quieres un helicóptero, te lo tendrás que comprar tú.

Se vuoi un elicottero devi comprar**telo.**
Si quieres un helicóptero, tendrás que comprártelo tú.

- Con un **gerundio,** la pareja de pronombres debe colocarse después del verbo:

La tua maglietta mi piace molto. Regalando**mela** mi faresti felice.
Tu camiseta me gusta mucho. Regalándomela me harías feliz.

Non dare il tuo voto a quel candidato: è un megalomane. Dando**glielo** faresti un cattivo favore alla nazione.
No des tu voto a ese candidato: es un megalómano. Dándoselo harías un mal favor al país.

- Con el **imperativo,** la pareja de pronombres suele ir justo detrás del verbo, juntándose con éste (véanse págs. 254-257). En el caso del imperativo negativo, puede colocarse tanto antes del verbo como después, uniéndose también a éste:

La tua maglietta mi piace molto. Regala**mela!**
Tu camiseta me gusta mucho. ¡Regálamela!

Vuoi dare il tuo voto a quel tipo lì? Da**glielo...** tanto, peggio di così...
¿Quieres dar tu voto a ése? Dáselo... total, peor que esto...

Las parejas de pronombres duplican la consonante inicial cuando siguen a algunas formas monosilábicas del imperativo, como **da'** *(da),* **fa'** *(haz),* **di'** *(di),* etc.:

Questa maglietta è mia! Rida**mmela!**
¡Esta camiseta es mía! ¡Devuélvemela!

Vuoi che io ti faccia il lavoro? Fa**ttelo** tu!
¿Quieres que yo te haga el trabajo? ¡Háztelo tú!

¡Cuando la pareja de pronombres empieza con **gli,** no hay duplicación de la consonante:

Patrizia vuole sapere dov'è andato Javier. Di**glielo!**
Patrizia quiere saber adónde ha ido Javier. ¡Díselo!

La combinación de pronombres complemento con los tiempos compuesto

El segundo elemento de la combinación de pronombres es un complemento directo y, como tal, mantiene todas las características de estos complementos: tanto la **elisión** delante de las formas de tercera persona del verbo **avere** como la **concordancia** en género y número con el participio pasado cuando la combinación de pronombres se usa delante de un tiempo compuesto:

Chi ti ha dato quella maglietta? Me **l'**ha dat**a** Carla. (me l[**a**] ha dat**a**)
¿Quién te ha regalado esa camiseta? Me la ha regalado Carla.

Quel libro è di Sergio: gliel**'**ho regalat**o** io. (gliel[**o**] ho regalat**o**)
Ese libro es de Sergio: se lo he regalado yo.

Chi ha prestato la macchina a Chavi? Glie**la** abbiamo presta**ta** noi.
¿Quién le ha prestado el coche a Chavi? Se lo hemos prestado nosotros.

Quei jeans te **li** ha regala**ti** Ana, vero?
Esos vaqueros te los ha regalado Ana, ¿verdad?

Le rose che sono sul tavolo te **le** ha porta**te** Enzo.
Las rosas que están encima de la mesa te las ha traído Enzo.

Combinación de pronombres indirectos + ne partitivo

Cuando los **pronombres indirectos** se combinan con la partícula **ne** utilizada en función de **partitivo**, sufren las mismas modificaciones que acabamos de ver en la combinación de pronombres indirectos y directos, y cambian la **–i** en **–e:** (**mi → me, ti → te, gl → glie–,** etc.).

Quanti libri mi puoi prestare?
¿Cuántos libros me puedes prestar?

Ti posso prestare **due libri.**
Te puedo prestar dos libros.

Ti + ne → Te ne posso prestare due.
Te puedo prestar dos.

Gli danno molti **giorni di vacanza**? No, **gliene** danno solo dieci.
gli + ne = gliene
¿Le dan muchos días de vacaciones? No, le dan sólo diez.

Quanti **regali ci** porterà Babbo Natale? **Ce ne** porterá uno a testa.
ci + ne = ce ne
¿Cuántos regalos nos traerán los Reyes? Nos traerán uno para cada uno.

También en este caso, si el verbo es un **infinitivo, gerundio** o **imperativo,** la combinación de pronombre **complemento indirecto + ne** puede situarse después del verbo (como recordarás, en los dos últimos casos la pareja de pronombres debe ir obligatoriamente después del verbo):

Sergio ha finito la sua acqua. Credo che è bene dar**gliene** un po' della nostra. (dare + **gli** + **ne**)
Sergio se ha terminado su agua. Creo que es mejor darle un poco de la nuestra.

Hai bisogno di un po' di pane? Vado a compra**rtene** un po'. (comprare + **ti** + **ne**)
¿Necesitas pan? Voy a comprarte un poco.

Se vuoi una maglietta **te ne** devi comprare una tu. (con infinitivo)
Si quieres una camiseta, tendrás que comprarte una tú mismo.

Le tue magliette mi piacciono molto. Regalando**mene** una mi faresti felice. (con gerundio)
Tus camisetas me gustan mucho. Regalándome una me harías feliz.

Le tue magliette mi piaccciono molto. Regala**mene** una! (con imperativo)
Tus camisetas me gustan mucho. ¡Regálame una!

Si la combinación de **pronombre indirecto + ne** se usa delante de un tiempo compuesto, el participio pasado debe concordar en género y número con el sustantivo que el **ne** sustituye:

Quante fotografie le hai fatto?
¿Cuántas fotos le has hecho?

Gliene ho fatt**a** **una.**
Le he hecho una.

Gliene ho fatt**e** **tre.**
Le he hecho tres.

Non **gliene** ho fatt**a** nessun**a.**
No le he hecho ninguna.

Quanti libri le hai regalato? **Gliene** ho regalat**i** **tre.** (Le ho regalato tre **libri**)
¿Cuántos libros le has regalado? Le he regalado tres.

Quante lettere ti ha scritto Enzo? **Me ne** ha scritt**a** **una.** (**una** letter**a**)
¿Cuántas cartas te ha escrito Enzo? Me ha escrito sólo una.

Gli hanno restituito tutti i suoi libri? No, **gliene** hanno restituit**i** **cinque.** (cinque **libri**)
¿Le han devuelto todos sus libros? No, le han devuelto sólo cinco.

La combinación de pronombre y si

Con el *si* reflexivo

La forma reflexiva **si** *(se)* + **pronombre directo** transforma la **–i** en **–e** y pasa a ser → **se:**

Giuseppe **si** lava **le ascelle** sei volte al giorno. → Giuseppe **se le** lava sei volte al giorno.
Giuseppe se lava las axilas seis veces al día. → Giuseppe se las lava seis veces al día.

Maria **si** pettina continuamente **i capelli.** → **Se li** pettina continuamente.
María se peina continuamente el pelo. → Se lo peina continuamente.

¿Mi si o si mi?

Hay que tener cierto cuidado con las construcciones **reflexivas medias** y con las de **pasiva impersonal**, ya que —a diferencia del español— aquí el orden es inverso, y los pronombres complemento indirecto preceden a la partícula **si** (excepto en el caso del pronombre de tercera persona plural **loro**):

È meglio che guidi tu: **mi si** chiudono gli occhi dal sonno.
Es mejor que conduzcas tú: se me cierran los ojos del sueño.

Sta piovendo e abbiamo i panni stesi! **Ci si** bagneranno tutti!
¡Está lloviendo y tenemos la ropa tendida! ¡Se nos mojará toda!

Se non arrivi rapidamente, **ti si** raffredda il caffè.
Si no vienes rápido, **se te** enfriará el café.

Ti si è detto di non tenere la musica alta dopo mezzanotte.
¡Se te ha dicho que no tengas la música alta después de las doce!

Parla più forte: **ti si** sente male.
Habla más alto: se te oye mal.

Como se puede comprobar en los ejemplos, en estos casos los pronombres no sufren ninguna variación formal.

Combinación de *ci* + pronombre complemento

Uno de los usos más extendidos de la partícula **ci** es el de adverbio de lugar, utilizado para evitar inútiles repeticiones (véase página 169):

Vai a Milano domani? No, **ci** andrò dopodomani.
ci = a Milano
¿Vas a Milán mañana? No, iré pasado mañana.

Cosa avete messo **nella minestra? Ci** abbiamo messo del basilico.
ci = nella minestra
¿Qué habéis puesto en la sopa? Hemos puesto albahaca.

Ahora bien, también la partícula **ci** puede participar en una combinación (con un **pronombre directo** o con la partícula **ne**): como consecuencia, sufre una variación, transformándose en **ce** (fíjate que **ci** sigue manteniendo su valor de adverbio de lugar):

Metti tu **le lenzuola sporche** in lavatrice? Si **ce le** metto io.
ci = in lavatrice; ci + le = ce le
¿Metes tú las sábanas sucias en la lavadora? Sí, las meto yo (en la lavadora).

Chi ha lasciato **i panni nella lavatrice? Ce li** ho lasciat**i** io.
¿Quién ha dejado la ropa en la lavadora? La he dejado yo.

Avete messo **il basilico nella minestra?** Si **ce lo** abbiamo mess**o.**
¿Habéis puesto albahaca en la sopa? Sí, la hemos puesto.

Avete messo **il basilico nella minestra?** Si, ma forse **ce ne** abbiamo mess**o** troppo.
¿Habéis puesto albahaca en la sopa? Sí, pero tal vez hayamos puesto demasiada (de ella).

Sin embargo, en estos otros casos que vemos a continuación, **ci** no tiene ese valor adverbial, sino que presenta un valor de modificador del verbo. De todas formas, sigue las mismas normas y se transforma en **ce:**

Quante **mele** ci vogliono per fare questa torta? **Ce ne** vogliono tre o quattro.
[voler]**ci** + **ne** = [voler]**ce ne**
¿Cuántas manzanas se necesitan para hacer esta tarta? Se necesitan tres o cuatro.

Non consumare tutta la marmellata: **ce n'è** rimast**a** poca.
ci + ne + è rimasta = ce n'[e] **è rimasta**
No gastes toda la mermelada: ha quedado poca.

> **!** Como se puede ver en los ejemplos, tal y como ocurre en los demás casos hasta ahora analizados, cuando la combinación se utiliza delante de un tiempo compuesto, el participio pasado debe concordar en género y número con el sustantivo sustituido por el **pronombre directo** o por el **ne.**

Los pronombres relativos, interrogativos y exclamativos

23

Aunque hay muchos casos en los que los usos de estos pronombres coinciden en italiano y español, hay que tener cierto cuidado, ya que es muy fácil cometer errores a causa del parecido existente entre los dos idiomas.

Los pronombres relativos

Como se sabe, los pronombres relativos (**pronomi relativi**), además de sustituir a un nombre, relacionan una frase principal con una subordinada relativa:

Ho visto il ragazzo che lavora nella libreria di Teresa.
He visto al chico que trabaja en la librería de Teresa.

Esta frase está compuesta por dos frases: «**Ho visto il ragazzo**» y «**Il ragazzo lavora nella libreria di Teresa**». **Che** sustituye **il ragazzo** en la segunda frase (es, pues, un pronombre) y, al mismo tiempo, relaciona las dos frases.

Los pronombres relativos son:

	sujeto/objeto directo	complemento	sujeto y complemento (sólo personas)
invariables	**che**	preposición + **cui**	**chi**
variables	**il / la quale** **i / le quali**	preposición + **il / la quale** preposición + **i / le quali**	

Che

Se utiliza, como el español *que,* tanto para personas como para cosas, pero, a diferencia del español, sólo como **sujeto** o **complemento directo:**

La ragazza **che** esce con Luigi è mia sorella. (sujeto)
La chica que sale con Luigi es mi hermana.

Le cose **che** gli hai raccontato sono frottole. (complemento directo)
Las cosas que le has contado son mentiras.

Como hemos visto en la tabla, también se puede sustituir **che** por **il / la quale, i / le quali,** que se suelen emplear en el lenguaje formal para dar énfasis o para evitar ambigüedades:

Oggi ho incontrato il signor Terzani, **il quale** mi ha raccontato il suo ultimo viaggio.
Hoy he encontrado al señor Terzani, que me ha contado su último viaje.

Ho visto lo zio di Rachele, **il quale** ora vive a Milano.
He visto al tío de Rachele, el cual vive ahora en Milán.

Ho visto lo zio di Rachele, **la quale** ora vive a Milano.
He visto al tío de Rachele, la cual vive ahora en Milán.

! Hay que tener cuidado con la forma española impersonal *lo que:* en italiano se utilizan los pronombres demostrativos **quello** y **ciò** en vez del artículo *lo:*

Tutto **quello** che dice è vero.
Todo lo que dice es cierto.

Ciò che fai mi sembra ben fatto.
Lo que hagas me parece bien hecho.

Cuando en español se utiliza *el que* o *la que* con el significado de *la persona que* (forma personal), en italiano se dice... **la persona che:**

Ha chiamato di nuovo la persona / signora / ragazza che ti cercava stamattina.
Ha llamado otra vez la (persona / mujer / chica) que te buscaba esta mañana.

Sin embargo, cuando *lo que* se puede sustituir por *lo cual,* en italiano se utiliza la forma **il che:**

Oggi non è venuto, **il che** mi sembra strano.
Hoy no ha venido, lo que (lo cual) me parece raro.

En los demás casos en los que en español se utiliza *el que* y *la que,* en italiano se emplea el pronombre relativo **chi,** que vamos a ver dentro de poco.

Cuando en español se utiliza el pronombre *que* en función de complemento indirecto y circunstancial, en italiano se usan los pronombres **cui** y **quale / i,** que analizaremos enseguida.

Cui

Cui, como hemos visto en la tabla, es invariable, y se utiliza para personas y para cosas en función de **complemento indirecto** o **circunstancial.** En los mismos casos también se pueden emplear **il / la quale** e **i / le quali:**

Questa è l'amica di **cui** ti ho parlato.
Questa è l'amica del**la quale** ti ho parlato.
Ésta es la amiga de la que te he hablado.

La ragazza con **cui** esce è antipatica.
La ragazza con la **quale** esce è antipatica.
La chica con la que sale es antipática.

Le persone su **cui** puoi contare sono poche.
Le persone su**lle quali** puoi contare sono poche.
Las personas en las que puedes confiar son pocas.

Questi sono i piatti tra **cui** si può scegliere.
Questi sono i piatti tra **i quali** si può scegliere.
Éstos son los platos entre los que se puede escoger.

En estos casos se utiliza tanto **cui** como la **il / la quale** e **i / le quali.**

Recuerda que en italiano muchas preposiciones se combinan con el artículo que las sigue formando: **preposizioni articolate** (véanse págs. 119-130).

Cui, precedido por un artículo, corresponde al español *cuyo / cuya / cuyos / cuyas.* La fórmula artículo + **cui** se puede sustituir por **del / della quale** y **dei / delle quali.** Sin embargo, esta forma es menos frecuente (fíjate en las diferencias entre las dos construcciones):

Ho parlato con Laura, **la cui** sorella è sparita.
Ho parlato con Laura, la sorella **della quale** è sparita.
He hablado con Laura, cuya hermana ha desaparecido.

Ti presento Gino, **la cui** figlia hai conosciuto ieri.
Ti presento Gino, la figlia **del quale** hai conosciuto ieri.
Te presento a Gino, cuya hija conociste ayer.

Quella è la signora **il cui** marito abbiamo incontrato prima.
Quella è la signora il marito **della quale** abbiamo incontrato prima.
Ésa es la señora cuyo marido hemos conocido antes.

Questo è il veleno **i cui** effetti stiamo studiando.
Questo è il veleno gli effetti **del quale** stiamo studiando.
Éste es el veneno cuyos efectos estamos estudiando.

Como habrás notado, **il / la / i / le cui** concuerdan, como el español *cuyo / cuya / cuyos / cuyas,* con la «cosa poseída». Sin embargo, la construcción **del / della quale** y **dei / delle quali** concuerda con el «poseedor».

La misma construcción se utiliza después de las preposiciones:

È un tema sul**la cui** serietà preferisco non pronunciarmi.
Es un tema sobre cuya seriedad prefiero no pronunciarme.
(È un tema sulla serietà **del quale** preferisco non pronunciarmi.)

Hay que tener cuidado con la diferencia (de pronunciación y grafía) entre **cui** (pronombre relativo) y **qui** (adverbio de lugar). La pronunciación es casi la misma, salvo que **cui** se pronuncia con el acento tónico en la **u** → [kúi], y **qui** con el acento en la **i** → [kuí].

[☺ ¡No escribas **qui** con acento! En italiano se dice: **«Su qui e qua l'accento non va.»**]

Chi

Chi se utiliza al hablar de personas como sujetos o complementos (objeto directo, indirecto y circunstancial). Se usa cuando no se especifica o no interesa el referente del pronombre relativo. A pesar de que existe una forma plural (**coloro i quali / coloro le quali**), ésta se emplea muy poco, y **chi** se utiliza tanto para el singular como para el plural:

Chi vuole può fare delle domande.
Quien (el que) quiera puede hacer preguntas.

È difficile vivere con **chi** non rispetta gli altri.
Es difícil vivir con quien no respeta a los demás.

Chi si annoia se ne può andare.
Quien (el que) se aburra puede irse.

Coloro i quali si annoiano se ne possono andare.
Quienes (los que) se aburran se pueden ir.

A veces puede resultar difícil decidir si utilizar **chi** o **cui** para sustituir *quien / quienes* en español. Un pequeño truco: consideremos que **chi** se emplea cuando en español no es posible cambiar *quien / quienes* por *el cual / la cual / los cuales / las cuales:*

Non ti fidare di **chi** non conosci.
No confíes en quien no conozcas.
No confíes en los que no conozcas.

pero NO se puede decir:

No confíes en los cuales no conozcas.

Sin embargo:

Ho un appuntamento con il ragazzo di **cui** ti ho parlato.
Tengo una cita con el chico de quien te he hablado.
Tengo una cita con el chico del que te he hablado.
Tengo una cita con el chico del cual te he hablado.

Quale

Ya hemos visto muchos casos en los que se puede utilizar **il / la quale** o **i / le quali,** pero hemos dicho que siempre se puede escoger entre ésta y otra forma (**che, cui** o **chi**). Tan sólo existe un caso en el que es obligatorio el uso de **il / la quale** o **i / le quali:** cuando el relativo es el sujeto o el objeto directo de una frase con el verbo en modo **gerundio, participio** o **infinitivo:**

È un problema per risolvere **il quale** dovrai impegnarti molto.
Es un problema que si lo quieres solucionar, tendrás que esforzarte mucho.

Sono delle carte giocando **le quali** sei sicuro di vincere.
Son cartas que si las juegas, ganarás seguro.

[☺ Ahora bien, se trata de formas que resultan un tanto enrevesadas y algo cursis, y pueden sustituirse por otras mucho más sencillas.]

Los pronombres interrogativos

Los pronombres interrogativos son **chi?, che?, quale?, quanto?** e introducen una pregunta directa o indirecta:

Chi è?
¿Quién es?

Vorrei sapere **chi** è.
Quisiera saber quién es.

Chi? y *che?*

Estos dos pronombres no suponen problemas para un hispanohablante, ya que se corresponden básicamente con *¿quién?* y *¿qué?*

	adjetivo	pronombre
personas	chi?	chi?
cosas	che?	che? / che cosa?

Chi? es invariable y se utiliza sólo como pronombre refiriéndose a personas:

Chi vuole parlare?
¿Quién quiere hablar?

Chi, tra Anna e Paola, è la bugiarda?
¿Quién, entre Anna y Paola, es la mentirosa?

Che? también es invariable y, como adjetivo, se usa tanto para personas como para cosas. Como pronombre se emplea para cosas y, en muchos casos, se sustituye por **che cosa?**:

Che professore ti è più simpatico?
¿Qué profesor te cae mejor?

A **che** ora pensi di partire?
¿A qué hora piensas salir?

Non capisco **che** scemenze sono queste.
No entiendo qué tonterías son éstas.

Che (cosa) fai?
¿Qué haces?

Che (cosa) prendi?
¿Qué tomas?

> **!** A menudo la expresión **che cosa?** se abrevia en **cosa?**:
>
> **Cosa** pensi di fare oggi pomeriggio?
> ¿Qué piensas hacer esta tarde?
>
> **Cos'**hai?
> ¿Qué te pasa?
>
> **Cos'**è successo?
> ¿Qué ha pasado?

En las expresiones **cosa?** y **che cosa?** la palabra **cosa** pierde su significado, y se utiliza exactamente como el pronombre **che?**

Como habrás notado, **cosa** suele elidirse delante de los verbos **essere** y **avere;** sin embargo, no es una regla fija y depende del uso.

Quanto?

Quanto? se puede utilizar tanto en función de pronombre como de adjetivo. Cuando se emplea como adjetivo concuerda en género y número con el nombre al que se refiere:

Quanto costano i broccoli? (pronombre)
¿Cuánto cuesta el brócoli?

Quanti anni ha la tua bisnonna? (adjetivo)
¿Cuántos años tiene tu bisabuela?

Quanta birra riesci a bere in una sera? (adjetivo)
¿Cuánta cerveza puedes beber en una noche?

Quale?

Utilizado como pronombre, **quale?** es variable sólo en el número, y concuerda con la cosa a la que se refiere:

Passami quel coltello. **Quale?**
Pásame ese cuchillo. ¿Cuál?

Qual è il nome di questo bar?
¿Cuál es el nombre de este bar?

Quali sono gli occhiali di Edoardo?
¿Cuáles son las gafas de Edoardo?

La forma **qual** es común delante del verbo **essere** cuando empieza por **e- → qual è, qual era.**

Quale? se utiliza en italiano también como adjetivo. Puede sustituir a **che** cuando se propone una elección:

Quale maglietta preferisci? La verde o la blu?
¿Qué camiseta prefieres? ¿La verde o la azul marino?

¿Cuál de estas camisetas prefieres? ¿La verde o la azul marino?

A veces las interrogaciones son introducidas por otras partículas: **dove?** *(dónde)*, **perchè?** *(por qué)*, **quando?** *(cuándo)*, **come?** *(cómo)*... Como habrás notado, a diferencia del español, donde para caracterizar la forma interrogativa de *cuando, como, que, etc.*, se utiliza un acento gráfico *(cuándo, cómo, qué, etc.)*, en italiano las partículas y los pronombres que introducen una interrogativa no cambian con respecto a su uso en otros contextos (es decir, no llevan acento):

Dove vai? Vado **dove** mi pare.
¿Dónde vas? Voy a donde me da la gana.

Los pronombres exclamativos

Todos los pronombres interrogativos también se pueden utilizar como pronombres (y adjetivos) exclamativos. Sin embargo, **quale** es de uso literario, y se suele sustituir por **che:**

Chi si vede!
¡Mira quién está aquí!

Che schifo!
¡Qué asco!

Quanta gente è venuta!
¡Qué de gente ha venido!

Quale / che gioia rivederti!
¡Qué alegría volver a verte!

Lo que acabamos de decir acerca de la no acentuación de los pronombres interrogativos en italiano se aplica igualmente a los pronombres exclamativos.

[☺ También se utilizan como exclamaciones otras expresiones: **dai!** *(¡anda ya!)*, **magari!** *(¡ojalá!)*, **viva!** *(¡viva!)*, **bravo!** *(¡bravo!)*, **accidenti!** *(¡demonios!, ¡diantre!)* y muchísimos más... ¡los italianos exclamamos continuamente!]

El condicional

24

En italiano el condicional **(condizionale)** se utiliza por lo general para expresar posibilidad, duda, incertidumbre y sirve —como también en español— para dar ciertos matices subjetivos (normalmente es típico de las frases en las que el hablante evita tomar una posición clara). Sin embargo, su uso se diferencia en muchos casos del uso que suele tener en español.

El condicional simple *(condizionale presente)*

Lavor**are**	Prend**ere**	Serv**ire**
trabajar	*coger / tomar*	*servir*
lavor**erei**	prend**erei**	serv**irei**
lavor**eresti**	prend**eresti**	serv**iresti**
lavor**erebbe**	prend**erebbe**	serv**irebbe**
lavor**eremmo**	prend**eremmo**	serv**iremmo**
lavor**ereste**	prend**ereste**	serv**ireste**
lavor**erebbero**	prend**erebbero**	serv**irebbero**

Lavorerei più volentieri in un ambiente diverso.
Trabajaría más a gusto en un ambiente distinto.

Partiremmo subito, ma non possiamo.
Nos iríamos ahora mismo, pero no podemos.

! Cuidado con la pronunciación: la única diferencia entre la primera persona del plural del condicional y la del futuro consiste en que el condicional tiene doble **m** (véase pág. 26 para la pronunciación de las consonantes dobles):

fare**mo**	haremos
fare**mmo**	haríamos

Las **irregularidades** del condicional simple son las mismas del **futuro** (véanse págs. 150-155).

Como en el futuro de indicativo, los verbos de la primera conjugación tienen una peculiaridad: la vocal de la desinencia cambia de **a** a **e:** lavor**a**re → lavor**e**rei.

En los mismos verbos en los que no se produce este cambio en el futuro, tampoco se da en el condicional:

D**are**	F**are**	St**are**
dar	*hacer*	*estar*
d**arei**	f**arei**	st**arei**
d**aresti**	f**aresti**	st**aresti**
d**arebbe**	f**arebbe**	st**arebbe**
d**aremmo**	f**aremmo**	st**aremmo**
d**areste**	f**areste**	st**areste**
d**arebbero**	f**arebbero**	st**arebbero**

Mi **dareste** una mano, per cortesia?
¿Me echaríais una mano, por favor?

Staresti zitto un momento?
¿Te callarías un momento?

Fareste bene ad andare a trovare Ivan.
Harías bien en ir a ver a Ivan.

Los verbos que terminan en **–care** y **–gare** —como ya hemos visto en varias ocasiones— introducen una **–h–** antes de la desinencia para conservar el mismo sonido velar:

Dedi**care**	Pa**gare**
dedicar	*pagar*
dedi**cherei**	pa**gherei**
dedi**cheresti**	pa**gheresti**
dedi**cherebbe**	pa**gherebbe**
dedi**cheremmo**	pa**gheremmo**
dedi**chereste**	pa**ghereste**
dedi**cherebbero**	pa**gherebbero**

Giocherebbe tutto il giorno.
Jugaría todo el día.

Se potessero non **pagherebbero** mai.
Si pudieran, no pagarían nunca.

Otra irregularidad gráfica es representada por los verbos que terminan en **–ciare, –sciare** y **–giare:** se pierde la **i** final de la raíz del verbo:

Cominciare	**Lasciare**	**Mangiare**
empezar	*dejar*	*comer*
comin**cerei**	lascer**ei**	manger**ei**
comin**ceresti**	lascer**esti**	manger**esti**
comin**cerebbe**	lascer**ebbe**	manger**ebbe**
comin**ceremmo**	lascer**emmo**	manger**emmo**
comin**cereste**	lascer**este**	manger**este**
comin**cerebbero**	lascer**ebbero**	manger**ebbero**

Comincerei a portare giù le valige.
Creo que empezaré a bajar las maletas.

Una excepción a esta regla la constituye el mismo verbo **sciare** *(esquiar):*

Scierebbe sempre, gli piace moltissimo.
Esquiaría siempre, le gusta muchísimo.

El verbo **essere** es irregular:

Essere
ser / estar

sarei
saresti
sarebbe
saremmo
sareste
sarebbero

Sarebbe un ottimo medico.
Sería muy buen médico.

Avere pertenece al grupo de verbos (del que hablamos en el futuro simple) que se comportan como los verbos españoles *poder, saber* y el mismo *haber:* en la formación del condicional se pierde la vocal de la desinencia: *poder → podría, haber → habría.* En italiano, además del verbo **avere,** se portan de esta manera verbos muy utilizados, muchos de ellos de la segunda conjugación (además de los modales **dovere, potere** y **sapere**):

Avere	And**a**re
haber / tener	*ir*
a**vrei**	an**drei**
a**vresti**	an**dresti**
a**vrebbe**	an**drebbe**
a**vremmo**	an**dremmo**
a**vreste**	an**dreste**
a**vrebbero**	an**drebbero**

Vedere *ver*	Potere *poder*	Sapere *saber*	Dovere *deber*
ve**drei**	po**trei**	sa**prei**	do**vrei**
ve**dresti**	po**tresti**	sa**presti**	do**vresti**
ve**drebbe**	po**trebbe**	sa**prebbe**	do**vrebbe**
ve**dremmo**	po**tremmo**	sa**premmo**	do**vremmo**
ve**dreste**	po**treste**	sa**preste**	do**vreste**
ve**drebbero**	po**trebbero**	sa**prebbero**	do**vrebbero**

Dovresti chiedergli scusa.
Tendrías que pedirle perdón.

Dov'è Gianni? Non **saprei.**
¿Dónde está Gianni? No lo sé.

Otro grupo de verbos irregulares se caracteriza por tener una doble **r** en la conjugación del condicional:

Bere *beber*	**Rimanere** *quedarse*	**Venire** *venir*	**Volere** *querer*
be**rrei**	rima**rrei**	ve**rrei**	vo**rrei**
be**rresti**	rima**rresti**	ve**rresti**	vo**rresti**
be**rrebbe**	rima**rrebbe**	ve**rrebbe**	vo**rrebbe**
be**rremmo**	rima**rremmo**	ve**rremmo**	vo**rremmo**
be**rreste**	rima**rreste**	ve**rreste**	vo**rreste**
be**rrebbero**	rima**rrebbero**	ve**rrebbero**	vo**rrebbero**

Berresti una birra?
¿Te tomarías una cerveza?

Per cortesia, **vorrei** una pizza quattro stagioni.
Por favor, quisiera una *pizza* cuatro estaciones.

Usos del condicional simple

El uso del condicional simple coincide en muchos casos en italiano y en español:

Domani **potremmo** andare al cinema.
Mañana podríamos ir al cine.

Potresti aiutarmi più spesso!
¡Podrías ayudarme más a menudo!

È tardi, **dovreste** tornare a casa!
Es tarde, ¡tendríais que volver a casa!

Se avessi tempo **farei** più sport.
Si tuviera tiempo, haría más deporte.

Sin embargo, en italiano se utiliza sólo el condicional cuando en español se puede escoger entre el condicional y el subjuntivo con valor de condicional:

Vorrei vedere Renzo.
Quisiera / querría ver a Renzo.

Como hemos anticipado al comienzo, pese a las muchas similitudes, hay diferencias a veces notables en el uso de este tiempo entre italiano y español. Vamos a verlas:

Se utiliza el condicional simple en italiano (pero no en español):

a) Refiriéndose a una opinión o a una noticia cuyo contenido es dudoso o se quiere poner en duda:

Dicono che **starebbero** cercando di ripararlo.
Dicen que están intentando arreglarlo.

Dicono che il presidente non **rispetterebbe** (non **starebbe rispettando**) la Costituzione.
Dicen que el presidente no respeta (no está respetando) la Constitución.

b) Para formular una pregunta retórica:

Questa **sarebbe** la famosa Rosa?
¿Ésta es la famosa Rosa?

Ti **sembrerebbe** questo il modo di parlare a tua sorella?
¿Te parece ésta la manera de hablarle a tu hermana?

c) En algunas fórmulas:

Verrai alla festa domani? **Non saprei.**
¿Vendrás a la fiesta mañana? No sé. (No sabría decirte.)

È bellissimo, non trovi? **Non direi!**
Es guapísimo, ¿no crees? Yo diría que no.

Come sarebbe a dire?
¿Qué quieres decir con eso? / ¿Y eso?

> **!** Recuerda que, tal y como vimos en *EL FUTURO,* en italiano NO se utiliza el condicional simple, sino el futuro perfecto, para indicar una probabilidad referida al pasado:
>
> **Sarò stato** in casa da due minuti quando mi ha chiamato.
> Llevaría dos minutos en casa cuando me llamó.
>
> Quando ho visto Diego **saranno state** le due.
> Cuando vi a Diego serían las dos.

En algunos casos en los que en español se utiliza el condicional simple, en italiano se usa el compuesto: vamos a hablar de ello en el párrafo que sigue.

El condicional compuesto *(condizionale passato)*

Lavorare *trabajar*	**Partire** *salir / marcharse*
avrei lavorato	sarei partito / –a
avresti lavorato	saresti partito / –a
avrebbe lavorato	sarebbe partito / –a
avremmo lavorato	saremmo partiti / –e
avreste lavorato	sareste partiti / –e
avrebbero lavorato	sarebbero partiti / –e

Usos del condicional compuesto

El condicional compuesto se utiliza en italiano cuando en español se puede escoger entre el condicional y el subjuntivo con valor condicional:

Avremmo potuto invitare Sara.
Hubiéramos / habríamos podido invitar a Sara.

Sareste dovuti partire presto.
Habríais / hubiérais tenido que salir pronto.

Se l'avessi saputo, te l'**avrei detto** prima.
Si lo hubiera sabido, te lo habría / hubiera dicho antes.

Chi l'**avrebbe** mai **detto?**
¿Quién lo habría / hubiera dicho?

Cuando nos referimos a una noticia referida al pasado, cuyo contenido es dudoso o se quiere poner en duda, en italiano se utiliza el condicional compuesto, mientras que en español el pretérito perfecto o indefinido:

> Secondo Paolo **sarebbe stata** colpa di Lorenzo.
> Según Paolo, fue culpa de Lorenzo.

Como hemos dicho antes, se dan varios casos en los que en italiano se utiliza el condicional compuesto, cuando en español se usa el simple:

- Cuando hablamos de una acción futura que no se va a poder realizar:

> **Sarei andata** alla festa stasera, ma devo lavorare.
> Iría a la fiesta esta noche, pero tengo que trabajar.

- Cuando se trata de una acción futura en relación con el pasado:

> Barbara mi ha detto che **sarebbe venuta** a trovarmi.
> Bárbara me ha dicho que iría a verme.

> Pensavo che **avrebbe capito.**
> Pensaba que entendería.

- Cuando hacemos una suposición con respecto a un tiempo pasado:

> **Saranno state** le quattro quando è tornato a casa.
> Serían las cuatro cuando volvió a casa.

> L'ultima volta che ho visto Lino? **Sarà stato** lunedì.
> ¿La última vez que vi a Lino? Sería el lunes.

En los capítulos dedicados al *PERIODO HIPOTÉTICO* y al *ESTILO DIRECTO E INDIRECTO* vamos a ver más peculiaridades sobre el uso del condicional, simple y compuesto.

El subjuntivo 25

En italiano los tiempos del subjuntivo (**congiuntivo**) son cuatro: presente, pretérito perfecto (**passato**), pretérito imperfecto (**imperfetto**) y pluscuamperfecto (**trapassato**). No existen, por tanto, el subjuntivo futuro simple y compuesto, que, por otra parte, en español casi ya no se utilizan.

El subjuntivo presente *(congiuntivo presente)*

Tal y como sucede en la conjugación del presente de indicativo, la mayoría de los verbos en **–ire** (**agire, capire, finire, preferire...**) introducen el grupo **–isc–** entre la raíz y la desinencia en las tres personas del singular y en la tercera del plural:

	Lavor**are** *trabajar*	Prend**ere** *tomar / coger*	Serv**ire** *servir*	Cap**ire** *entender*
io	lavor**i**	prend**a**	serv**a**	cap**isca**
tu	lavor**i**	prend**a**	serv**a**	cap**isca**
lei / lui / Lei	lavor**i**	prend**a**	serv**a**	cap**isca**
noi	lavor**iamo**	prend**iamo**	serv**iamo**	cap**iamo**
voi	lvor**iate**	prend**iate**	serv**iate**	cap**iate**
loro	lavor**ino**	prend**ano**	serv**ano**	cap**iscano**

È meglio che Andrea si **levi** di torno!
Es mejor que Andrea se quite de en medio.

Voglio che **rimaniate** in casa.
Quiero que os quedéis en casa.

Speriamo che **finisca** presto.
Esperemos que acabe pronto.

! Como habrás notado, las tres personas singulares tienen la misma forma. Por eso, y para evitar ambigüedades, se tiende a utilizar el pronombre personal (o, de alguna manera, a definir el sujeto de la frase):

È meglio che **tu mangi** prima l'insalata.
Es mejor que comas antes la ensalada.

La primera persona plural del subjuntivo presente tiene la misma forma que en el presente de indicativo:

Vendiamo la macchina? (indicativo)
¿Vendemos el coche?

È meglio che non **vendiamo** la macchina. (subjuntivo)
Es mejor que no vendamos el coche.

Como en el caso del presente de indicativo, la tercera persona del plural es siempre esdrújula (p**a**rtano, p**a**rlino, fin**i**scano) o sobreesdrújula (**e**vitino, **a**bitino[3]).

El presente de subjuntivo es un tiempo sumamente irregular, pero, por fortuna, las irregularidades son las mismas que las del presente de indicativo:

Los verbos que terminan en **–care** y **–gare** introducen una **–h–** antes de la desinencia para conservar el mismo sonido velar:

Dedi**care**	Pa**gare**
dedicar	*pagar*
dedi**chi**	pa**ghi**
dedi**chi**	pa**ghi**
dedi**chi**	pa**ghi**
dedi**chiamo**	pa**ghiamo**
dedi**chiate**	pa**ghiate**
dedi**chino**	pa**ghino**

È meglio che si **dedichino** a studiare...
Es mejor que se dediquen a estudiar...

En cambio, los verbos que terminan en **–cere, –scere** y **–gere** mantienen la misma grafía delante de **–a** en la desinencia; por tanto, en las tres personas del singular y la tercera del plural cambia la pronunciación:

Vin**cere**	Cre**scere**	Aggiun**gere**
ganar / vencer	*crecer*	*añadir*
vin**ca**	cre**sca**	aggiun**ga**
vin**ca**	cre**sca**	aggiun**ga**
vin**ca**	cre**sca**	aggiun**ga**
vinciamo	cresciamo	aggiungiamo
vinciate	cresciate	aggiungiate
vin**cano**	cre**scano**	aggiun**gano**

[3] ☺ Cuidado con la pronunciación de **abitino** (acentuado en la segunda **–i–**): es el diminutivo de **a**bito, *vestido / traje*.

Speriamo che non lo **pungano** troppe zanzare.
Esperemos que no lo piquen demasiados mosquitos.

Mi è indifferente che **vincano** loro o che **vinciate** voi.
Me es indiferente que ganen ellos o que ganéis vosotros.

> **!** Constituyen una excepción verbos como **piacere** y **tacere,** que tienen formas propias:
>
> | **Piacere** | **Tacere** |
> |---|---|
> | *gustar* | *callar* |
> | pia**ccia** | ta**ccia** |
> | pia**ccia** | ta**ccia** |
> | pia**ccia** | ta**ccia** |
> | pia**cciamo** | ta**cciamo** |
> | pia**ciate** | ta**ciate** |
> | pia**cciano** | ta**cciano** |

- Los verbos acabados en **–iare** (incluyendo los que acaban en **–ciare, –sciare, –giare, –gliare**) pierden la **i** del tema:

Studiare	**Cominciare**	**Lasciare**	**Mangiare**
estudiar	*comenzar / empezar*	*dejar*	*comer*
stud**i** (no *stud**ii**)	cominc**i**	lasc**i**	mang**i**
stud**i**	cominc**i**	lasc**i**	mang**i**
stud**i**	cominc**i**	lasc**i**	mang**i**
stud**iamo**	cominc**iamo**	lasc**iamo**	mang**iamo**
stud**iate**	cominc**iate**	lasc**iate**	mang**iate**
stud**ino**	cominc**ino**	lasc**ino**	mang**ino**

- Los verbos en **–rre** presentan irregularidades también en el presente de subjuntivo:

Po**rre**	Tradu**rre**	Sottra**rre**
poner	*traducir*	*restar / sustraer*
pon**ga**	traduca	sottra**gga**
pon**ga**	traduca	sottra**gga**
pon**ga**	traduca	sottra**gga**
poniamo	traduciamo	sottraiamo
poniate	traduciate	sottraiate
pon**gano**	traducano	sottra**ggano**

Como **porre** se comportan sus compuestos (**comporre, disporre, apporre,** etc.). Como **tradurre,** todos los verbos que acaban en **–durre** (**condurre, addurre, indurre;** la mayoría son verbos que en español acaban en *–ducir):*

Mi sembra terribile che tu **conduca** questa vita...
Me parece terrible que lleves esta vida...

Non credo che **componga** le sue canzoni.
No creo que componga sus canciones.

- Los verbos que acaban en **–lere** y **–nere** y el verbo **salire** añaden una **–g–** entre el tema y la desinencia en las tres personas del singular y en la tercera del plural:

Va**lere**	Perma**nere**	Sa**lire**
valer	*permanecer*	*subir*
val**g**a	perman**g**a	sal**g**a
val**g**a	perman**g**a	sal**g**a
val**g**a	perman**g**a	sal**g**a
valiamo	permaniamo	saliamo
valiate	permaniate	saliate
val**g**ano	perman**g**ano	sal**g**ano

Non credo che **valga** la pena.
No creo que valga la pena.

- Los verbos acabados en **–gliere** y **–gnere,** como **cogliere** *(coger),* **raccogliere** *(recoger),* **scegliere** *(elegir),* **spegnere** *(apagar),* invierten la **g** y la consonante siguiente en las personas del singular y en la tercera del plural:

Co**gl**iere	Spe**gn**ere
coger	*apagar*
co**lg**a	spe**ng**a
co**lg**a	spe**ng**a
co**lg**a	spe**ng**a
cogliamo	spegniamo
cogliate	spegniate
co**lg**ano	spe**ng**ano

È tardi. È ora che tu **spenga** la luce e vada a letto.
Es tarde. Es mejor que (hora de que) apagues la luz y te vayas a la cama.

È meglio che tu non **raccolga** la mela proibita.
Es mejor que no recojas la manzana prohibida.

Como ya vimos antes con respecto al presente de indicativo, hay verbos italianos que son muy parecidos a sus homólogos españoles, pero presentan diferencias relevantes respecto a la acentuación (las vocales en negrita indican dónde se acentúa la palabra):

abitare *(habitar)* → **a**biti, **a**biti...
continuare *(continuar)* → cont**i**nui...
dedicare *(dedicar)* → d**e**dichi...
evitare *(evitar)* → **e**viti...
fabbricare *(fabricar)* → f**a**bbrichi...
variare *(variar)* → v**a**rii...

Conjugación de los verbos *essere* y *avere*

Essere	**Avere**
ser	*haber*
sia	abbia
sia	abbia
sia	abbia
siamo	abbiamo
siate	abbiate
siano	abbiano

Conjugación de los verbos modales

Dovere	**Potere**	**Sapere**	**Volere**
deber	*poder*	*saber*	*querer*
debba	possa	sappia	voglia
debba	possa	sappia	voglia
debba	possa	sappia	voglia
dobbiamo	possiamo	sappiamo	vogliamo
dobbiate	possiate	sappiate	vogliate
debbano	possano	sappiano	vogliano

Algunos verbos irregulares muy comunes

Andare	**Dare**	**Stare**	**Fare**
ir	*dar*	*estar*	*hacer*
vada	dia	stia	faccia
vada	dia	stia	faccia
vada	dia	stia	faccia
andiamo	diamo	stiamo	facciamo
andiate	diate	stiate	facciate
vadano	diano	stiano	facciano

Bere	**Sedere**	**Uscire**	**Morire**
beber	*sentarse*	*salir*	*morir*
beva	sieda	esca	muoia
beva	sieda	esca	muoia
beva	sieda	esca	muoia
beviamo	sediamo	usciamo	moriamo
beviate	sediate	usciate	moriate
bevano	siedano	escano	muoiano

Para consultar otros verbos irregulares, véase *CONJUGACIÓN DE LOS VERBOS ITALIANOS* al final del libro.

El pretérito perfecto de subjuntivo *(congiuntivo passato)*

Lavorare	**Partire**
trabajar	*partir*
abbia lavorato	sia partito / –a
abbia lavorato	sia partito / –a
abbia lavorato	sia partito / –a
abbiamo lavorato	siamo partiti / –e
abbiate lavorato	siate partiti / –e
abbiano lavorato	siano partiti / –e

El pretérito imperfecto de subjuntivo (congiuntivo imperfetto)

Lavorare	**Prendere**	**Servire**
trabajar	*coger / tomar*	*servir*
lavor**assi**	prend**essi**	serv**issi**
lavor**assi**	prend**essi**	serv**issi**
lavor**asse**	prend**esse**	serv**isse**
lavor**assimo**	prend**essimo**	serv**issimo**
lavor**aste**	prend**este**	serv**iste**
lavor**assero**	prend**essero**	serv**issero**

Como habrás notado, las primeras dos personas son iguales. Por esta razón, a veces es oportuno explicitar el sujeto:

Se **(tu) mentissi** di meno avremmo fiducia in te.
Si mintieras menos, confiaríamos en ti.

Se mi **amassi...**
Si me quisieras...

[☺ En este último caso resulta bastante evidente que el hablante no se reprocha a sí mismo no quererse lo suficiente...]

Essere
ser / estar

fossi
fossi
fosse
fossimo
foste
fossero

Non potevo credere che **fosse** così stupido.
No podía creer que fuera tan estúpido.

Dare	**Stare**
dar	*estar*
dessi	stessi
dessi	stessi
desse	stesse
dessimo	stessimo
deste	steste
dessero	stessero

E se gli **dessimo** un'altra opportunità?
¿Y si le diéramos otra oportunidad?

Non pensavo che **stessi** ancora cercando un appartamento.
No pensaba que estuvieras todavía buscando piso.

Los verbos que siguen presentan irregularidades de la raíz, que son las mismas que las del imperfecto de indicativo.

Los verbos que en infinitivo terminan en **–rre,** que ya vimos al hablar de las irregularidades del presente de indicativo, también son irregulares en el imperfecto:

Po**rre**	Tradu**rre**	Sottra**rre**
poner	*traducir*	*restar / sustraer*
ponessi	**traduc**essi	**sottra**essi
ponessi	**traduc**essi	**sottra**essi
ponesse	**traduc**esse	**sottra**esse
ponessimo	**traduc**essimo	**sottra**essimo
poneste	**traduc**este	**sottra**este
ponessero	**traduc**essero	**sottra**essero

Otros verbos irregulares muy utilizados son:

Bere *beber*	**Dire** *decir*	**Fare** *hacer*
bevessi	**dic**essi	**fac**essi
bevessi	**dic**essi	**fac**essi
bevesse	**dic**esse	**fac**esse
bevessimo	**dic**essimo	**fac**essimo
beveste	**dic**este	**fac**este
bevessero	**dic**essero	**fac**essero

También presentan las mismas irregularidades los compuestos de estos verbos: **dire** → **contraddire** (contraddicessi), **fare** → **soddisfare** (soddisfacessi), **porre** → **disporre** (disponessi), **comporre** (componessi), y los verbos terminados en **–durre** (que se comportan como **tradurre**) → **ridurre** (riducessi), **condurre** (conducessi):

Se **riducessimo** le spese forse potremmo comprare una casa.
Si redujéramos los gastos, a lo mejor podríamos comprar un piso.

Vorrei che **dicessi** la verità.
Quisiera que dijeras la verdad.

Se non mi **contraddicessi** sempre...
Si no me contradijeras siempre...

El pretérito pluscuamperfecto de subjuntivo *(congiuntivo trapassato)*

Lavorare *trabajar*	**Partire** *partir*
avessi lavorato	fossi partito / –a
avessi lavorato	fossi partito / –a
avesse lavorato	fosse partito / –a
avessimo lavorato	fossimo partiti / –e
aveste lavorato	foste partiti / –e
avessero lavorato	fossero partiti / –e

Se tu avessi studiato di più, avresti superato l'esame.
Si hubieras estudiado más, habrías aprobado el examen.

Usos del subjuntivo 26

En italiano, como también ocurre en español, el subjuntivo (en italiano **congiuntivo**) es el modo verbal que expresa la duda, la incertidumbre, la posibilidad, la subjetividad del que habla e indica que lo expresado por el verbo no se presenta como algo cierto y real, sino como posible, incierto, dudoso, hipotético, probable, y también deseado, querido, esperado o temido. Por eso, se emplea generalmente en oraciones dependientes de verbos que expresan este tipo de contenidos o sentimientos.
En este capítulo vamos a analizar su uso tanto en las oraciones independientes como en las oraciones dependientes o subordinadas (estas últimas se verán más detalladamente en el capítulo siguiente: *LA ORACIÓN COMPUESTA*). Hay que prestar cierta atención, ya que, aunque en muchos casos el italiano y el español coinciden en el uso de este modo verbal, también son numerosas las ocasiones en las que se hacen evidentes importantes disimetrías de uso.

Uso del subjuntivo en oraciones independientes

En las oraciones independientes el subjuntivo tiene un uso limitado, pero importante. Se emplea, pues, el subjuntivo:

- Para expresar un **deseo** o un **augurio** en frases desiderativas y exclamativas:

  Che la fortuna ti **assista!**
  ¡Que la suerte te acompañe!

  Magari ci **dessero** la possibilità di lavorare insieme!
  ¡Ojalá nos dieran la posibilidad de trabajar juntos!

  Magari **fosse** vero!
  ¡Ojalá fuera verdad!

- Para expresar una **orden** o **exhortación** en frases imperativas: en realidad, se usa el subjuntivo en la **tercera persona del singular y plural** del **imperativo** (forma de cortesía):

  Venga, signorina Rossi, Le mostrerò la mia collezione di farfalle.
  Venga, señorita Rossi, le enseñaré mi colección de mariposas.

Sia gentile e mi **faccia** il favore di stare zitto durante il concerto.
Sea amble y hágame el favor de estar callado durante el concierto.

- Para expresar una duda o una suposición:

Il cielo si è riempito di nuvole. Che **stia** per piovere?
El cielo se ha llenado de nubes. ¿Estará a punto de llover?

Marco non è arrivato ancora. Che gli **sia** successo qualcosa?
Marco no ha llegado aún. ¿Le habrá pasado algo?

> **!** Como se puede ver, aquí los modos verbales utilizados en italiano no coinciden con el español, en el que se emplea el indicativo. Hay que decir, de todas maneras, que en italiano también es posible usar el futuro de indicativo en este tipo de frases:
>
> Il cielo si è riempito di nuvole. Che **stia** per piovere? (subjuntivo)
> Il cielo si è riempito di nuvole. **Starà** per piovere? (futuro de indicativo)
> El cielo se ha llenado de nubes. ¿Estará a punto de llover?
>
> Marco non è arrivato ancora. Che gli **sia** successo qualcosa? (subjuntivo)
> Marco non è arrivato ancora. Gli **sarà** successo qualcosa? (futuro de indicativo)
> Marco no ha llegado aún. ¿Le habrá pasado algo?

Fíjate en el uso de la palabra «**magari**» en los primeros ejemplos de este apartado:

Magari fosse vero!
¡Ojalá fuera verdad!

Magari ci **avessero dato** la possibilità di lavorare insieme!
¡Ojalá nos hubieran dado la posibilidad de trabajar juntos!

Aquí **magari** se usa con el sentido de *ojalá* y requiere el verbo en subjuntivo. Igualmente puede utilizarse solo (con el mismo sentido de *ojalá [pudiera!]):*

Ti piacerebbe venire con me? **Magari!**
¿Te gustaría ir conmigo? ¡Ojalá pudiera!

Pero **magari** también puede significar **forse** *(tal vez, a lo mejor)* y en algunos casos **perfino** *(hasta [incluso])*. En estos casos no se usa el subjuntivo:

Magari / **forse** non **verrà.**
A lo mejor no viene. / Tal vez no venga.

Diferencias entre el italiano y el español en las oraciones independientes

Como se puede ver en el último ejemplo del apartado anterior, a diferencia del español —donde con adverbios como **forse** o **magari** *(tal vez, quizá[s], acaso)* puede utilizarse el subjuntivo o el indicativo—, el italiano requiere siempre y sólo el indicativo.

Disimetrías como la que acabamos de ver son muy frecuentes. Para que las tengas presentes, te exponemos aquí alguna más (de las más frecuentes):

- Muchas construcciones exclamativas españolas del tipo *que + subjuntivo* en italiano no llevan subjuntivo y se construyen de otra forma (a veces con expresiones puramente nominales, otras veces utilizando el imperativo):

¡Que te vaya bien! → Buona fortuna!
¡Que te diviertas! → Buon divertimento! / Divertiti!
¡Que descanses! → Buon riposo! / Riposati!
¡Que duermas bien! → Buona notte! / Dormi bene!

- En español es frecuente utilizar la forma en **-ra** del imperfecto de subjuntivo como forma alternativa al condicional en expresiones de deseo (forma de cortesía):

Quisiera un vaso de vino, por favor. (subjuntivo con valor de condicional) Querría un vaso de vino. (condicional)	**Vorrei** un bicchiere di vino.

En italiano esta alternancia no existe, y siempre hay que emplear el condicional, tal y como muestra el ejemplo.

- En español las formas negativas del imperativo son en realidad subjuntivos. En italiano no se utiliza el subjuntivo, sino el presente de indicativo, excepto en la segunda persona del singular, en donde se usa la fórmula **non** + infinitivo (véase *EL IMPERATIVO):*

¡No trabajéis tanto! → **Non lavorate** tanto!
¡No hables con extraños! → **Non parlare** con gli estranei!

Uso del subjuntivo en oraciones subordinadas

El subjuntivo se emplea frecuentemente en oraciones que presentan la siguiente estructura:

frase principal + **che** + frase subordinada

En italiano, los usos del subjuntivo en oraciones subordinadas van a depender de:

— el verbo de la frase principal,
— el tipo de subordinada,
— algunas expresiones que preceden al verbo.

Vamos a ver los distintos casos.

En función del verbo de la frase principal

Más exactamente, como norma general se usa el subjuntivo en frases dependientes (subordinadas) de verbos que expresan **dudas, incertidumbre, deseo, voluntad, esperanza, temor,** etc., es decir, de verbos que remiten a una valoración subjetiva del hablante (mientras que si el que habla presenta un hecho como cierto y objetivo, se utiliza el indicativo):

Congiuntivo:

Dubito che **sia** possibile mantenere una relazione a distanza.
Dudo que sea posible mantener una relación a distancia.

Indicativo:

Sono sicuro che **è** impossibile mantenere una relazione a distanza.
Estoy seguro de que es imposible mantener una relación a distancia.

Se utiliza, pues, el subjuntivo, cuando en la frase principal encontramos:

- Verbos que expresan **placer, alegría, contento, pena, fastidio, lástima, rabia:**

Sono felice che tu **sia venuto** alla festa.
Estoy contento de que hayas venido a la fiesta.

Siamo contenti che **vi siate divertiti.**
Nos alegra que os hayáis divertido.

Mi piace che tu **mi dica** sempre che sono la più bella del mondo.
Me gusta que me digas siempre que soy la más guapa del mundo.

Non vi rattrista che Patrizia **abbia deciso** di sparire?
¿No os entristece que Patrizia haya decidido desaparecer?

Non sopporto che si **faccia** tanto chiasso in classe.
No soporto que se haga tanto ruido en clase.

Mi dispiace che tu non **abbia** niente da mangiare.
Siento que no tengas nada para comer.

Mi fece arrabbiare che tu **fossi stato** così poco riconoscente con Giovanni.
Me enfadó que fueras (hubieses sido) tan poco agradecido con Giovanni.

- Verbos que expresan **temor, miedo, preocupación, extrañeza:**

Abbiamo paura che **scoppi** un'altra guerra.
Tenemos miedo a que estalle otra guerra.

Mi sembra strano che tu **vada** via proprio adesso.
Me parece extraño que te vayas justo ahora.

Temo che la gente non **abbia** ancora **capito** chi è il buono e chi il cattivo.
Temo que la gente no haya entendido todavía quiénes son los buenos y quiénes los malos.

- Verbos que expresan **voluntad, preferencia, deseo, espera, esperanza, desilusión:**

Voglio che vi **comportiate** de persone poco serie (c'è troppa serietà in giro).
Quiero que os portéis como personas poco serias (hay demasiada seriedad por ahí).

Preferisci che **chiami** il lupo o l'uomo nero per farti portare via?
¿Prefieres que llame al lobo o al hombre del saco para que se te lleve?

Desidero che tu **venga** a trovarmi spesso.
Deseo que vengas a verme a menudo.

Maria stava aspettando che Marco la **andasse** a prendere.
María estaba esperando que Marco fuera a recogerla.

Spero che non **gliel'abbia** ancora **detto.**
Espero que no se lo haya dicho todavía.

Mi delude che tu **sia** così poco umile.
Me decepciona que seas tan poco humilde.

- Verbos que expresan **duda, incertidumbre, o simplemente una creencia, opinión, suposición:**

Dubito che **abbiano** ragione loro.
Dudo que tengan razón ellos.

Non sono sicuro che Riccardo **abbia fatto** la spesa.
No estoy seguro de que Riccardo haya hecho la compra.

Credo che lui **sia** una persona su cui si può fare affidamento.
Creo que él es una persona en la que se puede confiar.

Non credo che Giulia **sia** così cattiva come sembra.
No creo que Giulia sea tan mala como parece.

Pensiavamo che Marco **arrivasse** presto.
Pensábamos que Marco llegaría pronto.

Suppongo che tu **sappia** di cosa sto parlando.
Supongo que tú sabrás de qué estoy hablando.

Como se puede ver en estos ejemplos, con verbos como **credere** *(creer),* **pensare** *(pensar),* **immaginare** *(imaginar),* a diferencia del español, en italiano hay que usar SIEMPRE el **congiuntivo:**

Penso / credo che Mauro **abbia** ragione.
Pienso / creo que Mauro tiene razón.

En casi todos los casos que hemos analizado hasta ahora, si el sujeto del verbo de la frase principal y el del verbo de la subordinada es el mismo, no puede emplearse el subjuntivo, sino que hay que utilizar la construcción frase principal + **di** + infinitivo. Observa la diferencia:

Sono felice [io] che tu **sia venuto** alla festa. → Sono felice [io] **di essere venuto** [io] alla festa.
Estoy contento de que hayas venido a la fiesta. → Estoy contento de haber venido a la fiesta.

Penso che tu **abbia** ragione. → Penso **di avere** ragione.
Pienso que tienes razón. → Creo tener razón.

Los verbos de voluntad (**volere, desiderare, preferire**) eliminan la preposición **di** en la construcción:

Voglio che tu **vada** via. → Voglio **andare** via.
Quiero que te vayas. → Quiero irme.

Preferisco che tu **dica** la verità. → Preferisco **dire** la verità.
Prefiero que digas la verdad. → Prefiero decir la verdad.

- Formas impersonales (**è necesario che, è probabile che, è bene che,** etc.):

È necessario che Marco vada a lavorare vestito più decentemente.
Es necesario que Marco vaya a trabajar vestido más decentemente.

Bisogna che tu glielo dica subito.
Es necesario que se lo digas ya.

È probabile che quel terreno sia stato già venduto.
Es probable que ese terreno ya haya sido vendido.

È possibile che Federica arrivi in ritardo.
Es posible que Federica llegue con retraso.

Non è sicuro che Marco venga alla festa questa notte.
No es seguro que Marco vaya a la fiesta esta noche.

È meglio che tu te ne vada via da qui.
Es mejor que te vayas de aquí.

È giusto che i lavoratori vedano riconosciuto il loro sforzo.
Es justo que los trabajadores vean reconocido su esfuerzo.

Non è giusto che tua madre si arrabbi con me.
No es justo que tu madre se enfade conmigo.

! Como se puede ver en los ejemplos, este tipo de construcciones son simétricas a las españolas. De la misma manera y tal y como ocurre en español, si la impersonal que funciona como frase principal introduce de manera afirmativa un hecho cierto y objetivo, deberá utilizarse el indicativo:

È sicuro che Marco **verrà** alla festa.
Es seguro que Marco irá a la fiesta.

È totalmente indubbio che il signor Presidente **parla** bene inglese.
Está totalmente fuera de duda que el señor presidente habla bien inglés.

- Formas impersonales que indican un **rumor:**

Dicono che la moglie del Presidente abbia intenzione di presentarsi alle elezioni.
Dicen que la mujer del presidente tiene la intención de presentarse a las elecciones.

Si dice che da giovane fosse molto bella e lavorasse in proprio.
Se dice que de joven era muy guapa y que trabajaba por cuenta propia.

Sembra che il Premier sia in mezzo a una storia di corruzione.
Parece que el primer ministro está metido en un asunto de corrupción.

Como se puede ver en los ejemplos, en las frases que dependen de una impersonal de este tipo, a diferencia del español, el italiano requiere el **subjuntivo.**

En función del tipo de subordinada

Como ya hemos anticipado, se emplea el subjuntivo en algunas subordinadas adverbiales. Aquí, como veremos, hay una notable disimetría con el español. Además, a veces, dependiendo del tipo de subordinada, o de la conjunción subordinante que se utilice, se requerirá el subjuntivo, el indicativo o el infinitivo (para profundizar en este sentido, véase *LA ORACIÓN COMPUESTA)*. Se debe emplear el subjuntivo, pues, cuando la subordinada es:

- Una concesiva:

Benché **piova,** farò una passeggiata.
Aunque llueva / llueve, daré un paseo.

Sebbene **sia vissuto** cinque anni in Germania, parla il tedesco molto male.
Aunque haya / ha vivido cinco años en Alemania, habla el alemán muy mal.

Andrò alla festa, nonostante **sia** molto stanco.
Iré a la fiesta, a pesar de que esté / estoy muy cansado.

Sin embargo, si se utiliza la conjunción subordinante **anche se** *(aunque)*, el verbo deberá ir en indicativo:

Anche se **avevo** ragione, non ho voluto insistere.
Aunque tuviera / tenía razón, no he querido insistir.

Como se puede observar en los ejemplos, en italiano el modo del verbo en las concesivas es el subjuntivo (excepto cuando se utiliza **anche se**), mientras que en español se pueden utilizar el subjuntivo o el indicativo dependiendo del matiz de significado que se quiere dar a la frase, cosa que en italiano no puede hacerse.

- Una final:

Mi ha rubato il documento affinché io non **possa** divulgarlo.
Me ha robado el documento para que yo no pueda difundirlo.

Lo ripeto di nuovo affinché tu **riesca** a ricordarlo.
Lo repito de nuevo para que lo puedas recordar.

Maria ti ha prestato questo libro perché tu lo **leggessi.**
María te ha prestado este libro para que lo leas.

Como se ve en los ejemplos, tal y como ocurre en español, las subordinadas finales requieren, en su forma explícita, siempre el subjuntivo. Sin embargo, si la subordinada es introducida por las preposiciones **per, di, da, a** o por locuciones conjuntivas como **allo scopo di** *(con el fin de)*, se utilizará el infinitivo:

Vado in Italia per **imparare** l'italiano.
Voy a Italia para aprender italiano.

Mi dai un buon libro da **leggere?**
¿Me das un buen libro para leer?

- Una **condicional:**

Ti racconterò la storia a patto che tu non la **racconti** in giro.
Te contaré mi historia a condición de que no la cuentes por ahí.

Ti prestai quel disco a condizione che tu me lo **restituissi** presto.
Te presto este disco con tal de que me lo devuelvas pronto.

- Una **exceptuativa:**

Non lo aiuterò, a meno che lui non me lo **chieda** per favore.
No lo ayudaré, a menos que me lo pida por favor.

Smetterò di lavorare alle tre, salvo che non **sorgano** dei problemi.
Dejaré de trabajar a las tres, siempre y cuando no surjan problemas.

- **Una relativa:**

En las subordinadas relativas debe utilizarse el subjuntivo cuando el evento expresado por la subordinada viene presentado como dudoso, hipotético, deseado (si se trata de un evento cierto, entonces requerirá el indicativo; véase *LA ORACIÓN COMPUESTA).*

Cerco un libro che **tratti** di musicologia.
(no se trata de un libro bien definido, sino de uno cualquiera)
Busco un libro que trate de musicología.

Volevo un paio di scarpe che non **costassero** troppo.
Quería un par de zapatos que no costaran demasiado.

- Una **interrogativa indirecta:**

Mi chiedo che cosa si **possa** fare in una situazione come questa.
Me pregunto qué se puede hacer en una situación como ésta.

Mi domando come Marco **abbia** potuto commettere tale sciocchezza.
Me pregunto cómo Marco ha podido hacer tamaña tontería.

Como se puede ver, a diferencia del español, en italiano las interrogativas indirectas requieren el modo subjuntivo en las subordinadas (véase *ESTILO DIRECTO E INDIRECTO).*

En función de ciertas expresiones que preceden al verbo

Por último, se utiliza el subjuntivo con algunas expresiones:

- **Prima che:**

Pulirò la casa ben bene prima che **arrivi** la mamma.
Limpiaré la casa muy bien antes de que llegue mamá.

Prima che introduce una **subordinada temporal** y requiere subjuntivo, aunque, normalmente, en italiano estas subordinadas se construyen siempre con el indicativo. En este caso es la locución subordinante la que marca la necesidad del subjuntivo.

- **Senza che:**

Sono arrivato tardi **senza che** il professore se ne rendesse conto.
He llegado tarde sin que el profesor se diera cuenta.

- Detrás de los indefinidos (**qualsiasi, chiunque, dovunque,** etc.):

Qualsiasi cosa ti **dicano** sul mio conto, non crederci.
Cualquier cosa que te digan sobre mí, no te lo creas.

Chiunque si **presenti** sarà benvenuto.
El que se presente será bienvenido.

Dovunque si **nasconda,** lo scoverò.
Dondequiera que se esconda, lo encontraré.

Como también ocurre en español, en frases como las que acabamos de ver, detrás de un indefinido hay que utilizar el subjuntivo.

Otros casos

Como ya se señaló en *LOS GRADOS DEL ADJETIVO*, también se emplea el subjuntivo para expresar un **superlativo relativo** si en el segundo término de la comparación aparece una oración en lugar de un adjetivo:

Patrizia è la persona meno interessante che io **abbia** mai **conosciuto.**
Patrizia es la persona menos interesante que he conocido jamás.

Fu il film più bello che io **avessi visto.**
Fue la película más bonita que había visto.

Además, se suele emplear el subjuntivo cuando se cambia el orden normal de una oración afirmativa. Por ejemplo, si partiendo de la siguiente oración:

È certo che Antonio **si sposerà** ad Amsterdam.
Es seguro que Antonio se casará en Ámsterdam.

cambiamos el orden de la frase, deberemos utilizar el subjuntivo:

Che Antonio si **sposi** ad Amsterdam è certo.
Que Antonio se casa / case en Amsterdam es seguro.

Diferencias entre el italiano y el español en las oraciones subordinadas

También en este caso hay que tener cuidado, ya que existen notables diferencias entre los dos idiomas con respecto al uso del subjuntivo:

- En las frases de relativo con el antecedente no especificado (pronombre + que / quien + verbo subjuntivo / indicativo), el italiano requiere el indicativo, a diferencia del español, que puede utilizar el subjuntivo o el indicativo:

Dov'è Giuseppe? Chi lo **sa** lo dica.
¿Dónde está Giuseppe? El que lo sepa que lo diga.

Chi **vuole** unirsi a noi, che venga.
El que quiera juntarse con nosotros, que venga.

- A diferencia del español, las subordinadas dependientes de verbos de mando o de ruego, que en español suelen construirse con subjuntivo o infinitivo, en italiano requieren la fórmula **di + infinitivo:**

Mi ordinarono **di stare** zitto.
Me ordenaron que callara.
Me ordenaron callar.

Ti prohibisco **di giocare** a pallone.
Te prohíbo que juegues a la pelota.
Te prohíbo jugar a la pelota.

- Por último, mientras en español las subordinadas temporales referidas al futuro suelen llevar subjuntivo, en italiano se utiliza el futuro de indicativo:

Quando arriverò, ti chiamerò.
Cuando llegue, te llamaré.

Quando sarò multimilionario, ti regalerò un'isola.
Cuando sea multimillonario, te regalaré una isla

El subjuntivo pasado (imperfecto y pluscuamperfecto)

A lo largo de esta unidad hemos utilizado en los ejemplos tanto el **subjuntivo presente** (**che io suoni**) como el **subjuntivo perfecto** (**che io abbia suonato**), el **imperfecto** (**che io suonassi**) y el **pluscuamperfecto** (**che io avessi suonato**). Con esto hemos intentado demostrar algo que puede valer como regla general: es decir, que el imperfecto de subjuntivo y el pluscuamperfecto se usan en el mismo tipo de frases en las que se utiliza el presente, cuando estas frases presentan el verbo principal en pasado:

Credo che Enzo **suoni** il sassofono in un gruppo di jazz.
Creo que Enzo toca el saxo en un grupo de *jazz*.

Credevo che Enzo **suonasse** il sassofono in un gruppo di jazz.
Creía que Enzo tocaba el saxo en un grupo de *jazz*.

El subjuntivo imperfecto y pluscuamperfecto también se emplean en frases subordinadas que dependen de un **verbo principal en modo condicional** (en las que se suele hacer referencia a un hecho no realizado o que todavía no se ha realizado). El uso del imperfecto o del pluscuamperfecto depende de si la acción es contemporánea o anterior a la de la frase principal.

<table>
<tr><td rowspan="2">Vorrei [ahora]
Querría</td><td>che mi trattassi [ahora] da amica.
que me trataras como amiga.</td><td>contemporánea</td></tr>
<tr><td>che mi avessi trattato [antes] da amica.
que me hubieras tratado como amiga.</td><td>anterior</td></tr>
<tr><td rowspan="2">Avrei voluto [entonces]
Habría querido</td><td>che mi trattassi [entonces] da amica.
que me trataras como amiga.</td><td>contemporánea</td></tr>
<tr><td>che mi avessi trattato [antes de entonces] da amica.
que me hubieras tratado como amiga.</td><td>ante</td></tr>
</table>

Por último, como se puede ver en *EL SUBJUNTIVO*, el imperfecto y el pluscuamperfecto de subjuntivo se utilizan en las frases dependientes (o prótasis) de las oraciones que sirven para expresar hipótesis (periodo hipotético):

Se **fossimo** più sensati, vivremmo in pace.
Si fuéramos más sensatos, viviríamos en paz.

Se **fossimo stati** più sensati, avremmo vissuto in pace.
Si hubiésemos sido más sensatos, habríamos vivido en paz.

La oración compuesta 27

En italiano, como en español, una oración compuesta está formada por una o más oraciones que pueden estar vinculadas entre ellas según una relación de coordinación o de subordinación:

- Existe coordinación en una oración compuesta como **«Federico ha comprato una macchina nuova e ha venduto quella vecchia»** en la que las dos oraciones se encuentran en el mismo nivel y cada una tiene una perfecta autonomía, es decir, cada una de las dos oraciones tiene un sentido completo y sólo están unidas por una conjunción coordinante (véanse págs. 68-72).
- Existe subordinación en una oración compuesta como **«Federico ha comprato una macchina nuova benché non abbia ancora venduto quella vecchia»:** aquí sólo la primera oración tiene un sentido completo, mientras que la segunda sólo lo tiene si la relacionamos con la primera. El nexo de unión **benché** (en este caso una conjunción concesiva) une dos oraciones que no están en el mismo nivel y se llama elemento subordinante.

Oraciones coordinadas

Como ya hemos anticipado en el capítulo sobre las conjunciones, puede haber distintos tipos de coordinación dependiendo del tipo de relación entre las oraciones y de las conjunciones coordinantes utilizadas. Este tipo de construcción no presenta problemas para el hispanohablante, ya que su estructura es prácticamente la misma en español:

- Coordinación copulativa, obtenida por medio de las conjunciones **e** *(y)*, **anche** y **pure** *(también)*, **inoltre** *(además)*, **né** *(y tampoco)*, **neanche, neppure, nemmeno** *(tampoco, ni siquiera)*:

  Federica lavora in un ufficio **e** Giovanna lavora in un ristorante.
  Federica trabaja en una oficina y Giovanna trabaja en un restaurante.

  Non so se è partito **e neanche (nemmeno)** se partirá.
  No sé si se ha marchado ni si se marchará.

- Coordinación adversativa, obtenida por medio de las conjunciones **ma** *(pero)*, **però** *(pero)*, **tuttavia** y **eppure** *(sin embargo)*, **anzi** *(al contrario, más bien, es más,*

más aún), **nonostante** *(no obstante),* que señalan una contraposición entre dos oraciones:

Ti ho telefonato, **ma** tu non eri in casa.
Te he llamado, pero no estabas en casa.

Giovanna è esausta, **tuttavia** lavora ancora.
Giovanna está exhausta, sin embargo todavía trabaja.

Non sono stanco, **anzi** mi sento proprio bene.
No estoy cansado, al contrario, me siento muy bien.

- **Coordinación disyuntiva,** obtenida por medio de las conjunciones **o** *(o),* **oppure** *(o bien, si no, de lo contrario),* que señalan una separación entre dos o más oraciones:

Andiamo a casa tua **o (oppure)** preferisci restare qui?
¿Vamos a tu casa o prefieres quedarte aquí?

Corri, **oppure** perderai il treno.
Corre, de lo contrario perderás el tren.

- **Coordinación conclusiva,** obtenida por medio de conjunciones como **quindi** *(por tanto),* **dunque** *(pues, luego),* **perció** *(por eso),* **allora** *(entonces),* que unen dos frases donde la segunda es una conclusión de la primera:

Quello lí è un violento, **quindi** è meglio evitarlo.
Aquél es un violento, por tanto, es mejor evitarlo.

Mangio (e a volte penso), **dunque** esisto.
Como (y a veces pienso), luego existo.

È alto e bello, **perciò** piace a tutte.
Es alto y guapo, por eso les gusta a todas.

Se è questo che pensi, **allora** è meglio finirla qui.
Si es esto lo que piensas, entonces es mejor dejarlo.

- **Coordinación explicativa,** que se construye por medio de las conjunciones **cioè** *(es decir),* **ossia** *(es decir, o sea),* **infatti** *(de hecho, en efecto):*

Maria arriva fra tre giorni, **cioè** sarà qui sabato.
María llega dentro de tres días, es decir, estará aquí el sábado.

Sergio ce l'ha con me, **infatti** da tre giorni non mi vuole parlare.
Sergio está enfadado conmigo, de hecho desde hace tres días no quiere hablar conmigo.

- **Coordinación correlativa,** obtenida por medio de parejas de conjunciones como **e ... e** *(tanto ... como)*, **o ... o** *(o ... o)*, **sia ... sia** *(tanto ... como)*, **né ... né** *(ni ... ni)*, que unen dos elementos poniéndolos en correspondencia recíproca:

  O te ne vai tu, **o** me ne vado io (ovviamente, te ne vai tu).
  O te vas tú, o me voy yo (claramente, te vas tú).

  Né parla **né** lascia parlare.
  Ni habla ni deja hablar.

Oraciones subordinadas

Tal y como ocurre en la sintaxis del español, una **oración subordinada** o **dependiente** es una frase que expande y enriquece el significado de una oración independiente que se denomina **oración principal.**

La estructura de este tipo de oraciones suele ser la siguiente:

oración principal + elemento subordinante + oración subordinada

El elemento subordinante puede ser, dependiendo de los casos, una conjunción subordinante (véanse págs. 68-72 y más adelante en este mismo capítulo), un pronombre relativo, un pronombre / adverbio / adjetivo interrogativo o una preposición (en algunos casos, como veremos, puede incluso no existir):

Maria ti ha prestato questo libro + perché + tu lo leggessi.
María te ha prestado este libro para que lo leyeras.

Sono andato a lavorare + benché + mi sentissi male.
Fui a trabajar aunque me sintiera mal.

Sono sicuro + che + lo spettacolo finirà tra poco.
Estoy convencido de que el espectáculo terminará dentro de poco.

Sono venuto qui + per + vederti.
He venido aquí para verte.

Spero + di + esserti simpatico.
Espero caerte bien.

Ricardo è tifoso del Barcellona + pur + essendo madrileño.
Aunque (sea) madrileño, Ricardo es forofo del Barça.

> **!** Muy a menudo los españoles trasladan al italiano el "dequeismo"..., es decir, suelen utilizar en italiano la forma española *de que* en oraciones en las que hay que emplear **che:**
>
> Hanno paura **che** abbia l'AIDS.
> Tienen miedo de que tenga SIDA.
>
> Non sono convinto **che** questo governo ci abbia detto la verità.
> No estoy convencido de que este gobierno nos haya dicho la verdad.

Como se puede ver, a diferencia de la oración coordinada, la oración subordinada de por sí no posee autonomía (es decir, sola no tiene ningún sentido), y para tener un sentido completo ha de insertarse en una oración compleja en dependencia de la frase principal.

En la construcción de estas oraciones se emplean todos los modos verbales que hemos visto hasta ahora. Su importancia, para el estudiante hispanohablante, radica en las notables disimetrías que existen entre el italiano y el español en la utilización de los modos verbales (sobre todo de la alternancia indicativo / subjuntivo) en los diferentes tipos de subordinadas.

Subordinadas explícitas e implícitas

Si volvemos a leer los últimos ejemplos, veremos que los verbos utilizados en las subordinadas están en modos verbales distintos (subjuntivo, indicativo, infinitivo, gerundio, etc.). A este respecto hay que hacer una primera distinción: independientemente del valor particular de cada subordinada, las oraciones subordinadas se dividen en dos grandes grupos:

- Subordinadas explícitas: cuando emplean un verbo en modo personal (en italiano: **modo finito**): indicativo, subjuntivo o condicional. Estas subordinadas son introducidas por elementos subordinantes, como conjunciones o locuciones conjuntivas subordinantes: **benchè** *(aunque)*, **affinché** *(para)*, **quando** *(cuando)*, etc., y por pronombres relativos o interrogativos. Ahora bien, dependiendo de distintos factores, como el tipo de subordinada, la conjunción que se utilice, y a veces el mismo significado que se quiere dar a la oración, estos elementos regirán un modo verbal u otro.

- Subordinadas implícitas: cuando emplean un modo no personal del verbo (en italiano **modo indefinito**): infinitivo, gerundio, participio. Estas subordinadas, a diferencia de las explícitas, son introducidas mayoritariamente por preposiciones (**di, a, per, da, dopo, senza,** etc., que rigen siempre un infinitivo), aunque en otros casos pueden conectarse directamente a la oración principal sin ser introducidas por ninguna conjunción (sobre todo si el verbo de la subordinada es un gerundio: **«Pur non avendoti più visto, non ti ho dimenticato»).**

En la mayor parte de los casos, como volveremos a ver, para que una subordinada sea **implícita** es necesario que el sujeto de la oración principal y el sujeto de la subordinada coincidan. Es decir:

	Subordinada explícita	Subordinada implícita	Características
sujeto distinto	[io] Penso che [lui] confesserà tutto. Pienso que lo confesará todo.	—	**modo personal** (en este caso **indicativo**), sujeto distinto → subordinada explícita
mismo sujeto	[io] Penso che [io] confesserò tutto. Pienso que lo confesaré todo.	[io] Penso di [io] confessare tutto. Pienso confesarlo todo.	**modo no personal** (en este caso **infinitivo**), mismo sujeto → subordinada implícita

Pongamos un par de ejemplos más:

[io] Spero che tu **esca** questa sera. (sujeto distinto: forma explícita)
Espero que salgas esta noche.

[io] Spero di [io] **uscire questa sera.** (mismo sujeto: forma implícita)
Espero salir esta noche.

Los distintos tipos de oraciones subordinadas

Según las distintas funciones que tienen en la oración compuesta, las subordinadas pueden ser **sustantivas, relativas** o **adverbiales.** Vamos a analizarlas.

Las subordinadas sustantivas

Son las que en la oración compuesta tienen la misma función que en una frase puede tener un sustantivo utilizado como **sujeto** o **complemento directo** (es decir, la subordinada funciona como si fuera el sujeto o el complemento directo de la oración principal).

Como veremos en los ejemplos, en la mayor parte de estas oraciones el verbo de la subordinada va en **subjuntivo,** ya que casi siempre dependen de una oración principal en la que se expresa **duda, incertidumbre, esperanza** y otros sentidos similares. Sin embargo, cuando se expresa **certeza,** el verbo debe ir en **indicativo.**

- **Como sujeto.** En este primer caso la subordinada funciona como sujeto de una oración principal **impersonal,** es decir, no tiene un sujeto determinado y depende de los siguientes tipos de verbos:

— Verbos impersonales como **accadere** *(ocurrir / suceder)*, **capitare** *(ocurrir / pasar)*, **bisognare** *(necesitar)*, **sembrare** *(parecer)*, etc.:

A volte capita che le cose **vadano** storte. (subjuntivo)
A veces pasa que las cosas van mal.

Sembra che tutti **siano** d'accordo. (subjuntivo)
Parece que todos están de acuerdo.

Bisogna che tu glielo **dica** quanto prima. (subjuntivo)
Es necesario que se lo digas cuanto antes.

— Verbos personales, pero **utilizados de manera impersonal,** muchos de ellos construidos con el pronombre **si** en la tercera persona singular (en la mayoría de estos casos se indica un rumor, algo que se dice, pero de lo cual no se está seguro): **dire** *(decir)*, **credere** *(creer)*, **pensare** *(pensar)*, **temere** *(temer)*, **sperare** *(esperar)*, etc.:

Dicono che **sia** meglio mangiare poca carne e molti yogurt (ma io non ci credo). (subjuntivo)
Dicen que es mejor comer poca carne y muchos yogures (pero yo no me lo creo).

Si dice che da giovane **avesse militato** nel partito comunista. (subjuntivo)
Se dice que de joven había militado en el partido comunista.

Si dice che da giovane **ha militato** nel partito comunista. (indicativo)
Se dice que de joven ha militado en el partido comunista.

Si spera che alle prossime elezioni le cose **cambino.** (subjuntivo)
Se espera que en las próximas elecciones las cosas cambien.

Si è sicuri che alle prossime elezioni le cose **cambieranno.** (indicativo)
Se da por seguro que en las próximas elecciones las cosas cambiarán.

— Expresiones impersonales construidas con la tercera persona del verbo **essere** + nombre / adjetivo / adverbio, como por ejemplo **è necesario** *(es necesario)*, **è probabile** *(es probable)*, **è meglio** *(es mejor)*, etc.:

È tempo che tu te ne **vada.** (subjuntivo)
Es el momento de que te vayas.

È probabile che Federica **arrivi** in ritardo. (subjuntivo)
Es probable que Federica llegue con retraso.

Non è sicuro che Marco **venga** alla festa questa sera. (subjuntivo)
No es seguro que Marco vaya a la fiesta esta noche.

È sicuro che **è** lui il colpevole. (indicativo)
Es seguro que él es el culpable.

È meglio che tu **ti faccia** i fatti tuoi. (subjuntivo)
Es mejor que te metas en tus asuntos.

È chiaro che il responsabile **sei** tu. (indicativo)
Está claro que el responsable eres tú.

Como se señalaba más arriba, el verbo de la subordinada está casi siempre en **subjuntivo,** ya que depende de verbos que en su mayoría expresan **duda** o una **nota de incertidumbre,** mientras que cuando se expresa **certeza,** el verbo va en **indicativo:**

Si dice che **sei stato** tu. (se expresa una certeza → indicativo)
Se dice que has sido tú.

Si dice che **sia stato** tú. (se expresa una duda → subjuntivo)
Se dice que (posiblemente) has sido tú.

Como se puede ver en los ejemplos, el italiano y el español no siempre coinciden en el uso de uno u otro modo verbal, por lo cual hay que prestar cierta atención para no equivocarse.

Cuando se utilizan en su **forma implícita** (es decir, cuando el sujeto de la principal y el de la subordinada son el mismo), este tipo de subordinadas requieren el **infinitivo** (casi siempre introducido por la preposición **di**):

Si spera **di poterlo salvare.**
Se espera poder salvarlo.

È ora **di andare** via.
Es hora de irse.

La preposición **di** no se antepone al infinitivo cuando la frase principal está constituida por expresiones como **è giusto, è bene, è necessario,** o por verbos impersonales como **bisogna, occorre, conviene,** etc.:

Bisogna **andare** via di qui.
Hay que irse de aquí.

Conviene **fare** quello che dice Marco.
Conviene hacer lo que dice Marco.

- **Como complemento directo.** En los casos siguientes la subordinada funciona como **complemento directo** del verbo de la oración principal. Este tipo de subordinada presenta el verbo en **subjuntivo, indicativo** o **condicional,** y depende de los siguientes tipo de verbos:

  — Verbos de tipo **declarativo** o **enunciativo** como **dire** *(decir),* **affermare** *(afirmar),* **raccontare** *(contar),* **promettere** *(prometer)* y verbos que expresan **percepción** como **vedere** *(ver),* **sentire** *(oír),* **percepire** *(percibir),* **capire** *(entender),* etc. Estos verbos suelen requerir **indicativo** (pero en determinados casos también el condicional):

  Marco mi ha detto che **verrà** a Madrid a Natale. (indicativo)
  Marco me ha dicho que vendrá a Madrid en Navidad.

  Giulia affermò che **era** stufa di lavorare. (indicativo)
  Giulia afirmó que estaba harta de trabajar.

  Vedo che ti **sei tagliato** i capelli. (indicativo)
  Veo que te has cortado el pelo.

  Non credo che **saresti** all'altezza della situazione. (condicional)
  No creo que estuvieras a la altura de la situación.

  Quel giorno Nora affermò che **avrebbe pensato** a me tutte le notti. (condicional)
  Aquel día Nora afirmó que pensaría en mí todas las noches.

  — Verbos que expresan **placer, alegría, contento, pena, fastidio, lástima, rabia** (estos verbos suelen requerir el **subjuntivo** en la subordinada):

  Sono felice che tu **ti sia laureato.** (subjuntivo)
  Estoy contento de que te hayas licenciado.

  Mi piace che tu **mi dica** sempre che sono la più bella del mondo. (subjuntivo)
  Me gusta que me digas siempre que soy la más guapa del mundo.

  Non sopporto che si **facciano** le cose frettolosamente. (subjuntivo)
  No soporto que se hagan las cosas precipitadamente.

  — Verbos que expresan **temor, miedo, preocupación, extrañeza** (estos verbos suelen requerir el **subjuntivo** en la subordinada):

  Antonio ha paura che **tu vada** via. (subjuntivo)
  Antonio tiene miedo de que te vayas.

  Temo che tu non **sappia** le ultime novità. (subjuntivo)
  Temo que no sepas las últimas novedades.

— Verbos que expresan **voluntad, preferencia, deseo, espera, esperanza, desilusión** (también estos verbos suelen requerir el **subjuntivo**):

Desidero che ti vada tutto bene. (subjuntivo)
Deseo que te vaya todo bien.

Tutti noi speriamo che Lorenzo **stia** meglio. (subjuntivo)
Todos nosotros esperamos que Lorenzo esté mejor.

Mi rattrista che Marco **sia cambiato** tanto. (subjuntivo)
Me entristece que Marco haya cambiado tanto.

— Verbos que expresan **duda, incertidumbre,** o simplemente una **creencia, opinión, suposición** (las subordinadas que dependen de un verbo de este tipo requieren **subjuntivo,** pero en determinados casos pueden requerir el condicional):

Dubito che possano **arrivare** in tempo. (subjuntivo)
Dudo que puedan llegar a tiempo.

Credo che Giovanni non **sia** capace di fare quel lavoro. (subjuntivo)
Creo que Giovanni no es capaz de hacer ese trabajo.

Pensavamo che Marco **arrivasse** presto. (subjuntivo)
Pensábamos que Marco llegaría pronto.

Credo che **saresti** un buon padre. (condicional)
Creo que serías un buen padre.

Resumiendo, como se puede ver en todos los ejemplos anteriores, las **subordinadas sustantivas** están introducidas por la conjunción subordinante **che** y presentan el verbo en **indicativo** o **subjuntivo** y en algunos casos en **condicional**. El verbo irá, pues:

En **indicativo,** cuando la oración principal expresa un **hecho cierto** o **real:**

Alberto dice che **sei** tu il responsabile.
Alberto dice que eres tú el responsable.

Sapevo che i freni della macchina non **funzionavano.**
Sabía que los frenos del coche no funcionaban.

En **subjuntivo,** si el verbo de la oración principal expresa una **duda, hipótesis, voluntad, temor,** un **deseo,** etc.:

Spero che Maria **stia** meglio.
Espero que Maria esté mejor.

Marco crede che l'amore **sia** la cosa più importante.
Marco cree que el amor es lo más importante.

Dependiendo de verbos que expresan **duda, incertidumbre,** y de los verbos declarativos, como **dire, affermare,** etc., es también posible que el verbo de la subordinada vaya en **condicional.** Esto ocurre cuando la acción expresada por la subordinada está ligada a una **condición** o **hipótesis** (véanse págs. 248-253), que puede estar expresada o sobreentendida:

Credo che ti **sentiresti** meglio se smettessi di fumare.
Creo que te sentirías mejor si dejaras de fumar.

Penso che **potresti** farcela (se ti impegnassi).
Pienso que podrías lograrlo (si te aplicaras).

o cuando la acción se presenta como posterior al momento (referido al pasado) en el que se enuncia:

Disse a tutti che **sarebbe tornato** presto.
Dijo a todos que volvería pronto.

! Es importante darse cuenta de que en muchos casos hay disimetría con respecto al español en el uso del subjuntivo o indicativo. De hecho, uno de los errores más frecuentes que comete el estudiante de habla hispana es utilizar el indicativo en subordinadas regidas por verbos como **credere** *(creer)*, **pensare** *(pensar)*, **immaginare** *(imaginar)*, mientras que en italiano estos verbos suelen regir el **congiuntivo:**

Penso / credo che Mauro **abbia** ragione.
Pienso / creo que Mauro tiene razón.

En casi todos los casos que hemos visto hasta ahora, la **forma implícita** se construye con la preposición **di** y el verbo en infinitivo: **frase principal + di + infinitivo:**

Sono felice [io] che tu **sia qui.** → Sono felice [io] **di essere** [io] qui.
Estoy contento de que estés aquí. Estoy contento de estar aquí.

Penso che tu **abbia** ragione. → Penso **di avere** ragione.
Pienso que tienes razón. Creo tener razón.

Son excepción a esta regla los verbos de voluntad (**volere, desiderare, preferire**), que eliminan la preposición **di:**

Voglio che tu **vada** via. → Voglio andare via.
Quiero que te vayas. Quiero irme.

Preferisco che tu **dica** la verità. → Preferisco dire la verità.
Prefiero que digas la verdad. Prefiero decir la verdad.

Las subordinadas relativas

La subordinada relativa es una oración que tiene valor de relativo y que es introducida por:

- Un pronombre relativo: **che, cui, il / la quale.**
- Un adverbio relativo de lugar como **dove, da dove.**
- Pronombres y adverbios «mixtos», es decir, que junten en sí tanto la función de pronombres o adverbios demostrativos o indefinidos y la de relativo: **chiunque** *(cualquier persona)*, **quanto** *(lo que)*, **qualunque** *(cualquiera)*, **dovunque** *(en cualquier lugar)*:

Mi fai vedere il libro che **hai comprato** ieri?
¿Me dejas ver el libro que compraste ayer?

Mi hanno presentato una persona che **potrebbe** aiutarci.
Me han presentado a una persona que podría ayudarnos.

Chiunque **abbia fatto** quest'affermazione è un incompetente.
El que haya hecho esta afirmación es un incompetente.

Dovunque tu **vada,** avrai bisogno di una cartina.
Dondequiera que vayas, necesitarás un mapa.

Como se puede ver en los ejemplos, las subordinadas relativas pueden presentar los verbos tanto en indicativo como en condicional y subjuntivo:

- Se usará el indicativo cuando la oración principal exprese un hecho presentándolo como cierto:

Conosco una persona che **parla** perfettamente varie lingue. (indicativo)
Conozco a una persona que habla perfectamente varios idiomas.

Ho comprato un paio di scarpe **che** non **costano** troppo. (indicativo)
He comprado un par de zapatos que no cuestan demasiado.

- Se utilizará el subjuntivo o el condicional cuando el verbo de la principal indique que el hecho puede ser incierto, deseado, temido, etc.:

Ho bisogno di una persona che **parli** bene varie lingue. (subjuntivo)
Necesito una persona que hable bien varios idiomas.

Conosco un ragazzo che **potrebbe parlare** facilmente varie lingue. (condicional)
Conozco a un chico que podría hablar fácilmente varios idiomas.

Voglio un paio di scarpe che non **costino** troppo. (subjuntivo)
Quiero un par de zapatos que no cuesten demasiado.

La **forma implícita** de la subordinada relativa presenta el verbo en infinitivo y está siempre introducida por un pronombre relativo con función de complemento indirecto:

Sto cercando una macchina con la quale **fare** il giro dell'Europa.
Estoy buscando un coche con el que dar la vuelta a Europa.

Las subordinadas adverbiales o circunstanciales

Las subordinadas adverbiales son oraciones subordinadas que en el interior de la oración compuesta tienen la misma función que los adverbios y los complementos circunstanciales en la oración normal. Pueden ser **temporales, concesivas, finales, consecutivas, causales, condicionales,** etc.

Como ya anticipamos hablando de los usos del subjuntivo, dependiendo del tipo de subordinada, o de la conjunción subordinante que se utilice, se requerirá el subjuntivo, el indicativo o el infinitivo (este último en el caso de las formas implícitas). En estos tipos de subordinadas suelen darse numerosas disimetrías entre el español y el italiano, por lo que es necesaria cierta atención para no equivocarse.

Subordinadas temporales

Las subordinadas temporales expresan una relación de tiempo entre la oración principal y la dependiente. Esta relación puede ser de **simultaneidad, posterioridad** o **anterioridad.**

Simultaneidad de la oración principal respecto a la subordinada

Si la acción expresada por la subordinada es simultánea a la de la oración principal, la oración dependiente suele introducirse por las conjunciones **quando** *(cuando)*, **mentre** *(mientras)*, **allorché** *(en cuanto / apenas / cuando)*, o por las locuciones **al tempo in cui** *(cuando)*, **nel momento che** *(en el momento en el que)*.

A diferencia del español, estas formas suelen requerir, en la mayor parte de los casos, el **indicativo:**

Quando arriveró, ti chiameró. (indicativo)
Cuando llegue, te llamaré.

Mentre dormivo all'aeroporto, qualcuno mi ha rubato il portafoglio. (indicativo)
Mientras dormía en el aeropuerto, alguien me ha robado la cartera.

Ti ho riconosciuto nello stesso momento che ti ho visto. (indicativo)
Te reconocí en el mismo momento en que te vi.

Hay que subrayar que la conjunción **quando** se suele emplear en subordinadas temporales con un *significado referido al futuro,* en las que se presenta la realización de la acción como **posible** o se establece una **condición.** En estos casos puede utilizarse el **subjuntivo** en alternancia con el indicativo:

Quando tu **avrai** finito di gridare, allora ne riparleremo.
Cuando hayas terminado de gritar, entonces volveremos a hablar de ello.

En este tipo de oraciones, en realidad, la oración añade al valor temporal un valor hipotético-condicional.

En la forma **implícita** (recuerda que se da cuando los sujetos de las dos oraciones coinciden), este tipo de subordinada se suele construir con el **gerundio:**

Tornando dall'ufficio, sono passato da Claudia.
Volviendo de la oficina, pasé por casa de Claudia.

Posterioridad de la oración principal con respecto a la subordinada

Cuando la acción expresada por la principal ocurre después de la que se expresa en la subordinada, ésta suele estar introducida por las conjunciones **dopo che** *(después de que),* **quando, da quando** *(desde que, desde cuando),* a las que sigue un verbo en **indicativo:**

Dopo che **fu partito,** ci mettemmo a piangere tutti.
Después de que hubo marchado, nos pusimos todos a llorar.

Mi più sentirò soddisfatto dopo che **avrò finito** questo lavoro.
Me sentiré más satisfecho cuando termine este trabajo.

Quando **avrò finito** di mangiare, mi siederò e leggerò un libro.
Cuando termine de comer, me sentaré y leeré un libro.

Como se puede ver en el segundo y tercer ejemplos, a diferencia del español (que en las oraciones de este tipo referidas al futuro emplea siempre el subjuntivo), el italiano prefiere el **indicativo,** además de utilizar un **tiempo compuesto** (en español se prefiere un tiempo simple).

Sin embargo, en italiano es posible emplear el **subjuntivo** cuando se habla de una acción futura cuya realización se considera posible o probable. Aquí se establece una diferencia basada en lo que se quiere decir:

a) Preferirei partire dopo che il problema **sia stato risolto.** (subjuntivo)
Preferiría salir después de que el problema haya sido resuelto.

b) Preferisco partire dopo che il problema **sarà stato risolto.** (indicativo)
Prefiero salir después de que el problema haya sido resuelto.

En el caso *a)* se utiliza el **subjuntivo**, ya que no estamos seguros de que el problema vaya a resolverse; mientras que en el caso *b)* pensamos que sí se va a resolver el problema, es decir, estamos seguros, con lo cual utilizamos el **indicativo.**

En la **costrucción implícita** se utiliza el **infinitivo pasado** introducido por la conjunción **dopo** o el **participio pasado,** introducido por las locuciones conjuntivas **non appena, una volta:**

Dopo aver finito di lavorare, andró in vacanza.
(**dopo** + infinitivo pasado)
Después de terminar de trabajar, me iré de vacaciones.

Una volta superato questo problema, tutto andrà meglio.
(**una volta** + participio pasado)
Una vez superado este problema, todo irá mejor.

Anterioridad de la principal con respecto a la subordinada

Cuando la acción expresada por la principal es cronológicamente anterior a la que se expresa en la subordinada, esta última suele estar introducida por la conjunción **prima che** y presenta el verbo en **subjuntivo:**

Prima che tu **prenda** l'aereo, ricordati di telefonarmi.
Antes de que cojas el avión, acuérdate de llamarme.

Maria è andata via poco prima che tu **arrivassi.**
Maria se ha ido poco antes de que tú llegaras.

En la **forma implícita,** el verbo va en infinitivo y está introducido por la locución preposicional **prima di:**

Rifletti, prima di **parlare.**
Reflexiona, antes de hablar.

Voglio finire questo lavoro, prima di **andare** a dormire.
Quiero terminar este trabajo antes de irme a dormir.

Otras subordinadas temporales

Además de las que acabamos de analizar, existen otros tipos de subordinadas temporales que expresan distintas relaciones cronológicas entre la oración principal y la subordinada:

Las subordinadas introducidas por **da quando** *(desde que)* o **da che** *(desde que)* indican **a partir de qué momento** ha empezado la acción expresada por el verbo principal. Con estas locuciones subordinantes el verbo de la subordinada debe ir en **indicativo:**

Da quando **ho cambiato** lavoro, ho molto più tempo libero.
Desde que he cambiado de trabajo, tengo mucho más tiempo libre.

Da che **ho** più tempo libero, mi annoio a morte.
Desde que tengo más tiempo libre, me aburro.

Las subordinadas introducidas por **finché** *(hasta que / mientras)*, **fino a che** *(hasta que / mientras)*, **fino a quando** *(hasta cuando)*, indican **hasta qué momento** seguirá vigente la acción expresada por el verbo principal. A diferencia del español (que siempre requiere subjuntivo), el verbo de la subordinada puede ir en **indicativo** o en **subjuntivo** y está casi siempre acompañado por un **non** pleonástico. Sin embargo, el criterio de elección de uno u otro modo no puede sistematizarse en una norma fija y dependerá del significado:

Lo aspetterò finché non **arriverà**. (indicativo)
Lo esperaré haste que llegue.

En este caso indica el final de un proceso (el de esperar), que terminará cuando ocurra la acción expresada por la subordinada.

Es posible también utilizar el **subjuntivo:** en este caso, sin embargo, se introduce un **matiz condicional:**

Non uscirò **fino a che** non **abbia smesso** di nevicare.
No saldré mientras no termine de nevar.

Como también ocurre en español, en este caso la duración del proceso de *no salir* está condicionada por la acción de *nevar*, y la frase añade al sentido temporal un matiz condicional de *«no saldré si no termina de nevar»*.

Además, si el verbo de la frase principal está en pasado, se suele utilizar el **indicativo:**

Lo aspettai finché non **arrivò.**
Lo esperé hasta que llegó.

Non uscii fino a che non **smise** di nevicare
No salí mientras no terminó / hubo terminado de nevar.

Las subordinadas introducidas por las locuciones **ogni volta che** *(todas las veces que)*, **tutte le volte che** *(todas las veces que)*, **ogniqualvolta** *(todas las veces que)*, indican **una circunstancia que se repite** todas las veces que se verifica la situación expresada en la oración principal. Estas subordinadas se construyen con **indicativo:**

Ogni volta che la **vedo,** mi batte il forte cuore.
Todas las veces que la veo, me late fuerte el corazón.

Ogniqualvolta **perde** la Roma, Antonio pensa che è un castigo di Dio.
Todas las veces que pierde la Roma, Antonio piensa que es un castigo de Dios.

Subordinadas causales

Las subordinadas causales indican la causa por la que ocurre la acción que se expresa en la oración principal. Suelen estar introducidas por las conjunciones **perché** *(porque)*, **poiché** *(ya que)*, **giacché** *(ya que)*, **siccome** *(como / ya que)*. El modo requerido, en la mayor parte de los casos, es el **indicativo.** Sin embargo, como veremos, en algunos casos se utilizan también el **condicional** y el **subjuntivo:**

Vado in Spagna, perchè **voglio** imparare lo spagnolo. (indicativo)
Voy a España porque quiero aprender español.

Siccome **faceva** freddo, mi sono messo un maglione. (indicativo)
Como hacía frío, me he puesto un jersey.

Poichè le cose **stanno** in questo modo, è meglio aspettare. (indicativo)
Ya que las cosas están así, es mejor esperar.

A veces, sin embargo, se utiliza el **condicional** para expresar una posibilidad, una hipótesis o un deseo que no es seguro que se pueda realizar, o para expresar el valor totalmente subjetivo de la causa que se alega:

Falla finita, perché **potrei** arrabbiarmi. (condicional)
Termina ya, porque podría enfadarme.

Mi ha fatto portare un maglione, perché secondo lei **avrebbe fatto** freddo. (condicional)
Me ha hecho traerme un jersey, porque según ella haría frío.

> **!** Hay que tener en cuenta que detrás de la locución **non perché** *(no porque)* se utiliza el subjuntivo: esta locución expresa una causa negada (es decir, posible pero no efectiva), que suele estar acompañada por otra subordinada causal que indica la causa real, según el esquema:
>
> oración principal + **non perché** + subjuntivo + **ma perché** + indicativo
>
> Vado in Spagna non perché io **voglia** imparare lo spagnolo, ma perché la mia ragazza **vive** a Madrid.
> Voy a España no porque quiera aprender español, sino porque mi chica vive en Madrid.

En la forma implícita la subordinada causal puede construirse mediante:

— Infinitivo precedido por la preposición **per** (pero esto es posible sólo si el sujeto de la principal y el de la subordinada coinciden):

Fu impiccato, per **aver rubato** sei cervi nel giardino del re.
Fue ahorcado por haber robado seis ciervos en el jardín del Rey.

— Gerundio (en presente o pasado según la acción sea simultánea o anterior con respecto al verbo de la oración principal). Esta construcción es posible sólo si el sujeto de la principal y el de la subordinada coinciden o si se expresa el sujeto de la subordinada:

Sentendomi molto stanco, andai a dormire.
Ya que me sentía muy cansado, me fui a dormir.

Essendo finita la benzina, la macchina si fermò.
Habiéndose terminado la gasolina, el coche se paró.

Subordinadas consecutivas

Las subordinadas consecutivas expresan la consecuencia de lo que se indica en la oración principal. Suelen estar introducidas por la conjunción **che,** muy a menudo acompañada por un adverbio o una locución adverbial (y a menudo integrada en la misma locución): **tanto che** *(tanto que)*, **a tal punto che** *(tanto que)*, **di modo che** *(de manera que)*, **cosìcche** *(de manera que)*. El modo del verbo suele ser el indicativo, pero a veces es posible utilizar también el condicional o el subjuntivo:

Era così divertente che non **potevo** smettere di ridere. (indicativo)
Era tan divertido que no podía parar de reírme.

Quello che dici è talmente assurdo che non **posso** crederci. (indicativo)
Lo que dices es tan absurdo que no puedo creerlo.

Quel ragazzo è così buono che non si **arrabbia** mai. (indicativo)
Aquel chico es tan bueno que no se enfada nunca.

Se emplea el condicional si la consecuencia depende de una condición (que puede quedar sobreentendida) o si se quiere expresar como hipotética o posible:

Quel ragazzo è così buono che non si **arrabbierebbe** mai. (condicional)
Aquel chico es tan bueno que no se enfadaría nunca.

También es posible utilizar el subjuntivo si la consecuencia es sólo hipotética o posible:

Cercherò di truccarti in modo che nessuno **possa** riconoscerti. (subjuntivo)
Intentaré maquillarte de manera que nadie pueda reconocerte.

En la forma implícita, la subordinada consecutiva presenta el verbo en infinitivo, introducido por la presposición **da**, y sólo puede construirse si el sujeto de la oración principal y el de la oración subordinada son coincidentes:

Era talmente bella **da innamorare** tutti.
Era tan hermosa como para enamorarnos a todos.

La ferita mi fa talmente male **da farmi** urlare.
La herida me duele tanto como para hacerme gritar.

Subordinadas finales

Las subordinadas finales expresan con qué fin y hacia qué objetivo tiende la acción indicada en la oración principal. Suelen estar introducidas en la mayor parte de los casos por las conjunciones **perché** *(para que)* y **affinché** *(para que / a fin de que)*, y el modo del verbo de la subordinada es siempre —en la forma explícita— el subjuntivo:

Lo ripeto di nuovo, affinché tu **riesca** a ricordarlo.
Lo repito de nuevo para que lo puedas recordar.

Domani ti chiederó di nuovo la lezione, affinché tu **possa** memorizzarla meglio.
Mañana te pediré otra vez (que me cantes) la lección, para que puedas memorizarla mejor.

Maria ti ha prestato questo libro, perché tu lo **legga.**
María te ha prestado este libro para que lo leas.

Las dos oraciones (principal y subordinada) están siempre en una relación de simultaneidad. Por eso, si en la principal encontramos tiempo presente, futuro o pretérito perfecto, en la subordinada se utilizará el presente de subjuntivo (como en las oraciones anteriores), mientras que si el verbo de la principal es un pasado (pretérito indefinido o un pretérito perfecto sentido como indefinido), en la subordinada se emplea el imperfecto de subjuntivo:

Maria ti prestò questo libro, perché tu lo **leggessi.**
Maria te ha prestado este libro para que lo leyeras.

Ti ho preparato la cena, affinché tu non **perdessi** tempo preparandotela.
Te he preparado la cena para que tú no perdieras tiempo preparándotela.

En la forma implícita (que sólo es posible si el sujeto de la principal y el de la subordinada coinciden), las subordinadas finales están introducidas por las preposiciones **per** *(para)*, **a** *(a)*, **di** *(de)* y por las locuciones **con lo scopo di** *(con el fin de)*, **al fine di** *(con el fin de)*, **in modo da** *(de manera que)*, y presentan siempre el verbo en infinitivo:

Vado in Italia per **imparare** l'italiano.
Voy a Italia para aprender italiano.

Bisogna lavorare per **vivere,** e non vivere per **lavorare.**
Hay que trabajar para vivir, y no vivir para trabajar.

Marco è venuto in Spagna a **studiare.**
Marco ha venido a España a estudiar.

Ahmed lavora in Spagna con lo scopo di **riparmiare** un po' di soldi e poi andare via.
Ahmed trabaja en España con el fin de ahorrar un poco de dinero y luego irse.

■ Subordinadas concesivas

Las subordinadas concesivas indican que la acción que se expresa en la principal se verifica, aunque hay causas (en la subordinada) que habrían tenido que obstaculizar su realización:

Benché non **abbia** molta fame, mangerò qualcosa.
Aunque no tengo mucha hambre, comeré algo.

Las concesivas son introducidas por las conjunciones subordinantes **benché** *(aunque)*, **sebbene** *(si bien)*, **nonostante** *(no obstante)*, **malgrado** *(a pesar de / pese a que)*, y por las locuciones **anche se** *(aunque)*, **nonostante che, malgrado che, con tutto che** *(y eso que)* y algunas expresiones más. El verbo de la subordinada suele ir en subjuntivo en la mayor pare de los casos, excepto con **anche se** y **con tutto che,** que requieren el indicativo:

Benché **piova,** farò una passeggiata.
Aunque llueva, daré un paseo.

Sebbene **sia vissuto** cinque anni in Germania, parla il tedesco molto male.
Aunque haya / ha vivido cinco años en Alemania, habla alemán muy mal.

Andrò alla festa, nonostante **sia** molto stanco.
Iré a la fiesta, a pesar de que esté / estoy muy cansado.

Sin embargo, si se utilizan las locuciones **anche se** *(aunque)* y **con tutto che** *(y eso que)*, el verbo deberá ir en indicativo:

Anche se **avevo** ragione, non ho voluto insistere.
Aunque tuviera / tenía razón, no he querido insistir.

Parla il tedesco molto male, con tutto che **è vissuto** cinque anni in Germania.
Habla alemán muy mal, y eso que ha vivido cinco años en Alemania.

Una construcción peculiar de concesiva es la siguiente:

oración principal + **per** + adjetivo + **che** + subjuntivo del verbo **essere**

Per simpatico che **sia,** a me non ispira simpatia.
Por simpático que sea, a mí no me inspira simpatía.

La construcción implícita más común (que sólo puede darse si el sujeto del verbo de la principal coincide con el sujeto de la subordinada) se forma con la conjunción **pur** + gerundio. A veces también se utiliza la construcción **anche** + gerundio:

Pur **sapéndolo** non me lo disse.
Aunque lo supiera, no me lo dijo.

Anche **lavorando** tutta la notte, non ce la farò.
Incluso trabajando toda la noche no lo lograré.

■ Subordinadas modales

Las subordinadas modales indican el modo en el que se desarrolla la acción que se expresa en la oración principal. Suelen estar introducidas por conjunciones y locuciones conjuntivas: **come** *(como)*, **nel modo che** *(tal y como / de la manera que)*, **nel modo in cui** *(de la manera que)*. El verbo de la subordinada va en indicativo si expresa un hecho cierto, mientras que debe ir en subjuntivo si expresa un hecho hipotético o irreal:

Ho preparato la pasta **come** mi ha insegnato mia madre.
(hecho cierto → indicativo)
He preparado la pasta tal y como me lo ha enseñado mi madre.

Mi sono comportato **nel modo in cui** mi avevi suggerito.
(hecho cierto → indicativo)
Me he portado tal y como tú me habías sugerido.

María spende **come se** avesse tanti soldi.
(hecho irreal: no tiene tanto dinero → subjuntivo)
María gasta como si tuviera mucho dinero.

En la forma **implícita** (posible sólo si hay identidad entre el sujeto de la principal y el de la subordinada), el verbo suele ir en **gerundio:**

Mi ha rimproverato, **parlandomi** duramente.
Me ha criticado, hablándome duramente.

È andata via **correndo.**
Se ha ido corriendo.

Subordinadas condicionales

Las subordinadas condicionales expresan una condición de la que depende la realización de lo que se expresa en la oración principal (se analizará mejor en el capítulo dedicado al *PERIODO HIPOTÉTICO)*

Se nevicasse tutta la notte, potremmo restare bloccati qui.
Si nevara toda la noche, podríamos quedarnos bloqueados aquí.

Las subordinadas condicionales suelen estar introducidas principalmente por la conjunción **se,** aunque también se utilizan muchas otras locuciones. Cuando es introducida por la conjunción **se,** el verbo puede ir en **indicativo** si expresa una **hipótesis cierta o muy probable:**

Se **vai** in spiaggia, vengo con te.
Si vas a la playa, voy contigo.

mientras que debe ir en **subjuntivo** si expresa una **hipótesis posible, improbable o irreal:**

Se **andassi** in spiaggia, io andrei con te.
Si fueras a la playa, yo iría contigo.

Como decíamos, para introducir las subordinadas condicionales también se emplean otras locuciones. En este caso el verbo va siempre en **subjuntivo,** ya que todas estas locuciones expresan hipótesis sólo posibles o irreales:

Ti racconterò la storia a patto che tu non la **racconti** in giro.
Te contaré mi historia a condición de que no la cuentes por ahí.

Ti prestai quel disco a condizione che tu me lo **restituissi** presto.
Te presto este disco con tal de que me lo devuelvas pronto.

El periodo hipotético 28

Lo que se ha dado en llamar **periodo hipotético** (o periodo condicional) no es nada más que una oración compuesta de tipo condicional. Como ya se ha señalado en el capítulo anterior, las subordinadas condicionales expresan una condición necesaria de la que depende la realización de lo que se expresa en la oración principal:

Se continuerà a nevicare, resteremo a casa.
Si sigue nevando, nos quedaremos en casa.

Se mi avessero avvisato subito, sarei arrivato prima.
Si me hubieran avisado rápidamente, habría llegado antes.

Si ahora analizamos estas oraciones bajo el nombre de periodo hipotético es porque éste es un tipo de estructura lógico-sintáctica peculiar, en la cual entre las dos oraciones que la conforman existe una muy estrecha relación que afecta al uso de los modos y de los tiempos verbales, y que cambia en función del grado de probabilidad de realización de los hechos que se indican en la frase.

Anticipamos que, por lo general, el indicativo se emplea para expresar hipótesis reales:

Se **fa** freddo, indossa un maglione.
Si hace frío, ponte un jersey.

mientras que si se expresan hipótesis posibles o irreales debe utilizarse el subjuntivo:

Se non **fumassi,** ti sentiresti meglio.
Si no fumaras, te sentirías mejor.

En gramática, la oración principal del periodo hipotético se llama apódosis, mientras que la oración subordinada se llama prótasis, y con estos nombres nos referiremos a las dos partes. La prótasis suele estar introducida por la conjunción **se** *(si)*, que es la más común. Sin embargo, se utilizan también **qualora** *(en el caso de que)*, **purché** *(con tal de que, mientras)* y las locuciones **a patto che** *(a condición de que)*, **a condizione che** *(a condición de que)*, **nell'ipotesi che** *(suponiendo que)* y algunas más.

Se mi avessero avvisato subito, sarei arrivato prima.

prótasis apódosis

Si me hubieran avisado rápidamente, habría llegado antes.

En la mayor parte de los casos, la prótasis suele preceder a la apódosis en la construcción de la frase. Esto ocurre principalmente cuando la conjunción subordinante es **se** (y no siempre, ya que si se quiere resaltar lo que se afirma en la apódosis, ésta puede posicionarse al principio de la oración).

Tipos de periodo hipotético

Según el grado de probabilidad de realización de la hipótesis o condición expresada en la prótasis, ésta puede verse como:

Periodo hipotético de la realidad

La prótasis, más que una verdadera hipótesis, expresa un hecho real o la previsión de un hecho que seguramente se ha hecho realidad en el pasado o se hará realidad en el presente o futuro. En este caso, en la **prótasis** (es decir, en la subordinada) pueden aparecer todos los tiempos del **indicativo,** y en la **apódosis** (es decir, en la principal) tanto **indicativo** como **imperativo:**

se + todos los tiempos del **indicativo** + **indicativo / imperativo**

Se lui **affermava** qualcosa, lei **affermava** sempre il contrario.
Si él afirmaba algo, ella afirmaba siempre lo contrario.

Se **accetti** il mio invito, ti **preparerò** una cena deliziosa.
Si aceptas mi invitación, te prepararé una cena deliciosa.

Se **farai** quello che ti dico, ti **pagheró** profumatamente.
Si haces lo que te digo, te pagaré muy bien.

Se **piove, mettiti** l'impermeabile.
Si llueve, ponte la gabardina.

> **!** Aunque las simetrías entre español e italiano son notables, como se puede ver en el tercer ejemplo, en italiano es posible utilizar el **futuro de indicativo** en la **prótasis,** mientras que en español no existe esa posibilidad.

Hemos visto que en esta modalidad del periodo hipotético se utiliza siempre el indicativo. Sin embargo, como también ocurre en español, si en lugar de la conjunción **se** *(si)* se usa una de las otras conjunciones o locuciones conjuntivas, en la prótasis habrá que emplear el **subjuntivo.** Sucede así porque todas las demás conjunciones y locuciones expresan siempre una hipótesis posible o irreal:

Ti racconterò la storia a patto che tu non la **racconti** in giro.
Te contaré mi historia a condición de que no la cuentes por ahí.

Ti presterò quel disco a patto che tu me lo **restituisca** presto.
Te prestaré este disco con tal de que me lo devuelvas pronto.

Además, como se puede ver en los ejemplos, si se emplean estas otras conjunciones en muchos casos puede cambiar la estructura de la oración: se invierten los miembros y la apódosis pasa a ser el primer elemento de la frase (como, por otra parte, también ocurre en español).

Periodo hipotético de la posibilidad

Esta modalidad del periodo hipotético expresa hechos que no han ocurrido, pero que podrían verificarse y por eso pueden ser **probables, posibles** o **improbables.**

- **Probables.** Si los hechos se presentan como muy probables, se utiliza el **indicativo.** Esta modalidad no se diferencia formalmente del periodo hipotético de la realidad, y sólo a través del contexto será posible entender si la hipótesis plantea un hecho real o sólo muy probable:

Se **sorge** qualche problema, ti **chiamerò.**
Si surge algún problema, te llamaré.

- **Posibles o improbables.** Si los hechos se presentan como posibles o improbables, se emplea el **imperfecto de subjuntivo** en la *prótasis*, y el **condicional presente** en la *apódosis:*

Se **sorgesse** qualche problema, ti **chiamerei.**
Si surgiera algún problema, te llamaré.

Se **nevicasse** tutta la notte, **potremmo** restare bloccati qui.
Si nevara toda la noche, podríamos quedarnos bloqueados aquí.

Se io **dovessi** andare in spiaggia, ti **chiamerei.**
Si yo me fuera a la playa, te llamaría.

Periodo hipotético de la irrealidad

En esta modalidad el periodo hipotético expresa hechos que son puramente imaginarios, que no han ocurrido nunca hasta el momento (aunque fueran posibles), y que no podrían ocurrir nunca porque no existe tal posibilidad. Pueden darse dos casos:

- Si la acción se refiere al presente, se emplean los mismos modos y tiempos del periodo hipotético de la posibilidad: en la *prótasis* aparece el **imperfecto de subjuntivo,** y en la *apódosis,* el **condicional simple:**

Se **avessi** molti soldi [ma non li ho, né li avró], mi **comprerei** una casa.
Si tuviera mucho dinero [pero no lo tengo ni lo tendré], me compraría una casa.

Se **fossi** in te, **cercherei** un lavoro.
Si yo fuera tú, buscaría un trabajo.

Como se puede ver, se trata del mismo esquema del periodo hipotético de la posibilidad; sin embargo, lo que se expresa es diferente. Por eso, sólo el contexto nos permite distinguir si la hipótesis se piensa como posible o totalmente imposible.

- Si la acción que se proyecta como imposible se refiere a un pasado que ya no puede cambiarse, los tiempos utilizados son: en la *prótasis* el **pluscuamperfecto de subjuntivo,** y en la *apódosis* el **condicional compuesto:**

Se mi **avessero avvisato** prima, **sarei partito** subito.
Si me hubieran avisado antes, habría salido rápidamente.

Se **avessi saputo** com'era la festa, non **sarei venuto.**
Si hubiera sabido cómo era la fiesta, no habría venido.

Sin embargo, si la consecuencia de la prótasis dura hasta el mismo presente, en la apódosis se debe emplear el **condicional presente:**

Se lo **avessi saputo** prima, adesso non mi **troverei** in questa situazione.
Si lo hubiera sabido antes, ahora no me encontraría en esta situación.

Se **avessi smesso** di fumare, adesso non **avresti** quella brutta tosse.
Si hubieras dejado de fumar, ahora no tendrías esa tos tan fea.

La forma implícita

Cuando se utilizan en su **forma implícita** (es decir, cuando el sujeto de la oración principal y el de la subordinada son el mismo), las oraciones condicionales pueden estar representadas por **a + infinitivo,** un **gerundio** o un **participio pasado:**

Periodo hipotético de la realidad

A vederlo, non ti **sembra** ricco. [= Se lo vedi...]
(**a** + infinitivo)
Viéndole, no te parece rico. [= Si lo ves...]

Donando il tuo sangue, **farai** una buona azione. [Se doni il tuo sangue...]
(gerundio)
Donando tu sangre, harás una buena acción. [Si donas tu sangre...]

Sviluppata bene, è una buona idea. [= Se si sviluppa bene...]
(participio pasado)
Bien desarrollada, es una buena idea. [= Si se desarrolla bien...]

Periodo hipotético de la posibilidad

A vederlo, non ti **sembrerebbe** ricco. [= Se lo vedessi...]
(**a** + infinitivo)
Viéndole, no te parecería rico. [= Si lo vieras...]

Donando il tuo sangue, **faresti** una buona azione. [= Se donassi il tuo sangue...]
(gerundio)
Donando tu sangre, harías una buena acción. [= Si donaras tu sangre...]

Sviluppata bene, sarebbe una buona idea. [= Se si sviluppasse bene...]
(participio pasado)
Bien desarrollada, sería una buena idea. [= Si se desarrollara bien...]

Periodo hipotético de la irrealidad

A vederlo, non ti **sarebbe sembrato** ricco. [= Se lo avessi visto...]
(**a** + infinitivo)
Viéndole, no te habría parecido rico. [= Si lo hubieras visto...]

Donando il tuo sangue, **avresti fatto** una buona azione. [= Se avessi donato il tuo sangue...]
(gerundio)
Donando tu sangre, habrías hecho una buena acción. [= Si hubieras donado tu sangre...]

Sviluppata bene, sarebbe stata una buona idea. [= Se fosse stata sviluppata bene...]
(participio pasado)
Bien desarrollada, habría sido una buena idea. [= Si se hubiera desarrollado bien...]

Casos particulares

Es bastante común, si se quiere dar cierta importancia a lo que expresa la prótasis, utilizarla sola, especialmente en frases exclamativas o interrogativas, para expresar deseos o arrepentimiento. En este caso se usa siempre en las modalidades de la posibilidad o de la imposibilidad, empleando el **imperfecto** o el **pluscuamperfecto de subjuntivo:**

Se **fosse** vero!
¡Si fuera verdad!

E se **andassimo** a casa di Giovanni?
¿Y si fuéramos a casa de Giovanni?

El imperativo 29

El imperativo expresa una orden o una exhortación. Como sucede en español, las formas propias del imperativo se reducen a tres personas (segunda singular, primera y segunda plural), y para las otras personas y el imperativo negativo se utilizan formas derivadas de otros modos verbales: el subjuntivo y el infinitivo.

Veamos la conjugación regular del imperativo (formas propias):

	Lavor**are** *trabajar*	Prend**ere** *tomar / coger*	Serv**ire** *servir*	Cap**ire** *entender*
tu	lavor**a**	prend**i**	serv**i**	cap**isci**
noi	lavor**iamo**	prend**iamo**	serv**iamo**	cap**iamo**
voi	lavor**ate**	prend**ete**	serv**ite**	cap**ite**

Como se puede ver, a excepción de la segunda persona singular de la primera conjugación (**lavora!, canta!**), el imperativo es igual al presente de indicativo. Por esta razón es lógico que el imperativo presente ese grupo de verbos de la tercera conjugación que introducen el grupo **–isc–** entre la raíz y la desinencia, que ya vimos en el presente de indicativo:

Mangia i cavolini di Bruxelles!
¡Cómete las coles de Bruselas!

Condisci l'insalata!
¡Aliña la ensalada!

Leggi i libri che ti ha detto la professoressa!
¡Lee los libros que te dijo la profesora!

Partiamo subito!
¡Salgamos ahora mismo!

El imperativo de las formas de cortesía (**Lei** y **Loro**) corresponde a la tercera persona singular y plural del presente de subjuntivo:

Lei	lavor**i**	prend**a**	serv**a**	cap**isca**
Loro	lavor**ino**	prend**ano**	serv**ano**	cap**iscano**

Vengano! Entrino a vedere la donna barbuta!
¡Pasen! ¡Entren a ver a la mujer barbuda!

Si **serva** pure!
¡Sírvase, sírvase! *

* En italiano se utiliza el adverbio **pure** para reforzar el imperativo, mientras que en español, por lo general, esto se consigue mediante la duplicación del verbo.

Irregularidades del imperativo

Las segundas personas del singular y del plural de los verbos **essere, avere, sapere** y **volere** presentan las siguientes irregularidades:

	essere	**avere**	**sapere**	**volere**
tu	sii	abbi	sappi	vogli*
voi	siate	abbiate	sappiate	vogliate

* La segunda persona del singular del verbo **volere** prácticamente no se utiliza.

Sii buono!
¡Sé bueno!

Sappiate che questa situazione non può durare!
¡Que sepáis que esta situación no puede seguir así!

Los verbos **andare, dare, fare, stare** y **dire** presentan las irregularidades en la segunda persona del singular:

	andare	**dare**	**fare**	**stare**	**dire**
tu	vai / va'	dai / da'	fai / fa'	stai / sta'	di'

Sta' (stai) tranquillo, non arriviamo tardi.
Estate tranquilo, no vamos a llegar tarde.

Fa' (fai) presto!
¡Date prisa!

En estos casos, como se puede ver en la tabla y en los ejemplos, se utiliza un apóstrofe (y no un acento: **sta'**) para indicar que se ha producido un apócope.

Si estos verbos van acompañados por pronombres, se emplean siempre las formas **va', da', fa'** y **sta'** (véanse más adelante otras características de estos verbos acompañados por pronombres).

El imperativo negativo

El imperativo negativo se forma añadiendo **non** a la forma positiva, excepto en la segunda persona singular, donde se forma con **non + infinitivo:**

Non lavorate troppo!
¡No trabajéis demasiado!

Non vogliate sempre aver ragione!
¡No queráis tener siempre la razón!

Non partiamo tardi!
¡No salgamos tarde!

Non discuta i miei ordini!
¡No discuta mis órdenes!

Non parlare con gli estranei! (2.ª persona singular: *tú)*
¡No hables con extraños!

Non bere più!
¡No bebas más!

Non fare tardi!
¡No llegues tarde!

El imperativo acompañado por pronombres

Por lo general, los pronombres se colocan después del imperativo:

Lava**ti!**
¡Lávate!

Sta suonando per voi, ascoltate**lo!**
Está tocando para vosotros, ¡escuchadle!

Tito vi sta aspettando a casa sua, andate**ci** subito!
Tito os está esperando en su casa, ¡id (ahí) enseguida!

Parlate**ne** tra di voi e poi dite**mi** cosa avete deciso.
Hablad entre vosotros y después decidme lo que habéis decidido.

En las terceras personas (**Lei, Loro**) los pronombres personales van siempre delante del verbo:

Lo dica!
¡Dígalo!

Non **lo faccia!**
¡No lo haga!

Con el imperativo negativo los pronombres se pueden colocar antes o después del verbo:

Non **lo** dite a Ottavio! / Non dite**lo** a Ottavio!
¡No se lo digáis a Ottavio!

Non **ve lo** mangiate tutto! / Non mangiate**velo** tutto!
¡No os lo comáis todo!

Non **ci** andate adesso! / Non andate**ci** adesso!
¡No vayáis (ahí) ahora!

Claramente esto excluye, como ya hemos visto, las terceras personas:

Non **ve ne pentiate!**
¡No os arrepintáis (de eso)!

> **!** Los pronombres **mi, ti, lo, la, li, le, ci,** además de **ne** y **ci,** duplican la consonante inicial cuando siguen las formas del imperativo **va', da', fa', sta', di':**
>
> **Dammi** una mano!
> ¡Échame una mano!
>
> **Dillo** a Pasquale!
> ¡Díselo a Pasquale!
>
> **Vacci** tu!
> ¡Ve tú (ahí)!
>
> **Stanne** fuori!
> ¡No te metas (en eso)!
>
> **Falle** capire che è meglio per lei!
> ¡Hazle entender que es mejor para ella!
>
> Como habrás notado en los ejemplos, los usos del imperativo coinciden perfectamente en italiano y en español.

Formas no personales del verbo

30

Las formas impersonales del verbo son: el **infinito** *(infinitivo)*, el **gerundio** y el **participio.** Carecen de personas verbales, pero, en las formas compuestas, concuerdan con el sujeto.

El infinitivo

El infinitivo (**infinito**) presenta, como en español, un tiempo simple (**presente**) y uno compuesto (**passato**). Las formas del infinitivo simple son las que hemos visto a lo largo de todo el libro:

Lavor**are**	Prend**ere**	Serv**ire**
trabajar	*tomar / coger*	*servir*

! Hay verbos de la segunda conjugación que son irregulares hasta en el infinitivo: son los verbos acabados en **–rre:** tra**rre** (y sus compuestos), po**rre** (y sus compuestos), tradu**rre,** condu**rre,** ridu**rre...**

El infinitivo compuesto se forma como todos los demás verbos compuestos:

Lavorare	**Partire**
trabajar	*salir / marcharse*
avere lavorato	essere partito / –a / –e / –i

En algunos casos los usos del infinitivo coinciden en italiano y en español:

In caso di pericolo **premere** il pulsante rosso.
En caso de peligro pulsar el botón rojo.

Invece di **gridare** potresti **spiegarti** meglio.
En vez de gritar podrías explicarte mejor.

Non mi piace **fare** colazione in fretta.
No me gusta desayunar deprisa.

Deve **aver** già **mangiato.**
Debe de haber comido ya.

Sin embargo, hay muchas diferencias en el uso del infinitivo entre las dos lenguas. Ya vimos algunas en el capítulo *LA ORACIÓN COMPUESTA* con respecto a su uso en las subordinadas objetivas.

- En italiano se utiliza el **infinitivo simple** para formar el **imperativo negativo** de la segunda persona singular:

  Non **giocare** con i suoi sentimenti!
  ¡No juegues con sus sentimientos!

- El uso del **infinitivo compuesto** está bastante más difundido en italiano que en español, ya que se utiliza, en lugar del infinitivo simple, cuando la acción es anterior a la del verbo principal:

  L'hanno arrestato per **aver detto** la verità[4].
  Lo detuvieron por decir la verdad.

  È andato a casa dopo **aver parlato** con Roberto.
  Se ha ido a casa después de hablar con Roberto.

  Dopo **essere passata** per casa sua, sono andata a lavorare.
  Después de pasar por su casa, he ido a trabajar.

El participio

El participio en italiano tiene dos tiempos: el **presente** y el **passato.**

- El participio presente regular se presenta así:

Lavor**are**	Prend**ere**	Serv**ire**
trabajar	*tomar / coger*	*servir*
lavor**ante**	prend**ente**	serv**ente**

Algunos verbos de la tercera conjugación tienen desinencia en **–iente: provenire →** proven**iente.**

El participio presente puede ser utilizado como verbo o como adjetivo o sustantivo. Sin embargo, su uso como verbo está casi totalmente limitado a fórmulas burocráticas o literarias:

Il treno **proveniente** da Bolzano è in ritardo.
El tren que llega procedente de Bolzano lleva retraso.

[4] Observa el uso del verbo **avere:** este verbo se suele apocopar ante el participio pasado en el infinitivo compuesto.

Adesso versa nella teiera l'acqua **bollente.**
Ahora vierte en la tetera agua hirviendo.

Il presidente **uscente** ricevette ieri il neoeletto.
El presidente saliente recibió ayer al presidente entrante.

Brillante *(brillante),* **sorridente** *(sonriente),* **splendente** *(resplandeciente)* son ejemplos de adjetivos que en italiano y en español tienen el mismo origen a partir de verbos relativos: **brillare** *(brillar),* **sorridere** *(sonreír) y* **splendere** *(resplandecer).*

- Ya hemos hablado del **participio passato** en *EL PRETÉRITO PERFECTO.* Recordamos que tiene las siguientes formas:

Lavor**are**	Ricev**ere**	Serv**ire**
trabajar	*tomar / coger*	*servir*
lavor**ato**	ricev**uto**	serv**ito**

Sin embargo, hay muchos participios pasados irregulares. No existe una norma precisa y exhaustiva para definir la formación de los participios irregulares, por lo que recomendamos el uso de un buen diccionario. En la tabla siguiente presentamos algunos de los más utilizados:

accendere	encender	acce**so**
chiudere	cerrar	chiu**so**
correre	correr	cor**so**
perdere	perder	per**so**
prendere	tomar / coger	pre**so**
rendere	devolver	re**so**
scendere	bajar	sce**so**
spendere	gastar	spe**so**
ammettere	admitir	amme**sso**
concedere	conceder	conce**sso**
mettere	poner / meter	me**sso**
succedere	ocurrir	succe**sso**
aprire	abrir	ape**rto**
morire	morir	mo**rto**
offrire	ofrecer / invitar (a alguien a tomar algo)	offe**rto**
chiedere	preguntar / pedir	chie**sto**
rimanere	quedarse	rima**sto**
rispondere	contestar	rispo**sto**
vedere	ver	vi**sto**
dire	decir	de**tto**

fare	hacer	fa**tto**
leggere	leer	le**tto**
produrre	producir	prodo**tto**
rompere	romper	ro**tto**
scrivere	escribir	scri**tto**
tradurre	traducir	trado**tto**
giungere	llegar	giu**nto**
vincere	ganar / vencer	vi**nto**
cogliere	coger	co**lto**
raccogliere	recoger	racco**lto**
scegliere	elegir	sce**lto**
togliere	quitar	to**lto**
vivere	vivir	vi**ssuto**
bere	beber	be**vuto**
venire	venir	ve**nuto**
essere	ser	**stato**
nascere	nacer	**nato**

> **!** El participio pasado del verbo **essere** y del verbo **stare** son iguales → **stato.**

Además de ser utilizado para formar los verbos compuestos, también tiene otras funciones:

- Como en español, es bastante frecuente su uso como adjetivo:

  Non ti tagliare con quel bicchiere **rotto.**
  No te cortes con ese vaso roto.

  Il ristorante è **aperto** dalle otto all'una.
  El restaurante está abierto de ocho a una.

- Como verbo se utiliza con más frecuencia que en español en subordinadas temporales, causales, concesivas o relativas que expresan una acción anterior a la de la principal:

  Risolto il problema, me ne sono andata a casa.
  Solucionado el problema, me he ido a casa.

  Vinta la battaglia l'esercito si ritirò.
  Después de ganar la batalla, el ejército se retiró.
  Una vez ganada la batalla, el ejército se retiró.

Chiusa la porta non si sente nessun rumore.
Si se cierra la puerta, no se oye ningún ruido.

El gerundio

El gerundio también presenta los tiempos **presente** (simple) y **passato** (compuesto).

El **gerundio presente** tiene estas formas regulares:

Lavor**are**	Prend**ere**	Serv**ire**
trabajar	*tomar / coger*	*servir*
lavor**ando**	prend**endo**	serv**endo**

Algunos verbos muy comunes tienen el gerundio irregular: **bere → bevendo, dire → dicendo, fare → facendo, porre** (y sus compuestos) **→ ponendo, trarre** (y sus compuestos) **→ traendo**, y los verbos en **–durre** (por ejemplo, **tradurre → traducendo, condurre → conducendo**).

Ya vimos anteriormente que en italiano se utiliza el gerundio en las formas **stare + gerundio** con el mismo significado de la forma homóloga española:

Sta dormendo, non lo svegliare.
Está durmiendo, no lo despiertes.

En otros casos también coincide el uso del gerundio en italiano y en español:

Ho passato tutta la sera **discutendo** con Ettore.
He pasado toda la noche discutiendo con Ettore.

Entrò **correndo** in casa.
Entró corriendo en casa.

Leggendo si impara molto.
Leyendo se aprende mucho.

Ha urtato il bicchiere **facendolo** cadere.
Ha empujado el vaso haciéndolo caer.

Hay que tener cierto cuidado, ya que se dan casos en los que no coincide el uso del gerundio entre los dos idiomas. De hecho, se utiliza el gerundio en español, pero no en italiano:

- Cuando el sujeto de la frase principal y el de la subordinada son distintos:

Lo hanno visto **mentre rubava** una macchina.
Lo hanno visto **rubare** una macchina.
Lo han visto robando un coche.

L'ho scoperto **mentre copiava** i compiti.
L'ho scoperto **a copiare** i compiti.
Lo he descubierto copiando los deberes.

Vi lascio qui **a parlare** di uomini.
Os dejo aquí hablando de hombres.

- Con el verbo **continuare** *(seguir):*

Continua **a piovere.**
Sigue lloviendo.

Marco e Bruno continuano **a discutere.**
Marco y Bruno siguen discutiendo.

El **gerundio passato** tiene las siguientes formas:

Lavorare *trabajar*	**Partire** *salir / marcharse*
avendo lavorato	essendo partito / –a / –e / –i

Avendo camminato tutto il giorno sono molto stanco.
Habiendo andado todo el día estoy muy cansado.

Pur **avendo sentito** quello che hai detto, non ho capito niente.
A pesar de haber oído lo que has dicho, no he entendido nada.

Verbos pasivos, impersonales y defectivos 31

A diferencia del español, en italiano la forma pasiva se utiliza con cierta frecuencia. Por esa misma razón es necesario dedicarle alguna atención. Además, no sólo se construye con el auxiliar **essere,** sino también con el verbo **venire** (utilizado como auxiliar).

La forma pasiva

Como se sabe, un verbo tiene forma activa cuando el sujeto realiza la acción expresada por el verbo, es decir, cuando el sujeto es el *agente,* mientras que en la forma pasiva el sujeto padece la acción expresada por el verbo:

Marco ha accarezzato il cane. (forma activa)
Marco ha acariciado al perro.

Il cane è stato accarezzato da Marco. (forma pasiva)
El perro fue acariciado por Marco.

La voz pasiva se construye, tanto en italiano como en español, con el verbo **essere** y el participio pasado del verbo:

Presto **sarai invaso** dal rimorso.
Pronto serás invadido por el remordimiento.

La mia padrona di casa **è stata investita** da una macchina.
Mi casera ha sido atropellada por un coche.

Observa que, en los tiempos compuestos, en italiano concuerdan con el sujeto ambos participios, el del auxiliar **essere** y el del verbo, mientras que en español sólo concuerda el del verbo.

También recuerda que, tal y como vimos en LAS PREPOSICIONES, el complemento agente es introducido por la preposición **da.**

Aunque todos los verbos, tanto transitivos como intransitivos, tienen forma activa, sólo pueden tener forma pasiva los verbos transitivos. (Recuerda que el complemento directo de un verbo activo pasa a ser el sujeto de la frase pasiva.)

En los tiempos simples en italiano es muy común que para la formación de la voz pasiva, en vez del auxiliar **essere,** se utilice como auxiliar el verbo **venire:**

La spiaggia **viene erosa** dal mare.
La playa es erosionada por el mar.

I pesci piccoli **vengono mangiati** da quelli grandi.
Los peces pequeños son comidos por los grandes.

En italiano la construcción pasiva es bastante más común que en español, y se suele utilizar con cierta frecuencia.

Otra construcción con valor pasivo que existe tanto en italiano como en español es la *pasiva refleja* (**si passivante**), que se suele usar cuando no hay un complemento agente. Se forma según el esquema:

si + verbo transitivo en un tiempo simple en la 3.ª persona singular o plural

Qui **si vedono** spesso gli UFO.
Aquí se ven a menudo los ovnis.

Si dicono passivi i verbi che...
Se llaman pasivos los verbos que...

Si se emplea un tiempo compuesto, en italiano el **si** precede al verbo en forma **pasiva:** se utiliza, pues, el auxiliar **essere,** y **el participio pasado concuerda con el complemento:**

Da queste parti **si sono viste** cose molto strane.
Por aquí se han visto cosas muy raras.

Finalmente **si è scoperto** perché gli stava antipatica.
Por fin se ha descubierto por qué le caía mal.

Vedere y **scoprire** son verbos transitivos; por tanto, se conjugan con **avere (ho visto, ho scoperto).**

La construcción impersonal

Algunos verbos se utilizan siempre, o en la mayoría de los casos, sin un sujeto determinado, en forma **impersonal**. Estos verbos son:

- Los que indican fenómenos meteorológicos: **piovere** *(llover)*, **nevicare** *(nevar)*, **tuonare** *(tronar)*...:

  In questa zona **nevica** spesso.
  En esta zona nieva a menudo.

  Prendi l'ombrello, **pioviggina.**
  Coge el paraguas, está lloviznando.

- Los verbos que expresan necesidad: **bisognare / volerci / servire / occorrere,** *ser necesario / hacer falta / (hay que):*

  Bisogna partire presto domani mattina. **Ci vogliono** almeno tre ore per arrivare.
  Hay que salir pronto mañana por la mañana. Hacen falta por lo menos tres horas para llegar.

- Algunos verbos de opinión, conveniencia y otros que indican la realización de un hecho:

accadere	ocurrir
avvenire	acontecer
bastare	bastar
capitare	ocurrir
convenire	convenir
dispiacere	sentir(lo)
importare	importar
parere	parecer
piacere	gustar
sembrare	parecer
succedere	pasar

Non **importa** se non sei capace, impari!
No importa si no eres capaz, ¡aprendes!

Quello che mi stai dicendo mi **sembra** assurdo.
Lo que me estás diciendo me parece absurdo.

> **!** Cuidado con el verbo **sembrare,** no lo confundas con *sembrar*...

También tienen forma impersonal algunas locuciones formadas con los verbos **andare** *(ir)* → **va bene / male** *(va bien / mal)*, **essere** *(ser)* → **c'è** *(hay)*, **fare** *(hacer)* → **fa freddo / caldo** *(hace frío / calor)*, y algunas más.

Como también ocurre en español, muchos verbos que se utilizan normalmente en forma personal se pueden emplear también en forma impersonal. En estos casos el verbo está siempre en tercera persona singular y es precedido por la partícula **si** o por el pronombre indefinido **uno:**

Con la sua vita **uno** fa quello che vuole.
Con su vida uno hace lo que quiere.

Si dice che non sia tornato a casa.
Se dice que no ha vuelto a casa.

Si parla molto di te.
Se habla mucho de ti.

Si vive una volta sola.
Sólo se vive una vez.

! La forma impersonal de los verbos reflexivos y pronominales —que ya llevan detrás un **si**— (**lavarsi, sentirsi, vergognarsi, ribellarsi, arrabbiarsi,** etc.; véase *LOS VERBOS REFLEXIVOS Y PRONOMINALES)* se construye añadiendo la partícula **ci** o el pronombre personal **uno** antes del verbo (en español se suele utilizar el pronombre personal *uno):*

Ci si sente bene quando si fa il proprio dovere. **ci** + sentir**si**
Uno si sente bene quando si fa il proprio dovere. **uno** + sentir**si**
Uno se siente bien cuando hace su deber.

Ci si lava poco, ¿eh? —disse il frate ai suoi alunni annusando l'aria.
Se lava uno poco, ¿eh? —dijo el fraile a sus alumnos husmeando el aire.

Ci si ribella poco in questo paese.
La gente se rebela poco en este país.

Los verbos impersonales en las formas compuestas

Para la formación de los tiempos compuestos en la forma impersonal hay que tener en cuenta los siguientes casos:

- En los tiempos compuestos, por lo general, los verbos utilizados en forma impersonal requieren el auxiliar **essere:**

Non **era** mai **successo.**
Nunca había pasado.

Mi **era parso** che mi avessi chiamato.
Me había parecido que me llamabas.

Si è parlato molto di te.
Se ha hablado mucho de ti.

- Los verbos que indican fenómenos meteorológicos aceptan los dos auxiliares **essere** y **avere,** mientras que las formas impersonales con el verbo **fare** requieren siempre el auxiliar **avere:**

  È piovuto / ha piovuto molto.
  Ha llovido mucho.

  È nevicato / ha nevicato proprio tanto.
  Ha nevado muchísimo.

  Ha fatto caldissimo.
  Ha hecho mucho calor.

  Ha fatto brutto per tutto il fine settimana.
  Ha hecho mal tiempo durante todo el fin de semana.

Es importante subrayar lo siguiente: en los tiempos compuestos de los verbos impersonales el participio pasado no varía en género y número, y se presenta en la forma masculina singular, terminado en **–o,** si el verbo que se utiliza en la forma impersonal en su forma activa (la conjugación «normal») lleva el auxiliar **avere:**

  Oggi **si** è lavorato molto.
  [**lavorare** en su forma activa requiere el auxiliar **avere: ho** lavorato]
  Hoy se ha trabajado mucho.

Por el contrario, si el verbo, utilizado en su forma activa, requiere el auxiliar **essere,** en la forma impersonal el participio suele ir en masculino plural, terminado en **–i:**

  Si è vissut**i** a lungo.
  Se ha vivido mucho tiempo.

Los verbos defectivos

Algunos verbos sólo se utilizan en algunas personas o tiempos verbales. Estos verbos se llaman defectivos (**difettivi**). La mayoría de ellos se emplean muy poco, y un buen diccionario es muy útil para descubrir las peculiaridades de estos verbos. Tan sólo vamos a mencionar unos cuantos con algunos de los usos más frecuentes:

- **Delinquere** *(delinquir)* → **delinquere** (en fórmulas jurídicas como **associazione per delinquere / istigazione a delinquere**)
  → **delinquente** (usado como sustantivo en el sentido de *malhechor)*

- Los verbos **prudere** *(picar)*, **vertere** *(versar)*, **vigere** *(estar en vigor, estar vigente)* sólo se utilizan en la tercera persona del singular y del plural.

- Los verbos **ardire** *(atreverse, osar)*, **atterrire** *(aterrar)*, **marcire** *(marchitar)*, **sparire** *(desaparecer)* no se emplean en la primera persona plural del presente de indicativo y de subjuntivo (**ardiamo, atterriamo, marciamo, spariamo**) ni en la segunda persona plural del presente de subjuntivo (**ardiate, atterriate, marciate, spariate**), ya que se confunden con las mismas formas de los verbos **ardere** *(arder)*, **atterrare** *(aterrizar)*, **marciare** *(marchar)* y **sparare** *(disparar)*.

En estas expresiones se sustituyen por sinónimos. Veamos un ejemplo:

> È necessario che **spariate** per un po'.
> (aquí estaríamos utilizando el verbo **sparire**)

Sin embargo, el verbo **sparire** no se usa en esta forma, ya que se podría interpretar como **sparare:**

> Es necesario que disparéis durante un tiempo...

Para que no haya confusión, se utiliza el sinónimo **scomparire:**

> È necessario che **scompariate** per un po'.
> Es necesario que desaparezcáis durante un tiempo.

Estilo directo e indirecto 32

Cuando reproducimos un discurso pronunciado por alguien, podemos hacerlo de dos maneras distintas: a través del *estilo directo* **(discorso diretto)** o a través del *estilo indirecto* **(discorso indiretto).** Si citamos textualmente las palabras de alguien, tal y como se han pronunciado, estamos utilizando el **estilo directo:**

Gli ha detto: **«Stai zitto!».**
Le dijo: «¡Calla!».

Cuando, en cambio, no se reproduce exactamente el mensaje, sino que se relata por medio de un «narrador», éste se transforma:

Gli ha detto **di stare zitto.**
Le dijo que se callara.

En este caso estamos utilizando el **estilo indirecto.**

Ahora bien, la transformación de estilo directo a indirecto produce cambios en los tiempos y modos verbales, en los pronombres personales, en los adjetivos y pronombres posesivos, en los adjetivos demostrativos y en los adverbios de tiempo y lugar:

Pietro disse:	**«Oggi**	non **mi**	**sento** bene».
Pietro dijo:	«Hoy	no me	siento bien».
Pietro disse che	**quel giorno**	non **si**	**sentiva** bene.
Pietro dijo que	aquel día	no se	sentía bien.

Variaciones en los pronombres personales

Por lo general, como en español, los pronombres personales de primera y segunda personas del singular y del plural se transforman en pronombres de tercera persona:

Ester disse: «**Io** non sono d'accordo». → Ester disse che **lei** non era d'accordo.
Ester dijo: «Yo no estoy de acuerdo». → Ester dijo que ella no estaba de acuerdo.

Gli disse: «**Tu** parli troppo». → Gli disse che **lui** parlava troppo.
Le dijo: «Tú hablas demasiado». → Le dijo que él hablaba demasiado.

Chiese: «Cosa **ti** ha detto?». → Chiese cosa **gli** aveva detto.
Preguntó: «¿Qué te ha dicho?». → Preguntó qué le había dicho.

Sin embargo, dependiendo de a quién se refiera el pronombre y de quién hable, los pronombres personales pueden sufrir otras variaciones de persona o permanecer iguales:

Mi disse: «**Tu** non **mi** piaci». → Mi disse che **io** non **le** piacevo.
Me dijo: «Tú no me gustas». → Me dijo que yo no le gustaba.

Mi ha chiesto: «Quando **ci** vediamo?». → Mi ha chiesto quando **ci** saremmo visti.
Me ha preguntado: «¿Cuándo nos vemos?». → Me ha preguntado cuándo nos veríamos.

Mi ha chiesto: «Quando **vi** sposate?». → Mi ha chiesto quando **ci** sposiamo.
Me ha preguntado: «¿Cuándo os casáis?». → Me ha preguntado cuándo nos casamos.

Variaciones en los adjetivos y pronombres posesivos

Con los adjetivos y pronombres posesivos pasa lo mismo que con los pronombres personales:

Disse: «**Mio** fratello non c'è». → Disse che **suo** fratello non c'era.
Dijo: «Mi hermano no está». → Dijo que su hermano no estaba.

Ci hanno detto: «Il **vostro** è questo». → Ci hanno detto che il **nostro** era questo.
Nos han dicho: «El vuestro es éste». → Nos han dicho que el nuestro era éste.

Variaciones en los adverbios

También los adverbios, tanto los de tiempo como los de lugar, sufren variaciones en la transformación de estilo directo a estilo indirecto. Sin embargo, si coincide la situación en el espacio o en el tiempo de quien dijo la frase y de quien la reproduce, el adverbio no varía.

Adverbios de tiempo

discurso directo	discurso indirecto
domani mañana	il giorno dopo el día siguiente
ieri ayer	il giorno prima el día anterior
oggi hoy	quel giorno / il giorno stesso ese día / el mismo día
ora ahora	in quel momento en ese / aquel momento
fra / tra dentro de	dopo después de
fa hace	prima antes / hacía

Los adverbios de tiempo varían en la transformación del estilo directo al indirecto si el tiempo de la oración principal es pasado o futuro:

Questa mattina mi **ha detto:** «L'ho visto ieri». → Questa mattina mi **ha detto** che l'ha visto ieri.
Esta mañana me ha dicho: «Lo vi ayer». → Esta mañana me ha dicho que lo vio ayer.

Settimana scorsa mi **ha detto:** «L'ho visto ieri». → Settimana scorsa mi **ha detto** che l'aveva visto il giorno prima.
La semana pasada me dijo: «Lo vi ayer». → La semana pasada me dijo que lo había visto el día anterior.

Disse: «Andró domani». → **Disse** che sarebbe andato il giorno dopo.
Dijo: «Iré mañana». → Dijo que iría al día siguiente.

Dirà: «Lo faccio fra un'ora». → **Dirà** che lo farà un'ora dopo.
Dirá: «Lo hago dentro de una hora». → Dirá que lo hará una hora después.

Disse: «L'ho visto un'ora fa». → **Disse** che l'aveva visto un'ora prima.
Dijo: «Lo he visto hace una hora». → Dijo que lo había visto hacía una hora.

! Hay que tener cuidado porque en italiano el verbo **fare** en las expresiones como «**due giorni fa**» tan sólo se utiliza en el presente de indicativo.

Sin embargo, si el tiempo de la oración principal es presente, los adverbios de tiempo varían o no según el sentido de la frase:

Dice: «Lo faccio oggi». → **Dice** che lo fa oggi.
Dice: «Lo hago hoy». → Dice que lo va a hacer hoy.

Mi **dice** sempre: «Ti chiamerò domani». → Mi **dice** sempre che mi chiamerà il giorno dopo.
Me dice siempre: «Te llamaré mañana». → Me dice siempre que me llamará al día siguiente.

Adverbios de lugar

Como ya hemos dicho, los adverbios de lugar pueden cambiar en el paso de estilo directo a indirecto. Sin embargo, si el lugar en el que se encuentra el narrador y el que pronunció la frase coinciden, no hay variación. Por ejemplo, la oración:

Marco mi disse: «Vivo bene qui».
Marco me dijo: «Vivo bien aquí».

se transforma en una de las dos siguientes:

Marco mi disse: «Vivo bene qui». → Marco mi disse che viveva bene qui.
(Marco y yo estamos en el mismo lugar)
Marco me dijo: «Vivo bien aquí». → Marco me dijo que vivía bien aquí.

Marco mi disse: «Vivo bene qui». → Marco mi disse che viveva bene lì.
(Marco y yo estábamos en lugares diferentes)
Marco me dijo: «Vivo bien aquí». → Marco me dijo que vivía bien allí.

Las variaciones que hemos analizado hasta ahora son prácticamente las mismas que afectan al estilo indirecto en español. Sin embargo, es en los modos y en los tiempos verbales donde se producen variaciones más notables y los dos idiomas se alejan.

Transformación de modos y tiempos verbales

Si vuelves a leer los ejemplos anteriores te darás cuenta de que las oraciones en estilo indirecto son oraciones compuestas (véanse págs. 227-247), formadas por una oración principal —en la que se suelen emplear verbos como **dire** *(decir)*, **esclamare** *(exclamar)*, **domandare** *(preguntar)*, **chiedere** *(preguntar)*, **ribattere** *(rebatir)*, **rispondere** *(contestar)*, **supplicare** *(suplicar)*— y una subordinada (el discurso que se reproduce). La subordinada puede ser declarativa, interrogativa indirecta, final o causal y puede, a su vez, regir otras subordinadas:

Ha detto: «Non voglio andare». → Ha detto che non vuole andare.
(declarativa)
Ha dicho: «No quiero ir». → Ha dicho que no quiere ir.

Lo supplicano: «Resta!». → Lo supplicano di restare.
(final)
Le suplican: «¡Quédate!» → Le suplican que se quede.

Mi ha chiesto: «Vuoi venire con me?». → Mi ha chiesto se voglio andare con lei.
(interrogativa indirecta)
Me ha preguntado: «¿Quieres ir conmigo?». → Me ha preguntado si quiero ir con ella.

Las transformaciones que sufre el verbo en el paso del estilo directo al indirecto dependen del tiempo y modo de los verbos de las dos frases, pero también del tipo de subordinada que se forma (en *LA ORACIÓN COMPUESTA* vimos que algunas subordinadas requieren un modo verbal específico):

Mi **diceva** sempre: «Ti amo». → Mi diceva sempre che mi amava.
Siempre me decía: «Te quiero». → Siempre me decía que me quería.

Mi **chiedeva** sempre: «Mi ami?». → Mi chiedeva sempre se lo amassi.
Siempre me preguntaba: «¿Me quieres?». → Siempre me preguntaba si lo quería.

Estilo indirecto en las subordinadas declarativas, finales y causales

- Si el verbo de la oración principal está en **presente de indicativo** y en **futuro,** en el paso al estilo indirecto no se producen cambios en los tiempos de los verbos:

Federico **dice:** «Sono stanco e vorrei andarmene». → Dice che è stanco e vorrebbe andarsene.
Federico dice: «Estoy cansado y querría irme». → Dice que está cansado y que querría irse.

Federico **dirà:** «Sono stanco e vorrei andarmene». → Dirà che è stanco e vorrebbe andarsene.
Federico dirá: «Estoy cansado y querría irme». → Dirá que está cansado y que querría irse.

En estos casos, como en español, si el sujeto de la oración principal coincide con el de la subordinada es más común la construcción implícita **di + infinitivo** (infinitivo simple para indicar una acción simultánea a la principal, y compuesto para una anterior):

Federico **dice:** «Sono stanco». → Dice di essere stanco.
(infinitivo simple)
Federico dice: «Estoy cansado». → Dice estar cansado.

Federico **dirà:** «Sono stanco». → Dirà di essere stanco.
(infinitivo simple)
Federico dirá: «Estoy cansado». → Dirá estar cansado.

Federico **dice:** «Sono stato in spiaggia». → Federico dice di essere stato in spiaggia.
(infinitivo compuesto)
Federico dice: «He estado en la playa». → Federico dice haber estado en la playa.

Federico **dirà:** «Sono stato in spiaggia». → Federico dirà di essere stato in spiaggia.
(infinitivo compuesto)
Federico dirá: «He estado en la playa». → Federico dirá haber estado en la playa.

El único caso en el que sí se produce un cambio es cuando en la cita directa aparece un verbo en **imperativo.** En este caso en el estilo indirecto se transforma en **subjuntivo:**

Ordina ai ragazzi: «Tacete!». → Ordina ai ragazzi che tacciano.
Ordena a los chicos: «¡Callaos!». → Ordena a los chicos que se callen.

! En realidad, en italiano, como en español, si en la frase se explicita (mediante sustantivo o pronombre) la persona a la que se dirige la orden (en este caso *los chicos*), es mucho más común la construcción implícita con el **infinitivo simple** precedido por la preposición **di** o **a** (véanse págs. 227-247):

Ti **ordina:** «Taci!». → Ti ordina **di** tacere.
Te ordena: «¡Calla!». → Te ordena callar / que calles.

Sin embargo, esta construcción con infinitivo es más común en italiano que en español:

Esorta il giocatore: «Corri!». → Esorta il giocatore **a** correre.
Exhorta al jugador: «¡Corre!». → Exhorta al jugador a correr / que corra.

- Si el verbo de la principal es un **tiempo pasado,** la transformación del estilo directo al indirecto hace necesario modificar el tiempo (y a veces el modo) del verbo de la subordinada:

presente de indicativo	→	imperfecto de indicativo
Disse: «Marco dorme». Dijo: «Marco duerme». →	→	**Disse** che Marco dormiva. Dijo que Marco dormía.

imperfecto pretérito perfecto pretérito indefinido	→	pretérito pluscuamperfecto
Disse: «Ho sbagliato». Dijo: «Me he equivocado».	→ →	**Disse** che aveva sbagliato. Dijo que se había equivocado.
Disse: «Sbagliavo». Dijo: «Me equivocaba».	→	**Disse** che aveva sbagliato. Dijo que se había equivocado.

En estos casos, como en español, si el sujeto de la oración principal coincide con el de la subordinada se puede utilizar la construcción implícita **di + infinitivo** (infinitivo simple para indicar una acción simultánea a la principal e infinitivo compuesto para una anterior):

Disse: «Dormo quattro ore al giorno». → **Disse** di dormire quattro ore al giorno.
Dijo: «Duermo cuatro horas al día». → Dijo dormir cuatro horas diarias.

Disse: «Ho dormito quattro ore al giorno». → **Disse** di aver dormito quattro ore al giorno.
Dijo: «He dormido cuatro horas al día». → Dijo haber dormido cuatro horas diarias.

futuro de indicativo condicional simple	→	condicional compuesto
Disse: «Andró a casa». Dijo: «Iré a casa».	→ →	**Disse** che sarebbe andato a casa. Dijo que iría a casa.
Disse: «Andre a casa». Dijo: «Iría a casa».	→ →	**Disse** che sarebbe andato a casa. Dijo que iría a cas

! Observa que en italiano se usa el condicional compuesto (no el condicional simple como en español) para hablar de una acción futura relativa al pasado (tal como ya vimos en *EL CONDICIONAL)*.

presente de subjuntivora.	→	imperfecto de subjuntivo
Disse: «Temo che non ci sia». Dijo: «Temo que no esté».→	→	**Disse** che temeva che non ci fosse. Dijo que temía que no estuvie

imperfecto de subjuntivo	→	condicional compuesto
Disse: «Temevo che non venisse». Dijo: «Temía que no viniera».	→ →	**Disse** che aveva temuto che non sarebbe venuto. Dijo que temía que no hubiera venido.

imperativo	→	imperfecto de subjuntivo
Ci **ordinò:** «Tacete!». Nos ordenó: «¡Callaos!».	→ →	Ci **ordinò** che tacessimo. Nos ordenó que nos calláramos.

! También cuando la proposición principal está en pasado, si en la frase se explicita la persona a la que se dirige la orden (en este caso *nos)* en italiano es más común la construcción implícita con el infinitivo simple precedido por la preposición **di** o **a** (véase *LA ORACIÓN COMPUESTA):*

Ci **ordinó:** «Tacete!». → Ci ordinò di tacere.
Nos ordenó: «¡Callad!». → Nos ordenó callar.

Estilo indirecto de las interrogativas

Cuando la frase contiene una interrogación, es decir, cuando en la oración principal encontramos verbos como **domandare** *(preguntar)* y **chiedere** *(preguntar),* en italiano, a diferencia del español, el indicativo de la cita directa por lo general se transforma en subjuntivo.

Si el verbo de la oración principal es presente o futuro, el verbo de la subordinada padece los siguientes cambios:

presente de indicativo	→	presente de subjuntivo
Chiede: «Quanti anni ha Filippo?». Pregunta: «¿Cuántos años tiene Filippo?».	→ →	**Chiede** quanti anni abbia Filippo. Pregunta cuántos años tiene Filippo.

imperfecto de indicativo pretérito perfecto de indicativo pretérito indefinido de indicativo	→	imperfecto de subjuntivo
Chiede: «Chi lo diceva?». Pregunta: «¿Quién lo decía?». **Chiederà:** «Quanto costava?». Preguntará: «¿Cuánto costaba?».	→ →	**Chiede** chi lo dicesse. Pregunta quién lo decía. **Chiederà** quanto costasse. Preguntará cuánto costaba.

Si el verbo de oración principal es **pasado**, la transformación es la siguiente:

presente de indicativo	→	imperfecto de subjuntivo
Si **domandò:** «Chi è?». Se preguntó: «¿Quién es?».	→	Si **domandò** chi fosse. Se preguntó quién e

imperfecto de indicativo pretérito perfecto de indicativo pretérito indefinido de indicativo	→	pluscuamperfecto de subjuntivo
Si **domandò:** «Chi è andato a prenderlo?». Se preguntó: «¿Quién ha ido a por él?».	→	Si **domandò** chi fosse andato a prenderlo. Se preguntò quién había ido a por él.

Sin embargo, en el caso de que el verbo de la cita directa sea futuro de indicativo, si el verbo de la proposición principal está en presente, el verbo en futuro se quedará tal cual:

> **Chiede:** «Quanti anni avrà Filippo?» → Chiede quanti anni avrà Filippo.
> Pregunta: «¿Cuántos años tendrá Filippo?» → Pregunta cuántos años tendrá Filippo.

y si la principal está en **pasado**, como ya hemos visto muchas veces, el futuro se transforma en condicional:

> Si **chiese:** «Quanti anni avrà ora?». → Si chiese quanti anni avesse in quel momento.
> Se preguntó: «¿Cuántos años tendrá ahora?». → Se preguntó cuántos años tendría en ese momento.

Si el verbo de la cita directa es un subjuntivo o condicional, se queda, como en español, en el mismo modo, variando o no el tiempo según el tiempo del verbo de la principal:

— Con la oración principal en **presente** o **futuro**, el tiempo del verbo de la subordinada no varía:

> **Chiede:** «Ti piacerebbe vederlo?». → **Chiede** se gli piacerebbe vederlo.
> Pregunta: «Te gustaría verlo?». → Pregunta si le gustaría verlo.

> **Chiederà:** «Ti piacerebbe vederlo?». → Chiederà se gli piacerebbe vederlo.
> Preguntará: «Te gustaría verlo?». → Preguntará si le gustaría verlo.

> **Chiede:** «Temi che lei non ritorni?». → Chiede se temi che lei non ritorni.
> Pregunta: «¿Temes que no vuelva?». → Pregunta si temes que no vuelva.

— Con la principal en pasado se dan los siguientes cambios en la subordinada:

Chiese: «Ti piacerebbe vederlo?». → Chiese se gli sarebbe piaciuto vederlo.
Preguntó: «¿Te gustaría verlo?». → Preguntó si le habría / hubiera gustado verlo.

Chiese: «Temevi che lei non tornasse?». → Chiese se temesse che non sarebbe tornata.
Preguntó: «¿Temías que no volviera?». → Preguntó si temía que no volviera.

Conjugación de los verbos italianos 33

Verbos auxiliares

El verbo *essere*

INDICATIVO / INDICATIVO / stati / state			
presente presente	**imperfetto** pret. imperfecto	**passato remoto** pret. indefinido	**futuro** futuro
sono sei è siamo siete sono	ero eri era eravamo eravate erano	fui fosti fù fummo foste furono	sarò sarai sarà saremo sarete saranno
passato prossimo pret. perfecto	**trapassato prossimo** pluscuamperfecto	**trapassato remoto** pret. anterior	**futuro anteriore** futuro perfecto
sono stato / –a sei stato / –a è stato /–a siamo stati / –e siete stati / –e sono stati / –e	ero stato / –a eri stato / –a era stato / –a eravamo stati / –e eravate stati / –e erano stati / –e	fui stato / –a fosti stato / –a fù stato / –a fummo stati / –e foste stati / –e furono stati / –e	sarò stato / –a sarai stato / –a sarà stato / –a saremo stati / –e sarete stati / –e saranno stati / –e
CONGIUNTIVO / SUBJUNTIVO			
presente presente	**passato** pret. perfecto	**imperfetto** pret. imperfecto	**trapassato** pluscuamperfecto
sia sia sia siamo siate siano	sia stato / –a sia stato / –a sia stato / –a siamo stati / –e siate stati / –e siano stati / –e	fossi fossi fosse fossimo foste fossero	fossi stato / –a fossi stato / –a fosse stato / –a fossimo stati / –e foste stati / –e fossero stati / –e
CONDIZIONALE / CONDICIONAL		**IMPERATIVO / IMPERATIVO**	
presente simple	**passato** compuesto	**presente** presente	
sarei saresti sarebbe saremmo sareste sarebbero	sarei stato / –a saresti stato / –a sarebbe stato / –a saremmo stati / –e sareste stati / –e sarebbero stati / –e	(tu) (Lei) (noi) (voi) (Loro)	sii sia siamo siate siano
infinito presente infinitivo simple	**infinito passato** infinitivo compuesto	**gerundio presente** gerundio simple	**gerundio passato** gerundio compuesto
essere	essere stato / –a / –i / –e	essendo	essendo stato / –a / –i / –e
participio presente participio presente		**participio passato** participio pasado	
essente		stato / stata	

El verbo *avere*

INDICATIVO / INDICATIVO			
presente presente	**imperfectto** pret. imperfecto	**passato remoto** pret. indefinido	**futuro** futuro
ho hai ha abbiamo avete hanno	avevo avevi aveva avevamo avevate avevano	ebbi avesti ebbe avemmo aveste ebbero	avrò avrai avrà avremo avrete avranno
passato prossimo pret. perfecto	**trapassato prossimo** pluscuamperfecto	**trapassato remoto** pret. anterior	**futuro anteriore** futuro perfecto
ho avuto hai avuto ha avuto abbiamo avuto avete avuto hanno avuto	avevo avuto avevi avuto aveva avuto avevamo avuto avevate avuto avevano avuto	ebbi avuto avesti avuto ebbe avuto avemmo avuto aveste avuto ebbero avuto	avrò avuto avrai avuto avrà avuto avremo avuto avrete avuto avranno avuto
CONGIUNTIVO / SUBJUNTIVO			
presente presente	**passato** pret. perfecto	**imperfetto** pret. imperfecto	**trapassato** pluscuamperfecto
abbia abbia abbia abbiamo abbiate abbiano	abbia avuto abbia avuto abbia avuto abbiamo avuto abbiate avuto abbiano avuto	avessi avessi avesse avessimo aveste avessero	avessi avuto avessi avuto avesse avuto avessimo avuto aveste avuto avessero avuto
CONDIZIONALE / CONDICIONAL		**IMPERATIVO / IMPERATIVO**	
presente simple	**passato** compuesto	**presente** presente	
avrei avresti avrebbe avremmo avreste avrebbero	avrei avuto avresti avuto avrebbe avuto avremmo avuto avreste avuto avrebbero avuto	(tu) (Lei) (noi) (voi) (Loro)	abbi abbia abbiamo abbiate abbiano
infinito presente infinitivo simple	**infinito passato** infinitivo compuesto	**gerundio presente** gerundio simple	**gerundio passato** gerundio compuesto
avere	aver(e) avuto	avendo	avendo avuto
participio presente participio presente		**participio passato** participio pasado	
avente		avuto	

Verbos regulares

Primera conjugación *–are*

PARLARE

INDICATIVO / INDICATIVO			
presente presente	**imperfetto** pret. imperfecto	**passato remoto** pret. indefinido	**futuro** futuro
parl-o parl-i parl-a parl-iamo parl-ate p**a**rl-ano	parl-avo parl-avi parl-ava parl-avamo parl-avate parl-**a**vano	parl-ai parl-asti parl-ò parl-ammo parl-aste parl-**a**rono	parl-erò parl-erai parl-erà parl-eremo parl-erete parl-eranno
passato prossimo pret. perfecto	**trapassato prossimo** pluscuamperfecto	**trapassato remoto** pret. anterior	**futuro anteriore** futuro perfecto
ho parlato hai parlato ha parlato abbiamo parlato avete parlato hanno parlato	avevo parlato avevi parlato aveva parlato avevamo parlato avevate parlato av**e**vano parlato	ebbi parlato avesti parlato ebbe parlato avemmo parlato aveste parlato **e**bbero parlato	avrò parlato avrai parlato avrà parlato avremo parlato avrete parlato avranno parlato

CONGIUNTIVO / SUBJUNTIVO			
presente presente	**passato** pret. perfecto	**imperfetto** pret. imperfecto	**trapassato** pluscuamperfecto
parl-i parl-i parl-i parl-iamo parl-iate p**a**rl-ino	abbia parlato abbia parlato abbia parlato abbiamo parlato abbiate parlato **a**bbiano parlato	parl-assi parl-assi parl-asse parl-assimo parl-aste parl-assero	avessi parlato avessi parlato avesse parlato avessimo parlato aveste parlato av**e**ssero parlato

CONDIZIONALE / CONDICIONAL		IMPERATIVO / IMPERATIVO	
presente simple	**passato** compuesto	**presente** presente	
parl-erei parl-eresti parl-erebbe parl-eremmo parl-ereste parl-er**e**bbero	avrei parlato avresti parlato avrebbe parlato avremmo parlato avreste parlato avr**e**bbero parlato	(tu) (Lei) (noi) (voi) (Loro)	parl-a parl-i parl-iamo parl-ate p**a**rl-ino

infinito presente infinitivo simple	**infinito passato** infinitivo compuesto	**gerundio presente** gerundio simple	**gerundio passato** gerundio compuesto
parl-are	aver(e) parlato	parl-ando	avendo parlato

participio presente participio presente	**participio passato** participio pasado
parl-ante	parl-ato

Segunda conjugación *–ere*

RIPETERE

INDICATIVO / INDICATIVO			
presente presente	**imperfetto** pret. imperfecto	**passato remoto** pret. indefinido	**futuro** futuro
ripet-o ripet-i ripet-e ripet-iamo ripet-ete ripet-ono	ripet-evo ripet-evi ripet-eva ripet-evamo ripet-evate ripet-evano	ripet-ei / ripet-etti ripet-esti ripet-é / ripet-ette ripet-emmo ripet-este ripet-erono / ripet-ettero	ripet-erò ripet-erai ripet-erà ripet-eremo ripet-erete ripet-eranno
passato prossimo pret. perfecto	**trapassato prossimo** pluscuamperfecto	**trapassato remoto** pret. anterior	**futuro anteriore** futuro perfecto
ho ripetuto hai ripetuto ha ripetuto abbiamo ripetuto avete ripetuto hanno ripetuto	avevo ripetuto avevi ripetuto aveva ripetuto avevamo ripetuto avevate ripetuto avevano ripetuto	ebbi ripetuto avesti ripetuto ebbe ripetuto avemmo ripetuto aveste ripetuto ebbero ripetuto	avrò ripetuto avrai ripetuto avrà ripetuto avremo ripetuto avrete ripetuto avranno ripetuto

CONGIUNTIVO / SUBJUNTIVO			
presente presente	**passato** pret. perfecto	**imperfetto** pret. imperfecto	**trapassato** pluscuamperfecto
ripet-a ripet-a ripet-a ripet-iamo ripet-iate ripet-ano	abbia ripetuto abbia ripetuto abbia ripetuto abbiamo ripetuto abbiate ripetuto abbiano ripetuto	ripet-essi ripet-essi ripet-esse ripet-essimo ripet-este ripet-essero	avessi ripetuto avessi ripetuto avesse ripetuto avessimo ripetuto aveste ripetuto avessero ripetuto

CONDIZIONALE / CONDICIONAL		IMPERATIVO / IMPERATIVO	
presente simple	**passato** compuesto	**presente** presente	
ripet-erei ripet-eresti ripet-erebbe ripet-eremmo ripet-ereste ripet-erebbero	avrei ripetuto avresti ripetuto avrebbe ripetuto avremmo ripetuto avreste ripetuto avremmo ripetuto	(tu) (Lei) (noi) (voi) (Loro)	ripet-i ripet-a ripet-iamo ripet-ete ripet-ano
infinito presente infinitivo simple	**infinito passato** infinitivo compuesto	**gerundio presente** gerundio simple	**gerundio passato** gerundio compuesto
ripet-ere	aver(e) ripetuto	ripet-endo	avendo ripetuto
participio presente participio presente		**participio passato** participio pasado	
ripet-ente		ripet-uto	

Tercera conjugación *–ire* (1)

DORMIRE

INDICATIVO / INDICATIVO			
presente presente	**imperfetto** pret. imperfecto	**passato remoto** pret. indefinido	**futuro** futuro
dorm-o dorm-i dorm-e dorm-iamo dorm-ite d**o**rm-ono	dorm-ivo dorm-ivi dorm-iva dorm-ivamo dorm-ivate dorm-**i**vano	dorm-ii dorm-isti dorm-ì dorm-immo dorm-iste dorm-irono	dorm-irò dorm-irai dorm-irà dorm-iremo dorm-irete dorm-iranno
passato prossimo pret. perfecto	**trapassato prossimo** pluscuamperfecto	**trapassato remoto** pret. anterior	**futuro anteriore** futuro perfecto
ho dormito hai dormito ha dormito abbiamo dormito avete dormito hanno dormito	avevo dormito avevi dormito aveva dormito avevamo dormito avevate dormito av**e**vano dormito	ebbi dormito avesti dormito ebbe dormito avemmo dormito aveste dormito ebbero dormito	avrò dormito avrai dormito avrà dormito avremo dormito avrete dormito avranno dormito
CONGIUNTIVO / SUBJUNTIVO			
presente presente	**passato** pret. perfecto	**imperfetto** pret. imperfecto	**trapassato** pluscuamperfecto
dorm-a dorm-a dorm-a dorm-iamo dorm-iate d**o**rm-ano	abbia dormito abbia dormito abbia dormito abbiamo dormito abbiate dormito **a**bbiano dormito	dorm-issi dorm-issi dorm-isse dorm-issimo dorm-iste dorm-issero	avessi dormito avessi dormito avesse dormito avessimo dormito aveste dormito av**e**ssero dormito
CONDIZIONALE / CONDICIONAL		**IMPERATIVO / IMPERATIVO**	
presente simple	**passato** compuesto	**presente** presente	
dorm-irei dorm-iresti dorm-irebbe dorm-iremmo dorm-ireste dorm-ir**e**bbero	avrei dormito avresti dormito avrebbe dormito avremmo dormito avreste dormito avr**e**bbero dormito	(tu) dorm-i (Lei) dorm-a (noi) dorm-iamo (voi) dorm-ite (Loro) d**o**rm-ano	
infinito presente infinitivo simple	**infinito passato** infinitivo compuesto	**gerundio presente** gerundio simple	**gerundio passato** gerundio compuesto
dorm-ire	aver(e) dormito	dorm-endo	avendo dormito
participio presente participio presente		**participio passato** participio pasado	
dorm-ente / dorm-iente		dorm-ito	

Tercera conjugación *–ire* (2)

FINIRE

INDICATIVO / INDICATIVO			
presente presente	**imperfetto** pret. imperfecto	**passato remoto** pret. indefinido	**futuro** futuro
fin-isco fin-isci fin-isce fin-iamo fin-ite fin-iscono	fin-ivo fin-ivi fin-iva fin-ivamo fin-ivate fin-ivano	fin-ii fin-isti fin-ì fin-immo fin-iste fin-irono	fin-irò fin-irai fin-irà fin-iremo fin-irete fin-iranno
passato prossimo pret. perfecto	**trapassato prossimo** pluscuamperfecto	**trapassato remoto** pret. anterior	**futuro anteriore** futuro perfecto
ho finito hai finito ha finito abbiamo finito avete finito hanno finito	avevo finito avevi finito aveva finito avevamo finito avevate finito avevano finito	ebbi finito avesti finito ebbe finito avemmo finito aveste finito ebbero finito	avrò finito avrai finito avrà finito avremo finito avrete finito avranno finito
CONGIUNTIVO / SUBJUNTIVO			
presente presente	**passato** pret. perfecto	**imperfetto** pret. imperfecto	**trapassato** pluscuamperfecto
fin-isca fin-isca fin-isca fin-iamo fin-iate fin-iscano	abbia finito abbia finito abbia finito abbiamo finito abbiate finito abbiano finito	fin-issi fin-issi fin-isse fin-iissimo fin-iste fin-issero	avessi finito avessi finito avesse finito avessimo finito aveste finito avessero finito
CONDIZIONALE / CONDICIONAL		IMPERATIVO / IMPERATIVO	
presente simple	**passato** compuesto	**presente** presente	
fin-irei fin-iresti fin-irebbe fin-iremmo fin-ireste fin-irebbero	avrei finito avresti finito avrebbe finito avremmo finito avreste finito avrebbero finito	(tu) (Lei) (noi) (voi) (Loro)	fin-isci fin-isca fin-iamo fin-ite fin-iscano
infinito presente infinitivo simple	**infinito passato** infinitivo compuesto	**gerundio presente** gerundio simple	**gerundio passato** gerundio compuesto
fin-ire	aver(e) finito	fin-endo	avendo finito
participio presente participio presente		**participio passato** participio pasado	
fin-ente		fin-ito	

Verbos irregulares

A continuación se indican las formas irregulares de los verbos irregulares más utilizados. Las restantes formas son regulares.

Si quieres tener a mano un óptimo instrumento para no equivocarte con las conjugaciones y con los usos verbales, consulta el libro *Verbos italianos* de esta misma colección.

Primera conjugación *–are*

ANDARE	*ir*
indicativo presente	vado, vai, va, andiamo, andate, vanno
indicativo futuro	andrò, andrai, andrà...
condizionale presente	andrei, andresti, andrebbe...
congiuntivo presente	andassi, andassi, andasse...
imperativo	va' / vai, vada, andiamo, andate, v**a**dano

DARE	*dar*
indicativo presente	do, dai, da, diamo, date, danno
indicativo imperfetto	davo, davi, dava, davamo, davate, d**a**vano
indicativo passato remoto	diedi / detti, desti, diede / dette, demmo, deste, di**e**dero / d**e**ttero
indicativo futuro	darò, darai, darà...
condizionale presente	darei, daresti, darebbe...
congiuntivo presente	d**i**a, d**i**a, d**i**a, diamo, diate, d**i**ano
imperativo	da' / dai, dia, diamo, date, d**i**ano

FARE	*hacer*
indicativo presente	faccio, fai, fa, facciamo, fate, fanno
indicativo passato remoto	feci, facesti, fece, facemmo, faceste, f**e**cero
indicativo futuro	faró, farai, fará...
condizionale presente	farei, faresti, farebbe...
congiuntivo presente	faccia, faccia, faccia, facciamo, facciate, f**a**cciano
congiuntivo imperfetto	facessi, facessi, facesse, facessimo, faceste, facessero
imperativo	fa' / fai, faccia, facciamo, fate, f**a**cciano
participio presente	facente
participio passato	fatto
gerundio	facendo

STARE	*estar*
indicativo presente	sto, stai, sta, stiamo, state, stanno
indicativo imperfetto	stavo, stavi, stava, stavamo, stavate, st**a**vano
indicativo passato remoto	stetti, stesti, stette, stemmo, steste, st**e**ttero
indicativo futuro	starò, starai, starà, staremo, starete, staranno

condizionale presente	starei, staresti, starebbe...
congiuntivo presente	stia, stia, stia, stiamo, stiate, stiano
congiuntivo imperfetto	stessi, stessi, stesse, stessimo, steste, stessero
imperativo	sta' / stai, stia, stiamo, state, stiano
participio passato	stato

! En los tiempos compuestos el verbo **stare**_se conjuga con el auxiliar **essere.**

Segunda conjugación *–ere*

ACCENDERE *encender*

indicativo passato remoto	accesi, accendesti, accese, accendemmo, accendeste, accesero
participio passato	acceso

ACCORGERSI *darse cuenta*

indicativo passato remoto	mi accorsi, ti accorgesti, si accorse, ci accorgemmo, vi accorgeste, si accorsero
participio passato	accortosi

BERE *beber*

indicativo presente	bevo, bevi, beve, beviamo, bevete, bevono
indicativo imperfetto	bevevo, bevevi, beveva, bevevamo, bevevate, bevevano
indicativo passato remoto	bevvi, bevesti, bevve, bevemmo, beveste, bevvero
indicativo futuro	berrò, berrai, berrà...
condizionale presente	berrei, berresti, berrebbe...
congiuntivo presente	beva, beva, beva, beviamo, beviate, bevano
congiuntivo imperfetto	bevessi, bevessi, bevesse, bevessimo, beveste, bevessero
imperativo	bevi, beva, beviamo, bevete, bevano

CADERE *caer*

indicativo passato remoto	caddi, cadesti, cadde, cademmo, cadeste, caddero
indicativo futuro	cadrò, cadrai, cadrà...
condizionale presente	cadrei, cadresti, cadrebbe...

CHIEDERE *pedir / preguntar*

indicativo passato remoto	chiesi, chiedesti, chiese, chiedemmo, chiedeste, chiesero
participio passato	chiesto

CHIUDERE *cerrar*

indicativo passato remoto	chiusi, chiudesti, chiuse, chiudemmo, chiudeste, chiusero
participio passato	chiuso

CONDURRE	*llevar*
indicativo presente	conduco, conduci, conduce, conduciamo, conducete, con**du**cono
indicativo imperfetto	conducevo, conducevi, conduceva...
indicativo passato remoto	condussi, conducesti, condusse, conducemmo, conduceste, condussero
indicativo futuro	condurrò, condurrai, condurrà...
condizionale presente	condurrei, condurresti, condurrebbe...
congiuntivo presente	conduca, conduca, conduca, conduciamo, conduciate, cond**u**cano
congiuntivo imperfetto	conducessi, conducessi, conducesse...
imperativo	conduci, conduca, conduciamo, conducete, cond**u**cano
participio presente	conducente
participio passato	condotto
gerundio	conducendo

> **!** Todos los verbos que terminan en **–durre** se comportan de la misma manera: **ridurre** *(reducir)*, **sedurre** *(seducir)*, etc.

CONOSCERE	*conocer*
indicativo passato remoto	conobbi, conoscesti, conobbe, conoscemmo, conosceste, con**o**bbero
participio passato	conosciuto

CORRERE	*correr*
indicativo passato remoto	corsi, corresti, corse, corremmo, correste, c**o**rsero
participio passato	corso

CRESCERE	*crecer*
indicativo passato remoto	crebbi, crescesti, crebbe, crescemmo, cresceste, cr**e**bbero
participio passato	cresciuto

CUOCERE	*cocer / cocinar*
indicativo presente	cuocio, cuoci, cuoce, cociamo, cocete, cuociono
indicativo imperfetto	cocevo, cocevi, coceva...
indicativo passato remoto	cossi, cocesti, cosse, cocemmo, coceste, c**o**ssero
condizionale presente	cocerei, coceresti, cocerebbe...
congiuntivo presente	cuocia, cuocia, cuocia, cociamo, cociate, cu**o**ciano
congiuntivo imperfetto	cocessi, cocessi, cocesse...
imperativo	cuoci, cuocia, cociamo, cocete, cu**o**ciano
participio presente	cocente
participio passato	cotto
gerundio	cocendo

DECIDERE	*decidir*
indicativo passato remoto	decisi, decidesti, decise, decidemmo, decideste, decisero
participio passato	deciso
DIFENDERE	*defender*
indicativo passato remoto	difesi, difendesti, difese, difendemmo, difendeste, difesero
participio passato	difeso
DIRIGERE	*dirigir*
indicativo passato remoto	diressi, dirigesti, diresse, dirigemmo, dirigeste, diressero
participio passato	diretto
DISUCUTERE	*discutir*
indicativo passato remoto	discussi, discutesti, discusse, discutemmo, discuteste, discussero
participio passato	discusso
DIVIDERE	*dividir*
indicativo passato remoto	divisi, dividesti, divise, dividemmo, divideste, divisero
participio passato	diviso
DOVERE	*deber*
indicativo presente	devo, devi,deve, dobbiamo, dovete, devono
indicativo passato remoto	dovei / dovetti, dovesti...
indicativo futuro	dovrò, dovrai, dovrà...
condizionale presente	dovrei, dovresti, dovrebbe...
congiuntivo presente	deva, deva, deva / debba, dobbiamo, dobbiate, devano / debbano
LEGGERE	*leer*
indicativo passato remoto	lessi, leggesti, lesse, leggemmo, leggeste, lessero
participio passato	letto
METTERE	*poner / colocar*
indicativo passato remoto	misi, mettesti, mise, mettemmo, metteste, misero
participio passato	messo
MORDERE	*morder*
indicativo passato remoto	morsi, mordesti, morse, mordemmo, mordeste, morsero
participio passato	morso
MUOVERE	*mover*
indicativo passato remoto	mossi, movesti, mosse, movemmo, moveste, mossero
participio passato	mosso

PIACERE	*gustar*
indicativo presente	piaccio, piaci, piace, piacciamo (piaciamo), piacete, piacciono
indicativo passato remoto	piacqui, piacesti, piacque, piacemmo, piaceste, piacquero
congiuntivo presente	piaccia, piaccia, piaccia, piacciamo (piaciamo), piacciate, piacciano
imperativo	piaci, piaccia, piacciamo, piacete, piacciano

PORRE	*poner*
indicativo presente	pongo, poni, pone, poniamo, ponete, pongono
indicativo imperfetto	ponevo, ponevi, poneva...
indicativo passato remoto	posi, ponesti, pose, ponemmo, poneste, posero
indicativo futuro	porrò, porrai, porrà...
condizionale presente	porrei, porresti, porrebbe...
congiuntivo presente	ponga, ponga, ponga, poniamo, poniate, pongano
congiuntivo imperfetto	ponessi, ponessi, ponesse...
imperativo	poni, ponga, poniamo, ponete, pongano
participio passato	posto

> **!** El verbo **porre** en sí no se utiliza mucho (se emplea más **mettere**), pero tiene muchos compuestos, como **imporre** *(imponer)*, **comporre** *(componer)*, **proporre** *(proponer)*, etc.

POTERE	*poder*
indicativo presente	posso, puoi, può, possiamo, potete, possono
indicativo passato remoto	potei / potetti
indicativo futuro	potrò, potrai, potrà...
condizionale presente	potrei, potresti, potrebbe...
congiuntivo presente	possa, possa, possa, possiamo, possiate, possano

PRENDERE	*coger*
indicativo passato remoto	presi, prendesti, prese, prendemmo, prendeste, presero
participio passato	preso

RIDERE	*reír*
participio passato	riso

RIMANERE	*permanecer / quedarse*
indicativo presente	rimango, rimani, rimane, rimaniamo, rimanete, rimangono
indicativo passato remoto	rimasi, rimanesti, rimase, rimanemmo, rimaneste, rimasero
indicativo futuro	rimarrò, rimarrai, rimarrà...
condizionale presente	rimarrei, rimarresti, rimarrebbe...
congiuntivo presente	rimanga, rimanga, rimanga, rimaniamo, rimaniate, rimangano
imperativo	rimani, rimanga, rimaniamo, rimanete, rimangano
participio passato	rimasto

! El verbo **rimanere** forma los tiempos compuestos con el auxiliar **essere.**

RISPONDERE	*contestar*
indicativo passato remoto	risposi, rispondesti, rispose, rispondemmo, rispondeste, risp**o**sero
participio passato	risposto
SAPERE	*saber*
indicativo presente	so, sai, sa, sappiamo, sapete, sanno
indicativo passato remoto	seppi, sapeste, seppe, sapemmo, sapeste, s**e**ppero
indicativo futuro	saprò, saprai, saprà...
condizionale presente	saprei, sapresti, saprebbe...
congiuntivo presente	sappia, sappia, sappia, sappiamo, sappiate, s**a**ppiano
SCEGLIERE	*escoger*
indicativo presente	scelgo, scegli, sceglie, scegliamo, scegliete, scelgono
indicativo imperfetto	sceglievo, sceglievi, sceglieva, sceglievamo, sceglievate, scegli**e**vano
indicativo passato remoto	scelsi, scegliesti, scelse, scegliemmo, sceglieste, sc**e**lsero
indicativo futuro	sceglierò, sceglierai, sceglierà...
condizionale presente	sceglierei, sceglieresti, sceglierebbe...
congiuntivo presente	scelga, scelga, scelga, scegliamo, scegliate, sc**e**lgano
imperativo	scegli, scelga, scegliamo, scegliete, sc**e**lgano
participio passato	scelto
gerundio	scegliendo
SEDERE / SEDERSI	*sentar / sentarse*
indicativo presente	siedo, siedi, siede, sediamo, sedete, si**e**dono
indicativo passato remoto	sedei / sedetti...
congiuntivo presente	sieda, sieda, sieda, sediamo, sediate, si**e**dano
imperativo	siedi, sieda, sediamo, sedete, si**e**dano
TENERE	*sujetar / sostener*
indicativo presente	tengo, tieni, tiene, teniamo, tenete, t**e**ngono
indicativo passato remoto	tenni, tenesti, tenne, tenemmo, teneste, t**e**nnero
indicativo futuro	terrò, terrai, terrà...
condizionale presente	terrei, terresti, terrebbe...
congiuntivo presente	tenga, tenga, tenga, teniamo, teniate, t**e**ngano
imperativo	tieni, tenga, teniamo, tenete, t**e**ngano
TOGLIERE	*quitar / sacar*
indicativo presente	tolgo, togli, toglie, togliamo, togliete, tolgono
indicativo passato remoto	tolsi, togliesti, tolse, togliemmo, toglieste, t**o**lsero
congiuntivo presente	tolga, tolga, tolga, togliamo, togliate, t**o**lgano

imperativo	togli, tolga, togliamo, togliete, t**o**lgano
participio passato	tolto
gerundio	togliendo

TRARRE	*sacar*
indicativo presente	traggo, trai, trae, traiamo, traete, tr**a**ggono
indicativo imperfetto	traevo, traevi, traeva, traevamo, traevate, tra**e**vano
indicativo futuro	trarrò, trarrai, trarrà...
condizionale futuro	trarrei, trarresti, trarreste...
congiuntivo presente	tragga, tragga, tragga, traiamo, traiate, tr**a**ggano
congiuntivo imperfetto	traessi...
imperativo	trai, tragga, traiamo, traete, tr**a**ggano
participio passato	tratto
gerundio	traendo

! El verbo **trarre** en sí no se utiliza mucho (se emplea más **togliere**), pero tiene muchos compuestos, como **distrarre** *(distraer)*, **contrarre** *(contraer)*, etc.

VALERE	*valer*
indicativo presente	valgo, vali, vale, valiamo, valete, v**a**lgono
indicativo passato remoto	valsi, valesti, valse, valemmo, valeste, v**a**lsero
indicativo futuro	varrò, varrai, varrà...
condizionale presente	varrei, varresti, varrebbe...
congiuntivo presente	valga, valga, valga, valiamo, valiate, v**a**lgano
imperativo	vali, valga, valiamo, valete, v**a**lgano
participio passato	valso
gerundio	valendo

VEDERE	*ver*
indicativo passato remoto	vidi, vedesti, vide, vedemmo, vedeste, v**i**dero
indicativo futuro	vedrò, vedrai, vedrà...
condizionale presente	vedrei, vedresti, vedrebbe...
participio passato	visto / veduto

VIVERE	*vivir*
indicativo passato remoto	vissi, vivesti, visse, vivemmo, viveste, v**i**ssero
indicativo futuro	vivrò, vivrai, vivrà...
condizionale presente	vivrei, vivresti, vivrebbe...
participio passato	vissuto

VOLERE	*querer*
indicativo presente	voglio, vuoi, vuole, vogliamo, volete, v**o**gliono
indicativo passato remoto	volli, volesti, volle, volemmo, voleste, v**o**llero
indicativo futuro	vorrò, vorrai, vorrà...
condizionale presente	vorrei, vorresti, vorrebbe...
congiuntivo presente	voglia, voglia, voglia, vogliamo, vogliate, v**o**gliano

Tercera conjugación *–ire*

DIRE	*decir*
indicativo presente	dico, dici, dice, diciamo, dite, d**i**cono
indicativo imperfetto	dicevo, dicevi, diceva...
indicativo passato remoto	dissi, dicesti, disse, dicemmo, diceste, d**i**ssero
indicativo futuro	dirò, dirai, dirà...
condizionale presente	direi, diresti, direbbe...
congiuntivo presente	dica, dica, dica, diciamo, diciate, d**i**cano
imperativo	di', dica, diciamo, dite, d**i**cano
participio passato	detto

MORIRE	*morir*
indicativo presente	muoio, muori, muore, moriamo, morite, mu**o**iono
indicativo futuro	morirò, morirai, morirà... (morrò, morrai, morrà...)
condizionale presente	morirei, moriresti, morirebbe... (morrei, morresti, morrebbe...)
congiuntivo presente	muoia, muoia, muoia, moriamo, moriate, mu**o**iano
imperativo	muori, muoia, moriamo, morite, mu**o**iano
participio presente	morente
participio passato	morto
gerundio	morendo

SALIRE	*subir*
indicativo presente	salgo, sali, sale, saliamo, salite, s**a**lgono
congiuntivo presente	salga, salga, salga, saliamo, saliate, s**a**lgano
imperativo	sali, salga, saliamo, salite, s**a**lgano

USCIRE	*salir*
indicativo presente	esco, esci, esce, usciamo, uscite, **e**scono
congiuntivo presente	esca, esca, esca, usciamo, usciate, **e**scano
imperativo	esci, esca, usciamo, uscite, **e**scano

VENIRE	*venir*
indicativo presente	vengo, vieni, viene, veniamo, venite, v**e**ngono
indicativo passato remoto	venni, venisti, venne, venimmo, veniste, v**e**nnero
indicativo futuro	verrò, verrai, verrà...
condizionale presente	verrei, verresti, verrebbe...
congiuntivo presente	venga, venga, venga, veniamo, veniate, v**e**ngano
imperativo	vieni, venga, veniamo, venite, v**e**ngano
participio passato	venuto